泰鑫淼 Markus Thielen——著 朱宜振——編審 黨子萱——譯 謝家柔——編譯

精準捉住
加密貨幣
漲跌！

推薦序

　　我很高興能為本書作序。身為一名行業老將，我可以證明如果要更熟稔這個快速發展行業的現狀和未來，對於歷史的理解是具有重要意義的。我的加密貨幣之旅始於 2011 年，兩年後我共同創辦了全球最大的比特幣礦機製造商－比特大陸（Bitmain）。 2019 年，我共同創辦了 Matrixport 公司。在本書提及的 2022 年加密貨幣金融危機期間，Matrixport 的競爭對手如骨牌一般相繼倒下，同時 Matrixport 則脫穎而出，成為亞洲最知名的加密資產管理公司。 2021 年我共同創辦了比特小鹿（Bitdeer）公司。

　　我親身經歷了書中所述加密貨幣市場周期的起起伏伏。我確信，從這些經歷中能收穫諸多啟示。泰鑫淼領導著 Matrixport 的研究團隊，他撰寫的市場研報受到了客戶的高度好評。因此，當他在本書出版前的兩個月聯繫我時，我產生了濃厚的興趣。通讀本書手稿，就如同重溫了我在這個行業的每分每秒。泰鑫淼有著獨特的視角，他對傳統資產類別和新興加密市場都有著深入的理解。他對加密貨幣狂野西部時代和當下高度合規的傳統金融（TradFi）環境的了解更是無出其右。

　　對於任何對加密貨幣歷史感興趣的人來說，本書都是必讀之作—塑造這個行業的不單博眼球的熱點新聞，更有底層機制和實踐。隨著行業以自由主義的精神不斷發展壯大到世界各個角落，社區動向也將持續演變。了解加密貨幣的歷史和未來，對於機構研究人員、監管部門以及加密貨幣從業者而言至關重要。從早期的大航海時代到如今上兆美元的資產規模，加密貨幣已走過一段漫長的道路。在我初次加入早期的一個加密貨幣論壇時，會員人數只有大約兩萬人。而今天，全球已有數億投資者和用戶。本書記述了從點對點支付系統的早期階段，到當前 NFT（非同質化代幣）和 DeFi（去中心化金融）繁榮時期的重要內容，無論是初出茅廬的新手還是經驗豐富的老手，本書都是全面理解比特幣歷史和俯瞰整個加密貨幣行業不可多得的資源。

泰鑫淼出色地記錄了加密貨幣行業塑造過程中所有重要的人物和事件，全書一針見血地精準分析，幫助讀者理解事件動機和人物特點。這是一個引人入勝且不斷發展的行業，我向所有想要更深入理解這一領域的人推薦本書。本書還幫助剛踏入加密貨幣領域的人掌握與加密貨幣「OG」（元老）同等水平的知識。儘管挑戰重重，但加密貨幣牛市和熊市的周期性正是這個行業如此迷人的原因之一。無論你是礦工、交易員、開發者還是投資者，駕馭市場周期並利用每個周期的機會是在加密貨幣行業取得成功的關鍵。本書為加密貨幣市場的周期性本質提供了寶貴的見解。它通過分析市場周期的驅動因素以及如何加以利用，為管理風險和做出明智商業決策提供了實用性建議。

　　書的最後描述了 2021 年牛市周期泡沫的破裂和 FTX 交易所的慘敗。如果你和我一樣通讀過全書，你會感受到加密牛市和熊市周期性的魅力，並對下一個牛市周期充滿期待。泰鑫淼在書中引導讀者理解加密行業極為重要的一個方面：泡沫的形成和破裂。相比之下，其他加密貨幣支持者可能只著眼於技術及其潛在影響。此外，泰鑫淼對區塊鏈在技術和金融兩方面都有著深刻認知，這對理解加密貨幣的歷史至關重要。在 2011 年我倡導比特幣時，發現同時理解電腦科學和金融的人少之又少。而加密貨幣正處於這兩個領域的交集，因此相較於只理解二者其中一的人，泰鑫淼更能幫助讀者把握加密貨幣的歷史。

　　總之，我非常榮幸有機會為本書作序。出於禮貌、也出於了解到我涉及書中提到的一些比特幣協議之爭，泰鑫淼曾諮詢過我是否有想要刪除的內容，但我未做任何改動。我希望讀者在走進這個令人興奮且瞬息萬變的加密世界時，能視本書為一本富有價值且內容豐富的資源。

吳忌寒 *Jihan Wu*
比特小鹿及 Maxiport 創始人

前言

本書解釋加密貨幣產業是如何起步和發展，以及加密貨幣的一切最終是如何連結起來的。書中介紹了這個價值三兆美元（高峰值）的產業背後的要角，並講述此產業又如何流失了數十億美元。加密貨幣已成為一種新的資產類別，許多人都想了解加密貨幣市場是如何演變的。

2011 年、2013 年、2017 年、2021 年和 2023 年五次加密貨幣牛市的表現各不相同，但都受到熊市期間劇烈價格修正的影響。此情況於 2021 至 2023 年的最為顯著，加密貨幣持有人不僅有個別投資人，還包括資產管理人和企業高管，然而卻發生了數十億美元的加密貨幣借貸公司破產以及 FTX 加密貨幣交易所高管挪用 80 億美元客戶資金的災難性事件。

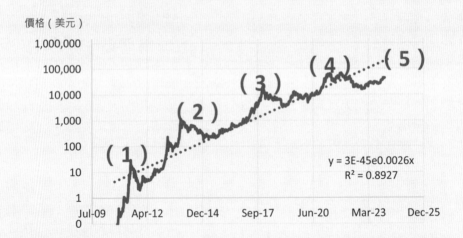

圖 1：2011 年、2013 年、2017 年、2021 和 2023 年的五次加密貨幣牛市

資料來源：作者提供

註：x 數值以日為單位，從 2010 年 7 月開始計算

比特幣從早期的點對點支付系統演變為投機狂潮的項目。雖然加密貨幣的周期往往波動巨大，但本書按時間順序研究的方法列出了這些周期的驅動因素，並解釋了為什麼繁榮的牛市偶爾會被猛烈的熊市打斷。這些觀點可能有助於讀者辨識下一個加密貨幣牛市。

這本書解釋加密貨幣產業如何演變，也說明哪些事件致該產業驚人地崛起而成為價值數兆美元的產業。隨著區塊鏈底層技術的進步，每次牛市都會吸引更多的人。目前據信約有 4.2 億人持有加密貨幣。儘管障礙重重，加密貨幣始終沒有停止前進的腳步。但如果缺乏對加密貨幣的起源和演變的了解，該產業的發展很容易被視為一時的風潮而被忽略。

加密貨幣行業是技術創新、人類想像力和金融監管的交匯，沒有哪個產業比它更令人著迷。2008 年金融危機後，信任、貨幣和技術的基石激勵著世界各地的參與者重建這一全球金融體系。

隨著產業逐漸獲得金融界和世界名校中最具創新精神的人士接受，比特幣價格波動的強度也越加關鍵。這種創造價值的行為吸引了越來越多的學生、早期採用者、新創企業創始人和創業投資人，並成為加密貨幣大眾化的推動力。

◎ 爆炸性增長和醜聞

雖然加密貨幣行業在五次牛市中創造了數兆美元的財富，但也因破產清算、資金挪用、網路攻擊、駭客和詐騙蒸發了數十億美元。有些人創造了巨額財富，對另一些人來說卻如黃粱一夢。一夜暴富、對新技術的好奇和對財富自由的嚮往也吸引了江湖騙子，讓好人變成壞人。

一路走來，有許多加密貨幣交易所和加密貨幣公司成立後又破產。一些貪婪的人剛進入加密世界就捲錢跑路了。即便如此，堅定的早期採用者和愛好者在過去十年塑造了這個行業。有人說加密貨幣產業裡的一年相當於傳統金融（TradFi）的五年，因為在沒有嚴格監管的情況下，一切往往發展得更快。當監管被提上議程時，監管機構採取了強硬手段，但也沒能阻止該產業進行調整，因為加密貨幣已然成為一種全球現象。

許多交易所在沒有執行合規規則（compliance rules）之情況下歷經爆炸式成長。由於加密貨幣交易者更重視匿名性，許多加密貨幣交易所只需一個電子信箱即可完成身分驗證。這不僅吸引了重視隱私的自由主義者，也招致了心懷不軌的犯罪分子。

在傳統金融產業，經紀商必須分隔客戶資金與其它公司資產。但是在加密貨幣領域，許多規則尚未制定，而已制定的規則往往執法寬鬆。

加密貨幣市場資訊的不對稱和不透明為「拉高出貨」提供完美的溫床。相比於傳統金融行業，加密貨幣的監管還處於起步階段，而這並不意味著加密生態的各方面都是合法的。

完全的垂直整合性是加密貨幣交易所的價值所在，但用戶資金的安全性卻很脆弱。加密貨幣交易所不僅僅是一個為買家和賣家牽線的交易場所，還涵蓋了槓桿、上幣、大宗經紀、託管和資產負債表擴展的服務。後者尤其值得關注，因為客戶閒置在交易所的資金往往會在未經客戶明確同意的情況下，被出借給交易公司，而相關條款和服務協議則常置於交易所網站的不明顯處。

使用法幣換取加密貨幣叫做「入金」（onramp）。此程序往往由少數幾家擁有銀行執照和融資關係的機構控制。由於金融機構多半避免與加密貨幣產業建立或維持服務關係，所以穩定的銀行關係一直是加密貨幣公司最重要和最緊迫的問題。

泰達幣（Tether）被認為是由法定資產一比一支持的穩定幣。通常，缺乏正當銀行關係的交易所和加密貨幣交易者首選泰達幣作為加密工具。它可能是規避銀行系統和合規規則（如認識客戶政策和洗錢防制）的最重大發明。

根據波士頓顧問公司（Boston Consulting Group）的數據，加密貨幣的持有人數到 2030 年將達到 10 億。雖然許多人已視加密貨幣為一種新的資產類別，但大部分人、企業高管、監管機構和政界人士仍處於觀望狀態，他們好奇加密貨幣的意義以及區塊鏈可能帶給他們的影響。業內人士稱，加密貨幣遲早會被廣泛持有，因為它就是日常生活中科技進步的延伸。

加密貨幣無國界，往往也無限制。它跨過了監管障礙，也越過了傳統銀行系統的合規壁壘。儘管加密軟體堆疊極其複雜，資金也存在著北韓政府駭客攻擊的風險，但人們依然對加密貨幣深感興趣。加密貨幣令人神往，它運行於金錢和信任的交集處，多年來吸引了許多具創見人士和謀利者，本書亦提及其中許多人。

早期的加密貨幣持有人主要是開發者和死忠的自由主義者。然而，隨著加密貨幣交易變得越來越有利可圖，它也吸引了形形色色的人。加密貨幣現已達到可觀的市值，並持續引起人們的興趣。人們一般認為，加密貨幣廣泛化的主要障礙是缺乏教育。無論讀者的經驗水準、成熟程度或動機如何，閱讀本書都會有所收穫。

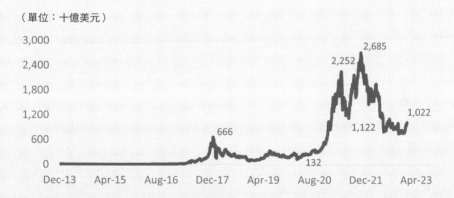

圖 2：50 種主要加密貨幣的價值
　　資料來源：作者提供

◎ 本書概述

本書的第一部分描述比特幣如何以點對點支付系統之姿誕生，以及 2011 年法幣入金加密貨幣支付公司如何促成第一個加密貨幣泡沫，這些公司主要將資金存入惡名昭彰的日本 Mt. Gox 交易所，最終導致投資者的資金被盜。第一家槓桿式比特幣交易所是由一名學生建立的，其加密貨幣交易所的原始碼卻外洩了。之後，一個類似網站成為最重要的加密貨幣交易所之一，後來成為泰達幣這穩定幣的背後支柱。

本書的第二部分分析中國如何擁抱比特幣並將其視為一種新的貨幣形式，從而在 2013 年引發了巨大的投機泡沫。中國企業家建立了足以控制網路的、工業規模的比特幣挖礦業務。儘管中國最終限制銀行與加密貨幣交易所交易，但香港央行將比特幣歸類為無需監管的商品，這使得該城市成為加密貨幣公司和投機行為的首要中心。BitMEX 成為了最大的加密貨幣交易所，為加密貨幣槓桿交易開創了先河。

本書的第三部分介紹了以太坊是如何起步的，以及它如何開啟了首次代幣發行（ICO）的時代，這引發了 2017 年的第三次牛市。以太坊取得了成功，但倘若沒有中國企業的資金支持，則可能失敗。美國證券交易委員會（SEC）利用 1946 年一個名為「豪威測試」（Howey Test）之判決標準將某些 ICO 歸類為非法集資活動。隨著加密貨幣的市值達到一兆美元，北韓駭客在俄羅斯洗錢組織的協助下成為了網路攻擊的熟面孔。同時，儘管泰達幣的隸屬公司損失了近 10 億美元，泰達幣依舊成為了最為重要的穩定幣。

本書的第四部分展示了去中心化金融（DeFi）是如何開始發展的，以及新冠病毒來襲所引發的投機狂潮。儘管存有爭議，幣安仍成功取代 BitMEX，一躍成為最大的加密貨幣交易所。一些公司開始採取比特幣為部分財務儲備。同時，隨著既得利益者不斷炒高數位藝術品的價格，非同質化代幣（NFT）的泡沫延續了牛市。一些加密貨幣對沖基金和交易公司受到加密貨幣「超級周期」（supercycle）理論影響，深信加密貨幣會被機構採用，整個金融系統將實現民主化。因此在牛市周期接近頂端時，信心十足地部署了數十億美元的借貸資本。

本書的第五部分探討 2022 年的熊市階段，加密貨幣如何從數兆美元的估值中轟然崩塌，以及 Terra 穩定幣的內爆如何導致 600 億美元於短短數天內化為烏有。加密貨幣對沖基金三箭資本（Three Arrows Capital）曾控有 100 億美元的資產，後因無法償還向其提供無抵押貸款的公司而負債 30 億美元。加密貨幣借貸公司常向存戶承諾高利息以挪用客戶資金，但大部分資金都最終無跡可尋。許多這類公司短時間內相繼破產，其中幾家被指控濫用客戶資金。

本書的第六部分解析加密貨幣交易所 FTX 如何在經歷四年的急速成長後走向崩潰的事件。該交易所估值一度高達 320 億美元，但因與主要競爭對手幣安的持續爭執而最終破產。FTX 挪用了至少 80 億美元的用戶資金，並向其附屬交易公司 Alameda Research（阿拉米達研究）提供了 650 億美元的信用額度。當交易所的用戶意識到他們的資金遭挪用時，巨額的提現請求導致流動性枯竭。數十億美元受到嚴格管控的虛擬貨幣被當作抵押品，在幾天內隨著交易所破產而蒸發。FTX 執行長兼阿拉米達共創人山姆·班克曼－弗里德（Sam Bankman-Fried，即 SBF）於 2024 年 3 月底被法官判處 25 年徒刑。

目錄

第二章：第二次加密貨幣牛市（2013 年）

第三章：第三次加密貨幣牛市（2017 年）

第五章：加密貨幣熊市（2022 年）

第六章：FTX，最大的金融騙局之一

參考資料：

CH.1

第一次
加密貨幣牛市
2011 年

描述比特幣如何以點對點支付系統之姿誕生，以及 2011 年法幣入金加密貨幣支
付公司如何促成第一個加密貨幣泡沫，這些公司主要將資金存入惡名昭彰的日
本 Mt. Gox 交易所，最終導致投資者的資金被盜。

「跑起來的比特幣」

（哈爾‧芬尼，首位收到比特幣的人）

　　故事始於 2008 年 10 月 31 日星期五的萬聖節，當時中本聰（Dorian Satoshi Nakamoto）將他的白皮書《比特幣：一種點對點的電子貨幣系統》發送給由「密碼龐克」（cypherpunks）社群創建的郵件清單^註。密碼龐克社群由激進自由主義者組成，成立於 1990 年代，他們的使命是利用無法破譯的加密技術，剝奪政府和企業的權力，並將其交還給個人，以確保個人的絕對隱私。維基解密（WikiLeaks）的創始人朱利安‧阿桑奇（Julian Assange）是該社群的活躍成員。

　　1988 年，密碼龐克創始人之一提摩西‧梅（Timothy May）撰寫了《加密無政府主義宣言》（*The Crypto Anarchist Manifesto*），設想了一個包含加密通信和支付，且不受法律約束的自由主義未來。[1]

　　後來，匿名通訊軟體洋蔥瀏覽器（Tor）透過隱藏使用者資訊和內容的方式，實現了該種通訊方法。大衛‧喬姆（David Chaum）在匿名系統方面的研究促成了虛擬私人網路（Virtual Private Networks，VPN）的發展，也讓洋蔥瀏覽器得以保護使用者身分。

　　喬姆是傑出但偏執的密碼學家。他研究發明了一種名為 eCash 的電子加密貨幣，並於 1989 年發明了名為 DigiCash 的早期電子支付方式。他曾於 1986 年

註：郵件清單：電子郵件服務中由個人或組織運作的地址列表，包含使用者名稱和電子郵件位址，
　　由此可以將訊息同時發給多位收件人。

表示：「糟糕的電子貨幣系統與完善的數位貨幣之間的差別，將決定我們將擁有獨裁還是真正的民主。」[2] 其他密碼龐克的成員也發明如 Bit Gold 和 b-money 等各種形式的數位虛擬貨幣。

根據中本聰的說法，比特幣程式碼的編寫始於 2007 年，但直到 2008 年 8 月 22 日，他才開始寄電子郵件給 b-money 的創建者戴偉（Wei Dai）。不過，在此之前，中本聰也聯絡過亞當‧貝克（Adam Back），也就是比特幣程式碼中工作量證明（proof-of-work, POW）系統的創建者。

密碼龐克中沒人聽過中本聰的大名。網路上的個人資料顯示他住在日本，他的電子郵件來自位於德國的免費伺服器，而在谷歌上搜尋他的名字則一無所獲。在日文中，「聰」意為聰明，「中」意為關係，「本」意為基礎，因此這個名字很可能是個假名。瑞士程式設計師斯特凡‧湯瑪斯（Stefan Thomas）查看了中本聰在比特幣論壇（Bitcoin Forum）上發表的五百則貼文，發現在美國東部標準時間午夜到早上六點之間幾乎沒有貼文發出，因此他推測中本聰很可能住在美國。

喬姆的 eCash 之所以失敗，是因為它依賴政府和信用卡公司現有的基礎設施，而根據中本聰的白皮書，比特幣將透過被稱為「區塊鏈」的公開分散式帳本運行。用戶將使用 CPU（中央處理器）來執行比特幣軟體。網路將透過名為「挖礦」的過程集體維護，而比特幣就在此一過程中被創造出來。交易將被傳播到網路上，執行該軟體的電腦將競相破解包含多項交易資料的不可逆轉的加密謎題。最先解開每個謎題的人將獲得 50 枚比特幣，謎題的難度隨著礦工數量的增加而上升，因此每筆交易都將耗時 10 分鐘。

◎ 比特幣點對點支付系統（2008 至 2013 年）

　　當中本聰發布白皮書時，僅獲得平淡的反應，因在他之前已有太多人聲稱找到了「雙重支付」[註]問題的解決方案。在 2008 年 11 月 16 日前，中本聰已將比特幣程式碼的預先發布版本分享給密碼龐克郵件列表中的幾位成員，其中包括詹姆斯・唐納德（James A. Donald）、雷・迪林杰（Ray Dillinger）和哈爾・芬尼（Hal Finney）。

　　芬尼是第一筆比特幣交易的接收者。他於 1979 年畢業於加州理工學院（Caltech）工程學系，在從事電腦遊戲開發的工作後，他為 PGP 公司（PGP Corporation）開發了隱私軟體。2004 年前，他就創建了第一個匿名郵件轉發服務和第一個可重複使用的工作證明（RPOW）數位現金系統。芬尼曾在 1992 年透過密碼龐克的郵件群組表示：「我們正面臨隱私權的喪失、逐漸的電腦化、龐大的資料庫，以及高度集中化等問題，而喬姆提供了一個完全不同的方向，將權力交到個人手中，而非政府和公司。電腦可以作為解放和保護人的工具，而非控制的工具」。[3]

　　芬尼與美籍日裔物理學家中本聰一樣，在加州天普市（Temple City）生活了十年，這讓人們更加推測他可能就是比特幣的創造者，但他本人一直否認這一點。2009 年 1 月 11 日，他呼籲人們「想像比特幣成功，並成為全世界使用的主流支付系統……如今用幾分錢的計算成本就能產生金錢，可能是一個相當不錯的賭注，回報率大約為 1 億比 1！即使比特幣達到此回報率的機會很渺茫，但真的會是 1 億比 1 嗎？值得深思……」[4]

　　2010 年發現比特幣的蓋文・安德烈森（Gavin Andresen）意識到，加密貨幣社群要發展壯大，就必須廣泛傳播比特幣。人們如果要了解比特幣，發送和接收比特幣的知識是非常重要的。他用 50 美元買了 1 萬枚比特幣，並建立了一個名為比特幣水龍頭（Bitcoin Faucet）的網站，每個完成驗證的人都能收到 5 枚比特幣。一位訪客發現了比特幣水龍頭的安全漏洞，並在拿走安德烈森的全部比特幣之後又全數奉還。到了 2011 年初，安德烈森的錢包已經送出 19,715 枚比特幣。

註：雙重支付：由於數據可複製，所以系統可能發生同一筆數位資產，因不當操作而被重覆使用的情況。

中本聰的最後一則公開訊息發布於 2011 年 4 月 26 日：「我希望你們不要再把我當作一個神秘的影子人物來談論。媒體只會從盜版貨幣的角度來報導比特幣。或許可以從開源專案的角度給開發者更多一些關注，這可以激勵他們。」[5]

2011 年 6 月，安德烈森於回覆中通知中本聰，他受邀於中情局（CIA）相關的活動中發表演講，介紹比特幣。中本聰一直沒有回信。芬尼也於 2011 年初從 PGP 退休，芬尼在 2009 年診斷出患有肌萎縮性側索硬化症（ALS，又稱為漸凍症），並於 2014 年去世。

芬尼是早期使用人體冷凍技術的人。這種技術將人體冷凍起來，使其在幾十年甚至幾百年後還能復活。這項科幻技術背後的公司為阿爾科生命延續基金會（Alcor Life Extension Foundation）。他們將他安置在一個 10 英尺高、裝滿 450 公斤液態氮的儲存槽裡，讓他處於生命近乎完全暫停的狀態。「直到我們擁有治癒他的漸凍症和衰老等問題的技術，」阿爾科公司的負責人馬克斯・莫爾（Max More）說。「然後我們就可以將芬尼完整、快樂地帶回來了。」[6] 不曉得比特幣能否成為此種死亡期間儲存財富的一種方式？

◎ 比特幣軟體的發布（2009 年）

比特幣軟體以開放原始碼的形式於 2009 年 1 月發布。比特幣鏈的第一個區塊被稱為創世區塊，由中本聰本人於 1 月 3 日挖出。創世區塊中嵌入了一段文字：「泰晤士報 2009 年 1 月 3 日財政大臣即將向銀行提供第二輪救助」（The Times 03/Jan/2009 Chancellor on brink of second bailout for banks）。英國《泰晤士報》（The Times）的這段文字被視為加密時代開始的時間戳印，同時被視為是對部分準備金銀行體系（fractional-reserve banking system）的批判，以及對救助精英銀行家的反對立場。對比之下，比特幣更傾向於自由主義和個人自治。

2008 年的全球金融危機及其後的數年，政府主導救助並保護過度槓桿化的銀行體系成為時代主題。2011 年的占領華爾街運動（Occupy Wall Street Movement），以及賽普勒斯零售銀行在 2013 年歐債危機（European Debt Crisis）高峰時期儲戶被迫「紓困」的事件，都再次凸顯了這個主題。在此背景下，比特幣提供了傳統金融體系之外的新貨幣選項。

一般認為比特幣是一種點對點電子貨幣系統，它解決了電子支付系統關鍵的雙重支付問題。它不需要複雜的結算系統來驗證誰花了多少金額、誰擁有多少金額，而是提供一個即時結算解決方案，也就是公共帳本（public ledger）。

哈爾・芬尼（Hal Finney）是比特幣的第一位接收人，他於 2009 年 1 月 12 日收到十枚中本聰發出的比特幣。已知的首筆用比特幣支付的商業交易發生在隔年 2010 年 3 月 23 日，當時程式設計師拉斯洛・哈涅茨（Laszlo Hanyecz）用一萬枚比特幣向傑若米・斯圖爾迪萬特（Jeremy Sturdivant）買了兩個披薩。拉斯洛注意到，用普通電腦運行比特幣軟體的效率很低，因為 CPU 同時要運行電腦的其它基本系統。他透過電腦的 GPU 來計算挖礦的雜湊（hash，又稱哈希）程序。GPU 專為解決重複性問題（如處理圖像）而訂製，因此非常適合比特幣的雜湊函數競賽。此後，他的區塊驗證勝率提高了 12 倍，有時甚至達到 24 倍。拉斯洛和曾一度控制比特幣網路 25% 算力、化名為 ArtForz 的人改變了比特幣的挖礦方式，但在幣圈，他更廣為流傳的是他曾花費一萬枚比特幣買披薩的故事。

2010 年 3 月 17 日推出的 Bitcoinmarket.com，是比特幣交易所的首次嘗試之作。當時單枚比特幣的價格為 0.003 美元（1 美元可兌換 333 比特幣）。該網站最初接受 PayPal 支付，但在發生了一系列詐騙和欺詐交易後，PayPal 支付方式於 2011 年 6 月 4 日被取消。

Bitcoinmarket.com 推出三天後，化名為「BitcoinFX」的公司推出了首個以比特幣買入籌碼的線上撲克活動。金額設定為 50 比特幣，這也是比特幣初期，礦工發現一個新區塊所能獲得的獎勵金額。共有四位玩家競爭 BitcoinFX 共 1,000 枚比特幣的獎金池，最終獲勝者是 Bitcoinmarket.com 的創建者「dwdollar」，他囊括了 600 枚比特幣。最初的比特幣程式碼包含了一個虛擬撲克遊戲的框架，中本聰已經開始設計，但並沒有完成。程式碼包含了這樣的資訊：「這些是您接收付款的比特幣地址。您可以給每個付款人不同的地址，以追蹤付款人是誰。」這可能表示中本聰具賭博背景，且他創造比特幣的靈感與線上賭博有關係。

2006 年頒布的《非法網路賭博執法法案》（Unlawful Internet Gambling Enforcement Act）禁止美國賭博企業在知情的情況下，接受利用網路進行賭博的

相關付款。五年後的 2011 年 4 月 15 日被稱為「黑色星期五」，這天美國當局關閉了三家廣受歡迎的撲克網站，檢察官對這些網站的運營商提出了欺詐和洗錢的指控。一夜之間，美國線上撲克產業全軍覆沒。仍想從事網路賭博的企業被迫遷往海外。

但 2018 年 5 月 14 日，美國最高法院提出意見，認定《職業與業餘運動保護法案》（Professional and Amateur Sports Protection Act，即 PASPA）違憲（該法案將體育博彩歸為非法活動）。這使得美國半數以上的州將體育博彩合法化，也有六州提供合法的線上賭場和撲克。體育博彩收入從 2018 年的 46 億美元增加到 2022 年的 940 億美元，這與當時加密貨幣的投機熱之間有些相似之處。

同時，2010 年 11 月 27 日，暱稱 Slush 的馬克‧帕拉提努斯（Mark "Slush" Palatinus）首先提出比特幣礦池的想法。「一旦人們開始使用支援 GPU 的電腦挖礦，其他人挖礦就變得非常困難。」Slush 寫道：「我已經挖了幾周的比特幣了，但還沒有找到一個區塊（我用三個 CPU）。」Slush 承諾說：「當你加入集群（cluster）時，你每天或每周將不斷收到少量的比特幣。」[7] Slush 礦池挖出的比特幣超過 100 萬枚，有 8,500 名礦工加入了礦池。期間，中本聰也正在挖比特幣。據估，中本聰在 2011 年消失前挖了約 100 萬枚比特幣，這些比特幣可能已經永遠遺失。

2010 年 7 月 18 日，傑德‧麥卡萊布（Jed McCaleb）宣布 Mt. Gox 為日本新興的比特幣交易市場。當被問及為何除了 Bitcoinmarket.com 之外還需要另一個交易所時，麥卡萊布回答：Mt. Gox「一直連線、完全自動化、網站速度更快、使用專用主機，而且我認為介面更為美觀和流暢。」[8] 2011 年 3 月 6 日，麥卡萊布將交易所交給了馬克‧卡佩勒斯（Mark Karpelès），也就是人們所熟知的「MagicalTux」。隔年 10 月，卡佩勒斯意外地創建了一個錯誤的交易腳本，將 2,609 枚比特幣發送到一個不存在的比特幣地址而損失了這些幣。實際上，所有位址都會經過校驗，這可以大量降低無意中輸入錯誤位址的機率。有位用戶表示：「90% 的比特幣用戶卻把錢託付給了這傢伙。」[9]

當時 Mt. Gox 處理全球 70% 以上的比特幣交易。但在 2014 年 2 月，交易所發現曾在某段時期遭到駭客攻擊，但不確定確切時間。該交易所損失了 75 萬枚比特幣。Mt.Gox 的一名日本託管方持有近 14.2 萬枚比特幣（這只是被盜比特幣總數的一小部分）。該託管方預計於 2024 年中開始向債權人償還當年被盜的比

特幣，這距離該交易所申請破產保護已過了 10 年。客戶資金於加密貨幣公司遭受損失時，往往需要經歷漫長結算的程序。但對一些投資人而言，損失並不重要：「我不在乎虧損。」一位用戶於 2011 年 6 月在 Bitcointalk 論壇寫道：「我賭上一把，即使虧得一塌糊塗，還有個精彩的故事可以講。我孤注一擲。」[10]

2010 年 6 月，Bitcointalk 論壇上一個名為「海洛因商店」（A Heroin Store）且具煽動性的比特幣項目引發了熱烈討論，這個項目是暗網黑市網站「絲路」（Silk Road）之起點。2011 年 1 月 29 日，一個名為「altoid」的用戶發文：「好讚的討論串！你們有很多好想法。有人瀏覽過絲路嗎？它有點像匿名的亞馬遜購物網站……它使用比特幣和洋蔥瀏覽器進行匿名交易。」[11]。「altoid」從 2010 年 10 月左右開始進行絲路的開發，網站在四個月後正式上線。

2011 年 4 月 20 日，《富比士》（Forbes）雜誌發表了一篇題為《加密貨幣》的文章，讓比特幣引起更多關注。文章敘述比特幣如何用數位版本的貨幣完全取代國家發行的貨幣，這種數位版本貨幣更難偽造，可以保存在電腦硬碟上而非銀行，而且不被印鈔量的大小所影響。[12] 當時比特幣價格才剛第二次突破 1 美元。讀者們了解到，任何人只要下載並進行比特幣的挖礦程序，連接網路計算一個名為「哈希」的加密函數，就可以免費獲得比特幣。

最初，比特幣主要在絲路上使用，並是該平台唯一的支付方式。因為網站只接受比特幣作為唯一付款方式。該網站吸收近千萬枚比特幣（當時價值約 2.14 億美元），坐擁 4,000 個供應商，購買商品和服務的客戶超 14.6 萬。網站完成了 130 萬筆交易，銷售總額達 1.83 億美元，佣金總額達 61.4 萬枚比特幣。

2011 年 6 月 1 日，媒體網站 Gawker 登載了阿德里安‧陳（Adrian Chen）的一篇題為《可以買到你能想像得到的所有毒品的地下暗網》（The Underground Website Where You Can Buy Any Drug Imaginable）的文章，向讀者介紹了絲路暗網及其唯一的支付方式，比特幣，以及可以買到比特幣的網站，Mt. Gox exchange[13]。文章閱讀量達三百萬人，美國緝毒局（Drug Enforcement Administration，即 DEA）開始展開對絲路的調查。

幾天後的 6 月 5 日，美國參議員查爾斯‧舒默（Charles Schumer）要求聯邦當局關閉絲路網站[14]。隨著媒體的曝光，絲路的用戶從幾百人增加到了萬餘人。在舒默發表言論後不久，比特幣價格從 9 美元攀升至 29 美元。

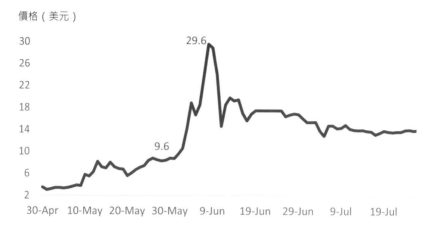

圖 3：媒體和政治因素在 2011 年引發了人們對比特幣關注
資料來源：作者提供

　　自 2011 年初以來，美國聯邦調查局（FBI）一直試圖揭露絲路創建者和策劃者，即化名為「恐怖海盜羅伯茨」（Dread Pirate Roberts，DPR）的人。2011 年 1 月，「altoid」在一個名為 Shroomery 的網站上發文，為剛上線的絲路網站做宣傳 [15]，而同樣的名字還曾在一個線上編碼論壇上求助程式設計，並留下了電子郵件地址 rossulbricht@gmail.com [16]。雖然「altoid」後來設法刪除了貼文中的郵件地址，但在回文中有人複製了這個信箱。2013 年 10 月 1 日，真名為羅斯‧烏布利希（Ross Ulbricht）的「altoid」被聯邦調查局逮捕，沒收了 3 萬枚比特幣。烏布利希隨後被判處雙重終身監禁，四十年內不得假釋。他在經營絲路期間曾策劃過六起謀殺案。沒收的比特幣在 2014 年 6 月以 1,870 萬美元的價格，被美國政府拍賣給了矽谷創投家提姆‧德雷珀（Tim Draper）。

　　2012 年 9 月，22 歲的詹姆斯‧鍾（James Zhong）在絲路購買了古柯鹼。他利用其支付系統漏洞，將 5 萬枚比特幣從網站地址轉入自己帳戶，卻沒有提供任何相應的商品或服務 [17]。他後來回憶：「我無意中雙擊了提款鍵，結果震驚地發現，我可以提取比自己存入多一倍的金額。」[18] 鍾將 200 至 2,000 枚比特幣分別存入九個不同的帳戶，然後觸發了 140 筆快速自動提款。這暴露絲路的交易系統有延遲，網站無法即時更新分類託管帳戶。當時鍾轉入的比特幣價值約為每枚 12 美元，總價值達 62 萬美元。鍾將這些比特幣保存了近五年，之後將

部分兌現用於發展房地產業務。在比特幣現金和比特幣 SV（BSV）分叉[註]後，鍾仍能將分叉幣再換出 3,500 枚比特幣。2017 年他化名「Loaded」，試圖在比特幣論壇（Bitcoin Forum）上聯繫比特幣投資者羅傑‧維爾（Roger Ver），用比特幣無限（Bitcoin Unlimited，即 BU）[19] 交易「至少 6 萬枚比特幣」。同年，他花費 1,600 萬美元購買房產和藍寶堅尼跑車。

2019 年，鍾報案稱家中一個裝有 40 萬美元現金的公事包遭竊。2021 年 11 月 9 日，執法人員在鍾位於美國喬治亞州（Georgia）的住所執行搜查令，查獲市值 33.5 億美元的 5 萬多枚比特幣，以及存有鍾加密貨幣交易明細的筆記型電腦，其中包括絲路的收入。2022 年，鍾主動交出了他從絲路非法獲得的 860 枚比特幣。2022 年 11 月 4 日，他承認犯下一項電信詐欺罪。2023 年 4 月 14 日，鍾同意沒收 4,270 萬美元的比特幣和財產，並被判處一年監禁[20]。當局表示，所有透過絲路所獲的 990 萬枚比特幣都將被沒收。

◎ 利用比特幣紓困（2013 年）

2013 年 3 月 18 日，在歐債危機最嚴重的時期，於 2004 年加入歐盟的地中海東部島國賽普勒斯共和國關閉了所有銀行。銀行在破產邊緣掙扎，儲戶的大額提款讓已陷入困境的銀行雪上加霜。擠兌必然發生，且賽普勒斯最大的兩家銀行上一年因希臘債券損失了 35 億歐元，超過賽普勒斯全年生產總值的 10％。

一周後的 3 月 25 日，賽普勒斯簽署了紓困協議，該國第二大銀行無限期關閉。為籌集紓困資金，賽普勒斯同意出售 4 億歐元的黃金儲備。賽普勒斯政府也宣布對儲戶存款進行折價，對 10 萬歐元以下、存款保險保障範圍內的存款徵稅 6.75％；10 萬歐元以上、未獲存款保障的存款徵稅 9.9％。

註：分叉：分叉通常是為了讓區塊鏈添加新功能或阻塞漏洞，分為硬分叉與軟分叉。分叉會影響網路規則的有效性，需要達成共識，交易伺服器及礦工（節點）都必須更新軟體，否則就會出現永久性的分裂，成為硬分叉。相較之下，軟分叉所產生的區塊能被舊軟體識別為有效區塊而向下兼容。

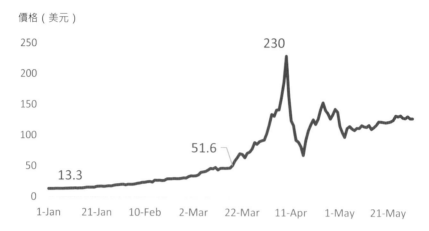

圖 4：賽普勒斯銀行儲戶「紓困」後比特幣價格飆升（2013 年）

資料來源：作者提供

　　隨著南歐重債國的儲戶紛紛尋求新的儲蓄方式，比特幣價格開始爆炸性成長。受市場對賽普勒斯事件預期的影響，比特幣價格從 1 月 1 日的 13 美元上漲到紓困期間的 51 美元。由於擔心自己的存款會像賽普勒斯儲戶一樣被徵稅，希臘乃至西班牙等國的公民都紛紛買入比特幣，加密貨幣交易所 Mt. Gox 的交易量在幾天內從 1 萬增至 2 萬美元[21]。

　　為防止擠兌，賽普勒斯銀行停業近兩周，直到 3 月 28 日才在嚴格限制下重新開業，每日取款限額為 300 歐元。[22] 比特幣的價格也一路上漲，當歐洲立法者出面干預，為儲戶提供了一些保險的同時，比特幣也在 4 月 9 日達到了 230 美元的高峰。

　　在比特幣短暫的歷史中，幣價往往在銀行擠兌和違約發生的潛在時期呈拋物線上升，如歐債危機和新冠病毒爆發時期，當時美國政府透過大量印鈔使美元貶值。這些都是中本聰視比特幣為傳統金融的替代體系時已預見的事件。

「比特幣是一種無國籍的貨幣」

（朱利安・阿桑奇，維基解密）

　　加密貨幣牛市往往受到技術創新和交易所買幣流程優化同時推動，因此加密貨幣的歷史往往和技術專家以及交易所運營商息息相關。

　　BitPay 由東尼・加利皮（Tony Gallippi）和史帝芬・派爾（Stephen Pair）於 2011 年 5 月創立，是一家為商家提供比特幣和比特幣現金（BCH）支付服務的公司。當時接連冒出一些公司，為比特幣持有者與有意願接受加密貨幣作為支付方式的商家提供服務。雖然 BitPay 在成立幾年後才逐漸獲得創投基金並獲得肯定，但它是這些公司中的一員。

　　從 2011 年起，一些非營利組織也開始接受比特幣捐款。這些組織包括電子前哨基金會（Electronic Frontier Foundation）和維基解密（WikiLeaks），二者分別於 2011 年 1 月和 6 月開始接受比特幣。比特幣用戶早在 2010 年就開始呼籲維基解密接受比特幣捐款，但中本聰 12 月 5 日在比特幣論壇上撰文：「不，不要接受。這個專案需要逐步發展，這樣軟體才能不斷完善。我呼籲維基解密不要嘗試使用比特幣。你將帶來的熱度很可能在現階段摧毀我們。」[23] 維基解密創始人朱利安・阿桑奇對此表示贊同，並決定將比特幣捐贈管道的啟動延後到 2011 年 6 月 14 日市場首次暴漲時。

　　維基解密的介入，以及絲路（Silk Road）暗網採用比特幣作為支付方式都強化了比特幣被用於非法活動的刻板印象。然而，在 2011 年 6 月 23 日的一次秘密會議上，也就是阿桑奇在厄瓜多駐英國大使館避難之前，向時任谷歌執行

董事長的艾瑞克·施密特（Eric Schmidt）描述比特幣是「一種無國籍的貨幣」。[24]

但問題已開始出現。2011 年 6 月 20 日，電子前哨基金會悄悄停止接受比特幣捐款，隔月，兩位愛爾蘭學者發表了一篇題為《比特幣系統的匿名性分析》（An Analysis of Anonymity in the Bitcoin System）的論文，證明比特幣遠沒有許多人想像的那樣匿名。[25] 同年 7 月，總部位於波蘭的比特幣交易所 Bitomat（4 月 4 日剛上線）意外重寫了整個錢包，隨即在 8 月被 Mt.Gox 收購。同時，最早的比特幣電子錢包提供商之一 MyBitcoin 在 2011 年 7 月也無法讓使用者存取——其持有的比特幣總量有 51% 被竊。2011 年末，曾任職於 DigiCash 和 Zero-Knowledge Systems，並在微軟（Microsoft）擔任核心加密設計師的數位貨幣先驅斯特凡·布蘭茲（Stefan Brands）評論說，比特幣「很聰明」，但它的結構就像「金字塔騙局」（pyramid scheme）般獎勵早期採用者。[26] 他解釋最大的問題歸根究柢是信任問題。雖然法幣也是如此，但他強調「法幣有一個通過法律機制建立起來的整體信任結構。」

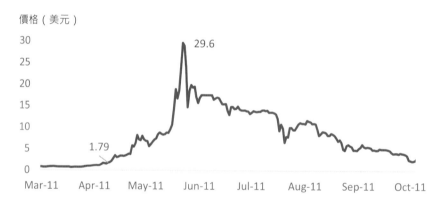

圖 5：史上第一個加密貨幣多頭於 2011 年 6 月到高峰
資料來源：作者提供

2010 年 12 月 12 日，距離中本聰發布維基解密的相關資訊僅 7 天，他就從公共論壇上消失了。2011 年 4 月 23 日，軟體開發人員麥克·赫恩（Mike Hearn）收到了一封來自中本聰的電子郵件，中本聰在郵件中自稱「已經轉做其它事情」，並對專案表示信心「蓋文和大家能把專案做好」。此時，蓋文·安德森（Gavin Andresen）已接任首席開發員。

至今，中本聰的身分仍未曝光。有些人將矛頭指向了美國政府，因為早在
1970 年代，美國政府就資助加密技術的研究。美國聯邦準備理事會（聯準會，
US Federal Reserve）主席艾倫・葛林斯潘（Alan Greenspan）曾在 1996 年說
過：「我們可以預見在不久的將來，電子付款承諾（payment obligation）的發
行者，如儲值卡或『數位現金』，可能會建立專門的發行公司，這些公司將有
優秀的資產負債表和公開信用評等。」[27] 同年，美國國家安全局（NSA）發布
了一篇關於「如何鑄幣：匿名電子現金的密碼學」（"How to make a mint: the
cryptography of anonymous electronic cash"）的綜合研究論文。而被廣泛使用的
安全雜湊演算法（SHA-256）也被用於比特幣協定的雜湊函數和挖礦演算法中，
該演算法於 2001 年 3 月 5 日被國家安全局授予專利權，發明人為格倫・M・莉
莉（Glenn M. Lilly）。

不過，比特幣最有可能的發明者似乎是尼克・薩博（Nick Szabo），他是
一位擁有法律學位的電腦科學家，而他的名字縮寫與中本聰相同。薩博在 90 年
代中期提出了智能合約的說法和概念，並於 1998 年為一種名為比特黃金（Bit
Gold）的去中心化貨幣設計了一種機制。該機制使用專用電腦解決加密謎題，
這些謎題會被發送到一個公共註冊中心，並分配給解題者一個公鑰。每個解決
方案都將成為下個挑戰的一部分，從而創建一個帶有時間戳的可驗證鏈，在這
個鏈上，需要多數人對解決方案達成共識，才能解開下一題。雖然薩博的機制
從未付諸實踐，但它與莉莉的雜湊演算法一起成為了比特幣的重要組成部分。

有趣的是，薩博修改了他幾篇部落格文章的日期，使這些文章看來像是在
中本聰的比特幣白皮書發布後才寫的。2005 年 12 月 29 日，也就是白皮書發布
的三年前，他在部落格文章《比特黃金》中解釋了貨幣的價值如何依賴對第三
方的信任，以及「貴金屬和收藏品」的價值來自於「因其創造成本高昂而不可
偽造所成就的稀缺性」。[28] 他將自己關於比特黃金的提案描述為「使用客戶端
謎題函數（client puzzle function）從一串挑戰位元字串（string of bits）計算出
一串位元字串，……」他解釋：「由此產生的位元字串就是工作量證明（proof
of work）。在單向函數難以反向計算的情況下……」薩博則稱其為「挑戰字串
（challenge string）」。總之，他寫道：「人類使用過的所有貨幣在某種程度上
都是不安全的⋯最有害的就是通貨膨脹」。在中本聰公開發布白皮書之後，薩
博將這篇部落格的日期改為 2008 年 12 月 27 日。[29]

2011 年，一個化名為 gwern 的人發表了一篇部落格文章，內文認為比特幣不是一個合適的加密解決方案。比特幣由礦工和用戶集體同意接受，而不是由協定決定的。由於比特幣的核心概念早在幾年前就已公開，如 Bit Gold（2005年）、SHA-256（2001 年）、b-money（1998 年）、Hashcash（1997 年）、工作量證明（1992 年）、加密時間戳記（1991 年）、公鑰加密（1980 年）和雜湊樹（1979 年），gwern 暗示比特幣的發明者一直在等待一個社會事件。從這個意義上說，全球金融危機以及政府的紓困則符合資格。Gwern 認為，比特幣在社會層面似乎與團購平台 Groupon 相似，Groupon 旨在將消費者轉變為行銷者，因為「他們覺得自己也有利可圖」。Gwern 總結說：「比特幣最大的優點可能不是通貨緊縮，也不是微交易（microtransactions），而是它病毒式的分布特性；它伺機而動。」[30] 薩博很快批評了 gwern 的貼文。而後在 2017 年 6 月 4 日的《提姆‧費里斯秀》（Tim Ferris Show）節目中，薩博似乎承認「我設計了比特幣⋯黃金」。[31] 然而至今中本聰這個名字背後的神秘人物是誰依然是個謎。

2009 年中，中本聰透過電子方式聯繫最多的人是一位名叫馬爾蒂‧馬爾米（Martii Malmi）的芬蘭用戶，他在谷歌搜索 *p2p currency* 後發現了比特幣白皮書。他在給中本聰的電子郵件中寫道：「我願意為比特幣提供幫助。」[32] 馬爾米開始撰寫比特幣的相關文件，並創建了比特幣社群論壇，也就是後來的BitcoinTalk。2009 年 10 月 12 日，在沒有加密貨幣交易所的情況下，馬爾米以 5.02美元的價格向化名為 NewLibertyStandard 的人出售了 5,050 枚比特幣，這使得比特幣的價值達到每枚 0.0009 美元。NewLibertyStandard 在 BitcoinTalk 論壇上發文說：「我們的匯率計算方法是：用 1 美元除以一台高效能 CPU 電腦一年運作所需的平均電量，也就是 1331.5 千瓦時，乘以美國上一年居民平均電費（0.1136美元），除以 12 個月，再除以我的電腦在過去 30 天產生的比特幣數量。」[33] 馬爾米透過 PayPal 收到了這筆錢。

2009 年 12 月，由馬爾米負責的比特幣新版本程式碼 Bitcoin v0.2 發布。新版對 Linux 的支援吸引了更多的開發者，有助於擴大比特幣的用戶群。2010 年7 月，第三版比特幣（Bitcoin v0. 3）在擁有數百萬科技通讀者的 Slashdot 平台發布，比特幣軟體的下載量從 6 月份的三千次增加到兩萬次。

◎ TradeHill：一家早期比特幣交易所（2011 至 2013 年）

如果沒有適當的監管，是很難順暢地用法幣入金加密貨幣，因為銀行不願意與加密貨幣公司進行交易。對銀行來說，加密貨幣和其它創投背書的科技公司並不受歡迎，因為它們的營運耗費大量存款，而銀行又不能利用部分準備金將核心存款槓桿化到遠高於非核心存款的倍數。至少在未來 10 年內都會存在的一個問題是，大多數加密公司都無法建立起可靠和公認的銀行關係。多年來，一些公司試圖填補這一空缺，但大多數公司都遭到嚴格的洗錢防制（AML）和認識你的客戶（KYC）合規限制。

雖然比特幣的第一波採用者和創新者是美國企業家，但加密貨幣產業最終在亞洲大規模成長。2011 年那時，購買比特幣的少數方法之一就是透過日本的 Mt.Gox，當時該平台處理世界上 70％ 左右的比特幣買賣。買家需要向執行長馬克‧卡佩勒斯（Mark Karpelès）的個人銀行帳戶進行國際匯款。此過程中，常見外匯風險和交易確認延遲。

2011 年 6 月 8 日，傑瑞德‧肯納（Jered Kenna）創辦了一家名為 TradeHill 的比特幣交易所，該交易所與 Mt.Gox 非常相似，總部設在美國舊金山。肯納首次購買比特幣是以一批 5,000 枚，每枚 0.20 美元計算，並立即對此著迷。[34]

不到兩個月的時間，TradeHill 就報告其入金支付商 Dwolla 出現異常，該公司已停止接收存款。8 月 10 日，交易所恢復服務，接受單一歐元支付區（SEPA）入金與出金。與一般使用的 SWIFT 轉帳相比，SEPA 是更快速的支付系統。

儘管 TradeHill 總部設在美國，但買家仍要將資金匯入肯納的個人安智銀行（ING）帳戶，一切都需要手動驗證。整個過程非常繁瑣，處理資金需要各類執照，而取得這些執照既昂貴又耗時。隨後，美國財政部旗下的金融犯罪執法局（FinCEN）發布了關於虛擬貨幣的法規，迫使 TradeHill 和其他美國比特幣交易所必須在聯邦政府註冊為匯款機構。也就是說，如果 TradeHill 想在美國運營，就必須在每個州都各獲得許可，且大多數州都有不同規定，因此過程複雜，成本也高昂。

TradeHill 於 2012 年 2 月 13 日關閉，原因是監理機關的審查加大，以及 Dwolla 在未通知的情況下從其帳戶中取走了 10 多萬美元的「扣款」。TradeHill 起訴了 Dwolla，但由於 Dwolla 的使用條款中規定了其它解決爭議的方式，所以這些指控被駁回。TradeHill 當時已是第二大交易所，而比特幣價在 TradeHill 關閉時下跌了 20％，從 5.50 美元跌至 4.40 美元。[35]

2012 年 6 月 29 日，FinCEN 宣布要為新型支付方式建立監管框架[36]；2013 年 3 月 18 日，FinCEN 首次發布了關於虛擬貨幣及其如何融入《銀行保密法》（Bank Secrecy Act，即 BSA）監管結構的全面性討論[37]。報告確認，任何向他人出售虛擬貨幣單位以換取真實貨幣或等價物的個人，都屬於資產轉移，因此需要執照。

之後，TradeHill 推出了名為 Prime 的新服務，Prime 是一個商對商的數位交易所，旨在推動企業和大型投資者之間的數位貨幣交易。然而新公司仍無法應對監管壓力，2013 年 8 月，由於其銀行（網路資料庫聯邦信用合作社，IAFCU）面臨「營運和監管問題」，Prime 停止服務。

美國不同州有著不同的規章制度，申領匯款機構執照是花錢費時的工作。儘管估計值可能有所不同，但獲得所有執照所需的時間約為兩年，費用約為 100 萬至 150 萬美元[38]。光是紐約州的匯款機構執照每年的維護費用就在 9 萬至 10 萬美元之間。

FinCEN 對執照的要求迫使比特幣交易轉向海外，一些總部位於美國的公司專事法定貨幣（美元）和加密貨幣間的轉換，而非提供交易所服務。同時，BitInstant 建立了一個商業模式，能與最大交易所 Mt.Gox 更快速地整合。

◎ BitInstant：「更快的 Mt. Gox」（2011 至 2014 年）

2011 年初，出生於紐約布魯克林的查理・史瑞姆（Charlie Shrem）發現了 TradeHill 網站，他匯過去一點錢試用，但帳戶被關閉了，他擔心這個網站是個騙局，便給 TradeHill 打了電話，和傑瑞德・肯納交談了三個小時。

史瑞姆有一個加密新創公司的想法，他把這個想法告訴了肯納。這個想法就是「更快的 Mt. Gox」──BitInstant 幫用戶更快把錢存入比特幣交易所，而無需先將美元匯到日本再使用 Mt. Gox。

與肯納談話後不久，史瑞姆推出了 BitInstant ──「和四大比特幣交易所合作的付款處理商」[39]。BitInstant 向購買和交易比特幣的用戶收取手續費。它還提供臨時貸款，以加速交易。用戶可以用法幣在 BitInstant 購買比特幣，而無需轉帳到日本。

BitInstant 是利用肯納母親提供的 1 萬美元借款成立的。不久後，羅傑‧維爾（Roger Ver）作為天使投資人投資了 12.5 萬美元，獲得了 10% 的股份。隨後 BitInstant 又從溫克萊沃斯兄弟的公司（Winklevoss Capital Management）獲得了 150 萬美元的投資。維爾曾在 2002 至 2003 年間因無證銷售煙火，在聯邦監獄服刑 10 個月。他要求史瑞姆僱用他的朋友艾瑞克‧沃爾黑斯（Erik Voorhees），也就是後來的 BitInstant 行銷主管。

沃爾黑斯後來也成立了其他加密企業，如比特幣賭博遊戲網站 SatoshiDice、允許用戶透過簡訊和電子郵件發送比特幣的網站 Coinapult，以及比特幣和山寨幣交易所 ShapeShift。2013 年 7 月，他以 126,315 枚比特幣（當時價值 1,150 萬美元）的價格將 SatoshiDice 賣給了一位匿名投資者。

BitInstant 與點對點跨國匯款公司速匯金（MoneyGram）以及 Softpay 合作，以提供服務給美國眾多的零售店。BitInstant 還讓客戶可以在超過 70 萬家的商店購買比特幣，其中包括沃爾瑪、CVS 藥局和沃爾格林（Walgreens）。

BitInstant 一炮打響知名度，到 2013 年初，它經手約 30% 的比特幣交易。2013 年 6 月，公司宣布與線上支付和驗證公司 Jumio 合作，以驗證用戶身分。

然而在 2013 年 7 月，BitInstant 突然暫停服務，原因是「根據注意到的趨勢改進程式碼」[40]。不久後，該公司收到了約 17,300 份客訴，隨後又遭到集體訴訟，指控公司不實陳述且未能履行服務，結果公司被迫關閉了交易業務。

2014 年 1 月 26 日，史瑞姆在紐約甘迺迪機場被捕。檢察官指控他和羅伯特‧法伊拉（Robert Faiella）合謀洗錢，利用價值 100 萬美元的比特幣協助絲路的用

戶匿名進行非法交易。法伊拉在黑市經營地下比特幣交易所，向大量絲路的用戶兜售比特幣，同時在 BitInstant 取得大額交易費用的折扣。

2018 年 9 月，溫克萊沃斯兄弟對史瑞姆提起訴訟，索賠 3,200 萬美元，聲稱他曾於 2012 年盜走了他們數千枚比特幣。2013 年初，這對雙胞胎兄弟購買了 10.8 萬枚比特幣，占當時已挖出 1,080 萬枚比特幣的百分之一。

儘管早期有 TradeHill 和 BitInstant，但 2013 年最大的三家比特幣交易所分別是 BTC-e、Bitstamp 和 Mt.Gox。BTC-e 由兩位俄羅斯人，分別是亞歷山大·溫尼克（Alexander Vinnik）和亞歷山大·比亞尤琴科（Aleksandr Bilyuchenko）於 2011 年 7 月創辦，交易量占全球的 8% 左右； Bitstamp 由斯洛維尼亞企業家納傑克·科德里奇（Nejc Kodric）和達米安·梅拉克（Damian Merlak）於 2011 年 8 月創辦，占全球交易量 20% 左右。但比特幣交易的主體仍在亞洲，Mt. Gox 仍占總成交量的 70% 左右。

◎ Mt. Gox: 日本的比特幣交易所（2010 至 2014 年）

2010 年 7 月，程式設計師傑德·麥卡萊布（Jed McCaleb）在新聞網站 Slashdot 上了解到有關比特幣的資訊，於是決定重新啟用他之前為虛擬世界交易卡牌構建的網站 *Magic: The Gathering Online*，即以他先前曾申請的網域（*Magic: The Gathering Online eXchange*）縮寫 *Mt. Gox*，於 7 月 18 日推出了交易和報價服務。

最初 Mt. Gox 使用 PayPal 作為主要入金方式，但由於頻發生欺詐性退款操作，交易所於 2010 年 10 月 10 日改用自由儲備銀行（Liberty Reserve）。自由儲備銀行是一家位於哥斯大黎加的中心化數位貨幣支付處理公司，由於其安全性不高，且在沒有轉帳業務許可的情況下運營，於 2013 年 5 月被美國聯邦檢察官查封。

自由儲備銀行 2002 年由亞瑟·布多夫斯基（Arthur Budovsky）和弗拉基米爾·愷茨（Vladimir Kats）在美國創立。2007 年，兩人因經營非法金融業務被判入獄五年，減刑為五年緩刑。布多夫斯基和愷茨隨後搬到哥斯大黎加，在

2013 年被捕前一直經營自由儲備銀行。美國檢察官指控自由儲備銀行經手了 60 億美元的非法收益，布多夫斯基因此被判處 20 年有期徒刑 [41]。

2011 年 2 月，麥卡萊布將 Mt.Gox 網站轉讓給了法國軟體開發商兼網路管理員馬克·卡佩勒斯（Mark Karpelès），轉讓收入用於購買新公司 12% 的股份。卡佩勒斯自 2009 年以來一直居住在日本。2011 年，比特幣交易價格為 1.0 美元，因交易量的上漲，Mt. Gox 每天進行約 2 萬筆交易。

然而 2011 年 6 月 13 日，Mt.Gox 交易所中 478 個帳戶共 2.5 萬枚比特幣遭竊（約 40 萬美元）。隨後，在 6 月 17 日，交易所的用戶資料外洩到 Pastebin（一個駭客用於發布資料的文字儲存網站）出售。

6 月 19 日，大量詐欺交易導致比特幣的名義價格（nominal price）從 17 美元跌至 0.01 美元。隨後，駭客以這個人為調整的低價買入比特幣，利用 Mt. Gox 用戶的私人熱錢包密鑰獲得了大約 2,000 枚比特幣。Mt. Gox 的私鑰在 2011 年並未加密，並可能早已被盜取。Mt. Gox 混亂的財務管理沒能及時發現駭客行為。目前尚不清楚是單純的駭客攻擊還是有內鬼協助，在接下來的三年時間裡，駭客在交易所毫無察覺的情況下，從客戶帳戶中盜取了至少 65 萬枚比特幣。

比特幣安全公司 WizSec 比對了大部分 Mt.Gox 上的存取交易，分析結果顯示，早在 2011 年交易所應持有的比特幣數量和實際持有數量間的差距就開始擴大 [42]。比特幣似乎未經有效流程就被提走，然後又被重新存入並轉移到其他帳戶，或轉移到如 BTC-e 或 Bitcoinica 等其他加密貨幣交易所中。

Mt. Gox 到 2013 年 2 月已經手世界上大多數的比特幣交易，網站擁有來自 239 個國家、近 110 萬活躍帳戶，其中約 30% 的客戶來自北美。有時，交易所處理全球 90% 以上的比特幣交易，2013 全年手續費收入達 4,000 萬美元。

2012 年，Mt. Gox 與 CoinLab 這間比特幣計畫孵化器科技公司成為合作夥伴關係，並轉交了其在北美的全部業務。CoinLab 是一家總部位於西雅圖的新創公司，由彼得·韋塞內斯（Peter Vessenes）、邁克·科斯（Mike Koss）和提漢·西爾（Tihan Seale）共同創立，致力於發展與比特幣相關的項目。矽谷創投家提姆·德雷珀拿出 50 萬美元天使資金幫助公司起步。2013 年 5 月 CoinLab 起訴 Mt. Gox 公司，索賠 7,500 萬美元，聲稱交易所在專有權協議和分潤條款等方面違約。[43]

當時 Mt. Gox 也受到美國國土安全部的調查，理由是該交易所的一家子公司在美國無照經營。為了接受美元資金，Mt. Gox 在子公司 Mutum Sigillum 下開設了富國銀行（Wells Fargo）帳戶，但子公司並未報告自己從事貨幣服務。國土安全部向 Dwolla 發出扣押令，要求扣押 Mt. Gox 於 Dwolla 帳戶中的資金，時任執行長卡佩勒斯因未能將 Mutum Sigillum 正確註冊為貨幣服務企業而面臨最高五年的監禁。

2013 年夏天，負責處理 Mt.Gox 交易的東京瑞穗銀行（Mizuho Bank）向交易所施壓，要求關閉銀行帳戶。從此，Mt.Gox 的法幣管道和銀行關係逐漸被切斷。2014 年 2 月 7 日，Mt. Gox 在偵測到比特幣錢包活動異常後停止了提款。比特幣價格暴跌，24,750 名前用戶索賠。

在賽普勒斯註冊的 Sunlot Holdings 公司以 1 枚比特幣的價格收購了麥卡萊布手中 12% 的股份，試圖重振 Mt. Gox，但沒有成功。Sunlot Holdings 公司背後的主要人物布羅克·皮爾斯（Brock Pierce）曾是一名童星，最初專注於遊戲產業，後來成為加密貨幣的領導人物。皮爾斯後來共同創立了 Tether、Blockchain Capital 以及 Block.one，也是將波多黎各建立為加密產業聚集地的積極倡導者。

儘管美國大陪審團已起訴 BTC-e 聯合創始人亞歷山大·溫尼克（Alexander Vinnik），指控他從 Mt. Gox 駭客事件中收到資金並涉嫌洗錢，但 Mt. Gox 駭客事件仍未完全解決。然而，在 Mt. Gox 交易所營運期間，沒有可靠的統計數據說明共有多少比特幣被盜。直到 2023 年，一些被盜的比特幣才得以退還給用戶。

大多數 Mt. Gox 中被盯上的目標錢包在收到比特幣的那刻就被自動清空，駭客定期手動將這些盜取資金轉移到其它地址。2012 年 2 月 TradeHill 關閉之前，被盜的比特幣中有四分之一是透過該交易所轉移的。手動的執行發生在俄羅斯時區，將 30 萬枚比特幣轉移到俄羅斯交易所 BTC-e。根據該交易所的網站資料，BTC-e 位於保加利亞，在塞席爾群島註冊，由一家名字聽起來像中文的 Canton 商業公司（Canton Business Corporation）管理，網站還註有一個俄羅斯區號的電話號碼 [44]。被盜的 Mt. Gox 比特幣在 BTC-e 上交易的地址與幾個 BTC-e 管理員地址之一相符 [45]。特別的是，它與 WME 這個用戶名有關聯。看來，從 Mt. Gox 流出的比特幣數量達一定規模後，溫尼克便決定建立自己的交易所 BTC-e 來取出盜用的比特幣。使用者名稱 WME 也出現在 Bitcoin Talk 論壇，以 BTC-e 管理

員的身分註冊並以俄語回文。WME 還有一個關聯的電子郵件地址，用於 *wm-exchanger.com* 網域下（WebMoney Exchanger 的縮寫 [46]）解答客服問題。2012 年 1 月 5 日，WME 在 Bitcoin Talk 上發文：「我有很多比特幣想賣掉…郵件聯絡：info@wme.cc」[47]。

◎ BTC-e：聲名狼藉的俄羅斯加密貨幣交易所（2011 至 2017 年）

2011 年 9 月至 2014 年 5 月期間，溫尼克和他在 BTC-e 的同夥涉嫌盜取了 53 萬枚比特幣。在論壇上暱稱為 WME 的溫尼克負責公司的財務運營，而他的共同創始人亞歷山大・比亞尤琴科（Aleksandr Bilyuchenko）則負責交易所的技術部分。

據估計，BTC-e 從 2011 年至 2017 年 7 月關閉的期間處理了 90 億美元的比特幣交易，當時溫尼克在希臘被捕，隨後於 2020 年被引渡到法國，並因跨國洗錢 40 億美元（30 萬枚比特幣）而被判處五年監禁。

BTC-e 交易所的快速走紅，主要是因為它沒有任何用戶驗證系統（只需一個電子郵箱即可註冊 – 這是新成立交易所慣用來吸引新用戶的手段）。BTC-e 也沒有洗錢防制（AML）監管措施。

2014 年 3 月，BTC-e 開始提供人民幣交易。在此之前，由於預期更嚴格的控制和潛在禁令的發布，中國加密貨幣交易所比特兒（B TER）宣布停止銀行入金。比特兒由專注研究高效能演算法研究的加拿大光學博士韓林（Lin Han）於 2012 年創立，由濟南曼維資訊技術有限公司營運。

比特兒有 23 萬個註冊帳戶，其中一半來自中國，交易總額達 89 萬比特幣。然而，在 2015 年 2 月，該公司遭遇兩次駭客攻擊後瀕臨倒閉，其中一次損失了 7,170 枚比特幣。駭客攻擊了公司的冷錢包 —— 一種將私鑰儲存在離線硬體裝置上的加密貨幣錢包。比特兒追蹤到被盜的比特幣來自混幣平台 Bitcoin Fog，該平台允許用戶將錢包中的比特幣與其他用戶的比特幣混合，以防止被追蹤到自己的比特幣來源。

羅曼・斯特林諾夫（Roman Sterlingov）擁俄羅斯和瑞典雙重國籍，據信他在 2011 年到 2021 年 4 月期間一直經營 Bitcoin Fog，當時他在洛杉磯國際機場被美國司法部官員逮捕。據說他於經營期間，轉移了超過 120 萬枚比特幣，價值 3.35 億美元。根據他的逮捕令，這些比特幣大部分來自絲路和阿爾法灣（AlphaBay）等暗網市場，與非法毒品、電信詐欺、濫用行為和身分盜竊有關。

在遭到攻擊後的 6 個月內，比特兒遭遇了第二次駭客攻擊而無法償還客戶資金。儘管比特兒透過與駭客談判賞金而得以繼續運營，但在中國 2017 年推出首次代幣發行（initial coin offering, ICO）禁令後，它還是關閉了。後來交易所剔除了法幣交易，並改名 Gate.io 後重新上線，重心轉至幣幣交易和人民幣場外交易。

資本管制一直是比特幣在中國用戶間迅速發展的重要原因。比特幣讓資金能以更快且較難以追蹤的方式出境。中國人的投資選擇限制於房地產和 A 股市場，因此當 BTC- e 提供人民幣交易，便迅速成為全球最成功的交易所之一。2015 年全站交易量約占全球比特幣交易量的 3％。

儘管 BTC-e 經營有成，但它與 Mt. Gox 駭客事件的關聯性讓執法部門虎視眈眈。在 Mt.Gox 駭客事件中，有 3 個 BTC-e 帳戶收到了 3 萬枚比特幣，其餘的則透過位於舊金山的 TradeHill 交易所轉移至電子錢包，然後再轉回到溫尼克帳戶底下的 Mt.Gox 錢包 [48]。

當局認為，俄羅斯網路犯罪組織「花哨熊」（Fancy Bear）是 BTC-e 的客戶之一，也懷疑該交易所與俄羅斯軍事情報單位格魯烏（GRU）有關聯。溫尼克在 2017 年被捕後，BTC-e 交易所停止服務。當時該交易所有 6 萬 5 千枚比特幣和其他貨幣，價值超過 10 億美元。

2018 年 4 月，BTC-e 從其服務錢包中轉出 3 萬多枚價值共約 5000 萬美元的比特幣到加密貨幣經紀商 SUEX OTC，SRO（SUEX）。在捷克共和國註冊 [49]，但在當地無任何已知據點的 SUEX 稱可以將加密貨幣轉換成法幣現金。根據 Chainalysis[50] 的數據，SUEX 自 2018 年 2 月開始活躍以來，已收到 4.81 億美元的比特幣，其中包括來自勒索軟體、詐騙公司和暗網市場的資金。其位於俄羅斯莫斯科和聖彼得堡的實體分公司，也因將價值數億美元的加密貨幣兌換成法

幣現金而受到美國財政部外國資產控制辦公室（Foreign Assets Control，OFAC）的制裁。

2020 年，紐西蘭當局凍結了溫尼克旗下 Canton 商業公司的 9,000 萬美元；2022 年，一個與 BTC-e 交易所相關聯的錢包被發現向未知錢包轉移了 1 萬枚比特幣（1.65 億美元）。[51]

2024 年 5 月 3 日，溫尼克就他在 2011 年至 2017 年間管理加密貨幣交易所 BTC-e 串謀洗錢情事認罪。BTC-e 在運營期間處理超過 90 億美元的交易，並為全球超過一百萬用戶提供服務。該平台洗淨各種犯罪活動產生的資金，包括電腦入侵、駭客事件、勒索軟體攻擊、身分盜竊、腐敗公職人員的行為以及毒品分銷網。維尼克有意設計 BTC-e 來支持這些非法活動，被指控造成至少 1.21 億美元的財務損失。

溫尼克在美國可能面臨 20 年的監禁。此前，在 2020 年，他在法國被控洗錢而定罪，並被判處五年監禁。

◎ WEX: BTC-e 的翻版（2017 至 2018 年）

2017 年中旬，BTC-e 的伺服器被聯邦調查局查封。為了償還 BTC-e 的用戶資金，以 WEX 為名的複製品交易所上線營運。重振交易所的想法是由 BTC-e 的用戶德米特里·瓦西里耶夫（Dmitry Vasiliev）向比亞尤琴科提出的。瓦西里耶夫是代中國投資者進行交易的大客戶，他成為了新交易所 WEX（World Exchange Services）法律實體的所有人。

WEX 交易所收購並接手了 BTC-e 的用戶及數據，並創建 WEX 代幣，用於代表用戶被凍結的資金。雖然是全新上線，但是 WEX 網站的設計和功能，甚至交易對選項都與以前的 BTC-e 相差無幾。

截至 2017 年底，WEX 的日交易額達 8,000 萬美元，擠身前二十大加密貨幣交易所[52]。BTC ／ USD 報價比其他國際交易所高出 35％，溢價高達 35％。營運一年後，WEX 聲稱已「完成定期維護」，於一夜之間凍結所有提款並關閉。

執行長瓦西里耶夫宣布交易所已出售給德米特里‧哈夫琴科（Dmitri Khavchenko）。在關閉前後，交易所錢包裡價值數百萬美元的加密貨幣被清空。2019 年，比亞尤琴科承認自己是 WEX 的管理員，並聲稱他當時被迫將 4.5 億美元全部轉給了俄羅斯聯邦安全局（FSB）。

BTC-e 和 WEX 這兩家俄羅斯交易所因其形同虛設的認識客戶政策和洗錢防制，成為非法比特幣交易的天然避風港。雖然 Mt.Gox 的虧損用戶能拿回一些錢，但資金存放在 BTC-e 和其翻版 WEX 交易所的用戶損失了幾乎所有的錢。

◎ Mt. Gox 申請破產（2014 年）

2014 年 2 月 28 日，Mt.Gox 在東京向債權人申請破產保護，並表示負債達 6,500 萬美元。公司承認損失了近 75 萬個客戶的比特幣和約 10 萬枚自己的比特幣，損失總量約占當時挖出比特幣總數的 7%。

2015 年 8 月 1 日，Mt.Gox 執行長卡佩萊斯因涉嫌操縱交易所電腦系統偽造未清償餘額數據，被日本警方逮捕。2019 年 3 月 14 日，東京法院將卡佩萊斯定罪，將他判處監禁 30 個月。

Mt.Gox 倒閉後，大部分比特幣交易流向了三家中國交易所——火幣（總部位於北京）、OKcoin（也位於北京）和 BTC China（總部位於上海），而大部分以美元為基礎的交易則流向了 Bitfinex（總部位於香港）和 Bitstamp（斯洛維尼亞公司，2013 年 4 月在英國註冊）。

BitInstant 的天使投資人羅傑‧維爾（Roger Ver）因長期為比特幣宣傳而被稱為「比特幣耶穌」，他也是 CoinLab 的早期投資人和 Mt.Gox 用戶。此外，他也是 Bitcoinica 的用戶。這是一家在紐西蘭註冊的比特幣衍生性商品交易所，總部設在新加坡。Bitcoinica 向 Mt.Gox 提出 6 萬 5 千枚比特幣的破產索賠。

與此同時，CoinLab 的共同創辦人之一提漢‧西爾（Tihan Seale）一直為 CoinLab 比特幣計畫孵化器尋找機會。他也幫其它公司探索投資機會，而在 2011 年底遇上了 Bitcoinica。

「釋放你的財富，一次一枚比特幣」

（Bitcoinica）

Bitcoinica 是由新加坡一名 17 歲的高中生周同（Zhou Tong）於 2011 年 9 月 8 日創立的。周同來自中國，因獲新加坡教育部獎學金，前往新加坡學習，並對編碼產生濃厚熱情。

◎ Bitcoinica：第一家支持槓桿交易的比特幣交易所（2011 至 2012 年）

周同在 Heroku 上創建了 Bitcoinica。Heroku 是一種雲端基礎設施，最初只支持 Ruby 程式語言，而 Ruby 語言並不能完全適用於金融交易。周同將系統管理、安全、銀行業務以及一切他無法處理的事情外包給第三方，每月花不到 100 美金處理著幾百萬個頁面請求。

Bitcoinica 的初衷是幫助用戶利用傳統外匯市場上先進的槓桿功能交易比特幣。Bitcoinica 提供比特幣保證金交易，這也是第一家允許交易者做空比特幣或與比特幣價格對賭的交易所。

Bitcoinica 透過部位清算賺了很多錢，除了巨額的強制平倉之外。在這種情況發生時，用戶帳戶的金額會變為負數，交易所會陷入困境，因為它無法追討餘額為負的用戶。這也是交易所為用戶提供過高槓桿所要承擔的風險。儘管多

年來有人認為，波動性是加密貨幣的一個特質而非問題，但是當過度槓桿化的帳戶出現虧損時，交易所遭受損失的次數也讓人驚訝。

初期，Bitcoinica 每月從交易業務中賺取 5 萬 3 千美元，收入穩步增長。對於一個沒有接受過任何專業培訓、不了解加密貨幣交易所監管環境的高中生來說，這是一筆收益頗豐的生意。在巔峰時期，交易所的交易量甚至可能與 Mt.Gox 不相上下，每月淨利潤達六位數。

與外匯交易所一樣，Bitcoinica 不收取任何佣金，只賺取買賣價差，價差通常為 1.7%。相比之下，Mt. Gox 收取 0.6% 的手續費，BTC-e 收取 0.2%，而 Bitcoinica 自身在 Mt.Gox 上交易要支付 0.25% 的手續費。

Bitcoinica 很快就成為比特幣槓桿交易的前段班。短短幾個月，它的月比特幣交易量就達到了 60 萬枚，每月可賺取 1 萬枚比特幣。以每比特幣 5.3 美元的匯率計算，如果比特幣價格攀升，其每月 5 萬 3 千美元的收益也會隨之增加。

Bitcoinica 的交易量在 6 個月內就達到了 4 千萬美元，用戶在平台上總共存入了 100 萬美元的資金，槓桿比例最高為 10 比 1。然而，一些人很快就因過度加槓桿而虧損。「zhoutonged」（「被周同了」）成了比特幣圈子裡的俚語，指的是在追加保證金時失去部位或爆倉。由於交易所在市場劇烈波動時無法及時快速地平倉，一些用戶帳戶的金額變成負值。儘管周同反覆強調用戶應補平負餘額，但這些用戶留下負值帳戶，再也沒有回來。

就在 Bitcoinica 推出 2 個月後，投資能手 CoinLab 的聯合創始人提漢·西爾遇到了周同。雖然西爾認為 Bitcoinica 是比特幣領域一家很有前途的初創公司，但他也指出，交易所正面臨增長瓶頸，它的成功已經超出了一個學生的能力範圍。有鑑於西爾提出的監管方面的問題，周同同意將 Bitcoinica 出售給西爾所代表的投資基金 Wendon Group，正式交接時間為 2012 年 1 月。

西爾促成 Bitcoinica 的收購，金額未公開，他於 2012 年 2 月 9 日成立了公司 Core Credit Limited 並成為普通合夥人。周同以 8,000 美元的月薪兼職運營 Bitcoinica，同時西爾尋找願意運營交易所和 Wendon Group 的管理團隊。

隨後在 2012 年 3 月 1 日，一間位於美國紐澤西州，負責管理 Bitcoinica 數據的網絡和雲端託管公司 Linode 出現內部安全漏洞，攻擊者取得 Bitcoinica 上存有部分資金的錢包的存取權限。具體而言，是 Linode 客戶系統中的一個漏洞被駭客利用，許多當紅比特幣伺服器的管理員權限被盜用。8 個相關比特幣業務的帳戶遭受攻擊，而其中 Bitcoinica 受到最嚴重的影響。

錢包中超過 4 萬 3 千枚比特幣被盜[53]，當時價值 22.8 萬美元。Bitcoinica 表示由於公司已被 Core Credit 收購，Core Credit 將承擔客戶損失。代表 Core Credit 的西爾表示他原以為收購 Bitcoinica 之後，該交易所每月仍將「破六位數利潤」[54]。然而在 2012 年 3 月，交易所的月利潤迅速從 10 萬美元降為 0，原因是交易所遇到了很多問題，比如 Mt. Gox 上執行 Bitcoinica 買賣訂單的算法就經常出現問題。

周同寫下幾項 Bitcoinica 亟需改進的安全措施和技術方案。但由於他還是一名學生，沒有足夠的時間、專業能力或技能對交易所進行升級。至於西爾，他認為一旦新的管理層上任，所有問題都會迎刃而解：「在此期間的任何開支都將直接來自於用戶存款」（當時公司的淨財務狀況已變為每月虧損 4 萬美元，後來到虧損 8 萬 8 千美元）。[55]

最終，唐納德・諾曼（Donald Norman）、派翠克・斯特里曼（Patrick Strateman）和阿米爾・塔基（Amir Taaki）同意幫助改進 Bitcoinica 的技術基礎。在交易所轉虧為盈之前，他們三人不會領取任何薪水。這三人也是比特幣現貨交易所 Intersango 的聯合創始人。

Intersango 是一家廣受歡迎的交易所，在歐洲地區的交易量達 4 萬 5 千枚比特幣，支持多個比特幣交易對，其中歐元和英鎊最為活躍。TradeHill 於 2012 年 2 月關閉後，Intersango 成為僅次於 Mt. Gox 的第二大交易所。但在 2012 年 7 月，Intersango 的英國大都會銀行（Metro Bank）終止了對其發送和接收款項的功能，導致用戶提款出現數周的延遲。2012 年 8 月 17 日，比特幣儲蓄信託公司（Bitcoin Savings & Trust，即 BST）關閉後，Intersango 也受到了影響。

Intersango 三人組，尤其是核心開發人員派翠克・斯特里曼，因成功發現多家交易所的漏洞而在業內揚名。斯特里曼也發現了 Bitcoinica 的一個漏洞，透過該漏洞他可以提取交易所熱錢包中的資金（熱錢包是能夠通過網路存取的）。這引起了西爾的注意，他與三人組達成協議，讓他們共同管理 Bitcoinica。

諾曼、斯特里曼和塔基三人合擁 Bitcoinica LP 公司 25％的股份，作為交換，Wendon Group 獲得 Intersango 公司 250 股的股份。西爾還成立了一個名為 Bitcoinica 顧問服務公司的新實體，將業務的 25％分給三人組，其餘的 75％給 Wendon Group。三人組在比特幣行業的早期參與、運營比特幣交易所的經驗，以及在網絡安全方面的專業聲譽讓西爾非常放心。

三人組於 2012 年 4 月 24 日正式接管 Bitcoinica。作為 Bitcoinica 顧問服務公司的三位高管，他們擁有代表公司行事的專屬法律權力。他們還全權負責 Bitcoinica 各方面的日常運作，包括風險控制和熱錢包管理。此外，三人還另外簽訂顧問協議，成為了 Bitcoinica LP 的所有者和經營者。

克里斯托福・希斯里普（Christopher Heaslip）是紐西蘭一名專業會計，他協助組建了新公司 Bitcoinica LP，幫助建立新的公司構架，並在紐西蘭法律管轄內註冊了金融服務提供商。這個牌照是公司接收第三方資金存款、為用戶開立帳戶，以及從事槓桿貨幣交易活動的理想牌照。

從口頭擬定顧問協議再到紐西蘭監管機構簽署並批准所有文件期間，三人組一直與周同和西爾討論如何改善 Bitcoinica 網站。他們計畫讓核心開發者斯特里曼重寫整個網站，而諾曼則負責改進自動對沖系統（一種交易所算法）的邏輯。管理團隊還希望與 Bitcoin.com（一個羅傑・維爾於 2014 年 4 月開始負責的網站）建立合作夥伴關係以增加用戶流量。

2012 年 5 月初，周同向 Bitcoinica 管理層指出，用戶建立了大量空頭部位，未平倉合約大約為 18 萬枚比特幣。交易所的盈利潛力巨大，市場可能向任一個方向發展，用戶則會被迫止損離場。比特幣交易透過止損和清算獲取巨額利潤——這也是交易所如雨後春筍般成立、以及交易所通常從巨大的買賣差價中獲利的原因之一。然而據統計，45％的比特幣交易所會在推出後的三年內倒閉。

周同提出新的商業措施，建立一個「安全貸」系統，用戶之間自行結算貸款，這些貸款超額抵押為 200%。如此一來，可實現更高的槓桿倍數，平台上美元和比特幣的流通速度也將大大提高。這個措施旨在減少交易所對 Mt. Gox 的依賴，並讓客戶之間交易更加頻繁。

然而在 2012 年 5 月 11 日，Bitcoinica 再次被盜。駭客攻擊了公司網站，從熱錢包中盜走 18,547 枚比特幣。周同透過一個被盜的電子郵件地址發現了進入 Bitcoinica 於 Rackspace 雲端運算公司的伺服器入口。駭客關閉了整個網站，還刪除了雲端備份[56]。如果沒有備份和財務記錄，是幾乎無法處理索賠的。

Bitcoinica 有一個名為 *info@bitcoinica.com* 的郵寄清單，用於登陸網站和公司所有的敏感帳戶。少數人有存取權，包括周同、西爾、諾曼、斯特里曼和塔基，真正遭盜的是斯特里曼的個人信箱。然而在攻擊發生時，Intersango 三人組尚未成為普通合夥人，因為成立 Bitcoinica 顧問服務公司的手續還沒有完成——西爾曾懷疑這是故意拖延，因為攻擊的時機很可疑。雖然越來越多的人認為周同才是幕後黑手[57]，但也有人懷疑是「叛亂份子」阿米爾·塔基，他在 2015 年加入了人民保護部隊（People's Defense Units，即 YPG），「為敘利亞革命貢獻自身技能」。[58]

不管攻擊 Rackspace 的幕後黑手是誰，斯特里曼、諾曼和塔基都聲稱他們不承擔任何責任，也無權啟動索賠程序。Bitcoinica 網站最終下線，用戶收到通知，只能收到 50% 的賠付。

不久後，Bitcoinica 遭遇了另一場災難。2012 年 7 月，Bitcoinica 的原始碼在網上被洩露。一些人再次懷疑塔基是幕後黑手。此次洩露導致 4 萬多枚比特幣丟失，原因是原始碼中含有 Bitcoinica 到 Mt. Gox 應用程式介面（application programming interface, API）的密鑰，駭客即是利用該密鑰竊取了交易所資金。此時周同已離開 Bitcoinica，只剩下諾曼、斯特里曼和塔基三人組負責運營。

在 Rackspace 遭駭客攻擊後，除 Bitcoinica 帳戶的 LastPass（一個密碼管理器）密碼沒有被洩露外，所有洩露出來的密碼都遭到修改。這次攻擊之所以成功，是因為用於存取 Mt. Gox 帳戶的 LastPass 密碼，與 Bitcoinica 用於存取資金的 Mt. Gox API 的密鑰被設定為一致。這個密碼屬於周同，他只告訴過西爾（2012 年 2 月周同將網站賣給 Wendon Group 時，他們曾在中國廣州長隆酒店會面），這讓人懷疑西爾可能把密碼給了其他人，而導致此次攻擊。

不過，一些 Bitcoinica 的用戶提供證據，表明周同才是此次攻擊的幕後黑手。這些指控在網上發布後幾個小時內，周同出面表示他的前商業夥伴陳建海（Chen Jianhai）才是真正的駭客，且自己能找回大部分丟失的幣。2012 年 7 月 26 日，周同指出「陳建海熟悉信用卡詐騙，而且……在金融黑市相當活躍[59]」。對於大多數 Bitcoinica 的用戶來說，這都太可疑了。

Bitcoinic 最終倒閉並面臨民事訴訟。2012 年 8 月 1 日，西爾和 Wendon Group 作為 Bitcoinica LP 的一般債權人，宣布會依據紐西蘭法律指定一名接管人。一些用戶則在 8 月 6 日在舊金山提起訴訟，稱「Bitcoinica 是一個組織形式和來源均不明的實體[60]」。這是繼 2012 年 3 月 TradeHill 向 Dwolla 索賠 200 萬美元之後，在美國的第二起與比特幣相關的訴訟。

2013 年 8 月 19 日，Bitcoinica 在紐西蘭進入清算程序。公司手頭有總價值 50 萬美元的法幣和比特幣，並欠客戶 120 萬美元。因為 2012 年比特幣的槓桿交易才剛剛起步，因此欠款金額相對較小。另外據估計，在公司關閉時，Bitcoinica 百分之四十四的用戶存款已遭盜。

後來，當周同被問及他創辦 Bitcoinica 的感悟時，他說，科技初創企業的創始人必須是一名開發人員，他還認為賺錢的最佳方式是為他人創造價值並從中抽成。他建議：「永遠不要外包核心競爭力，一定要外包自己能力所不及的方面。」[61]

事後看來，一個 17 歲的學生在一周內利用有限的資源獨自建立起一個比特幣期貨交易所，實在令人難以置信。當時，期貨交易明確有巨大的市場，但 Bitcoinica 並沒有把安全和制衡機制擺在優先位置。其實交易所給加密市場帶來的最大影響是其洩露出來的原始碼，這些原始碼除了讓駭客竊取到 4 萬枚比特幣之外，還給了拉斐爾‧尼科勒（Raphael Nicolle）重建交易所的機會。

◎ ICBIT：首家匹配用戶訂單的合約交易所（2011 至 2016 年）

2012 年 8 月，後被視作以太坊發明人的維塔利克‧布特林（Vitalik Buterin，即 V 神）寫道：「自從 Bitcoinica 關閉以來，市場就缺少一種使用槓桿交易比特

幣的方法[62]。」這是因為在 Bitcoinica 大步向前的時期，沒什麼人關注 ICBIT。實際上，Bitcoinica 在新加坡崛起後的 2 個月內，身為競爭對手的 ICBIT 期貨交易所就上線了。

Bitcoinica 讓用戶與交易所之間進行交易，利用演算法在 Mt . Gox 上進行買賣以回補用戶部位。而 ICBIT 則幫助用戶與用戶之間匹配訂單，使交易所免受個人交易者爆倉所帶來的風險。[63]

Bitcoinica 倒閉後，ICBIT 的用戶活躍度開始上升，很快比特幣現貨的交易量就達到了每天 2,000 筆，而「合約」部分則為每天 1,500 筆。ICBIT 因此成為首間提供「差價合約」的比特幣交易所，用戶可以在一家交易所同時交易比特幣現貨和合約，這開啟了合約與現貨間套利的策略之門。

ICBIT 發明了反向比特幣／美元合約交易，也就是多年後在 BitMEX 交易所爆紅的產品。在最初的幾年裡，由於合約價格遠高於現貨價格，現貨合約套利的年收益率高達 200％。用戶每交易 1 枚比特幣，ICBIT 則收取 0.005 比特幣的固定手續費（0.5％）。在接下來的 5 年內，1.2 萬名用戶在該平台上進行了共1,160 萬筆交易。

2014 年，BitMEX 和其他幾家如 796（總部位於廣州）、火幣、OKcoin（總部均位於北京）和 BTC China（總部位於上海）等加密貨幣交易所，都推出了類似 ICBIT 的反向合約產品。由於高槓桿在強制平倉速度不夠快的情況下，可能會為交易所帶來損失。因此，這些交易所建立了一個體系，讓交易人在極端行情下共同承擔虧損。

用戶可以在 ICBIT 上匿名交易。平台未設任何認識客戶（KYC）或洗錢防制（AML）的合規要求，這也導致該交易所最終關閉，因為沒有任何認識客戶或洗錢防制，用戶無法出金成美元。Bitfinex 團隊後來創立的泰達公司（Tether）解決了這一問題，交易所需要一種不接觸銀行系統就能讓用戶增加保證金的方式。加密貨幣交易所由於缺乏合規基礎，很難和銀行建立可靠的關係，這導致許多加密貨幣平台依賴穩定幣記錄資金流入。

低流動性也讓市場價格能被輕易操縱。雖然 ICBIT 設置了每日正負 10％的價格變動限制，但一些用戶指責該網站的「管理員」曾多次手動更改價格限制，

對訂單簿進行「手動清算」。V 神在《比特幣雜誌》（Bitcoin Magazine）上寫道，根據多方消息，「ICBIT 可能在暗中操縱市場，損害用戶利益」。[64]

然而，ICBIT 是僅有的幾家從未遭到駭客攻擊，或因運營商失誤而讓用戶資金受損的加密貨幣交易所之一。ICBIT 的合約對沖交易模式無需在熱錢包中存放大量比特幣，從而將風險降到了最低。但由於缺乏認識客戶和洗錢防制機制，交易量一直很低，交易所也從未在任何地區註冊金融服務商牌照。

2016 年，總部位於瑞典的加密貨幣經紀商 Safello 收購了 BT Technology，其中也包括 ICBIT 合約交易所。ICBIT 在上一年的 5 月透過貝瑞‧希爾伯特（Barry Silbert）的數位貨幣集團（DCG）的群募活動籌集到 68.5 萬美元[65]。ICBIT 公司創始人兼執行長阿列克謝‧布拉金（Aleksey Bragin）加入 Safello 並擔任技術長。

◎ Bitfinex：點對點的借貸交易平台（2012 年至今）

Bitfinex 是法國技術人員拉斐爾‧尼科爾（Raphael Nicolle）利用 Bitcoinica 洩露的原始碼重新開發而來的。尼科爾曾做過 3 年系統管理員，他從 Bitfinex 交易平台的開發活動加入比特幣生態。Bitfinex 提供槓桿保證金交易，允許用戶以美元和比特幣借貸。

尼科爾在比特幣論壇上的「unclescrooge」[66] 暱稱廣為人所知。他與其他成員公開討論過 Bitcoinica 的漏洞，以及如何根據洩露的原始碼改善 Bitfinex[67]。Bitfinex 的關鍵創新處是普及了法幣和加密貨幣點對點的借貸市場。這使交易人更能有效地進行保證金交易 —— 周同也曾為 Bitcoinica 提出類似建議，但在 Bitcoinica 被迫關閉前並未實現。Bitfinex 還允許用戶使用任意形式的抵押品為保證金交易提供資金。

當一位論壇用戶問起 Bitfinex 是如何處理私鑰和數據庫時，尼科爾回答，Bitfinex 的錢包和私鑰是加密的[68]。他說：「我的工作電腦（Fedora Linux）上有一份副本，用於處理提款[69]」；「我有一份紙本備份，另外兩台電腦上有兩個數位備份，其中一個備份在實體硬碟上，錢包由隨機密鑰加密，這個密鑰被

記錄在紙上和 GPG 加密的文字檔中（該文件由一個不會被忘記的主密碼加密，且不會輕易被暴力破解）。這個錢包的唯一副本每小時進行備份，其中包含有 Bitfinex 服務器上生成的所有地址（儘管這樣做意義不大）」。

只有尼科爾和他的妻子擁有密鑰和權限將比特幣從 Bitfinex 的錢包發送到銀行和 Mt. Gox（Bitfinex 在 Mt. Gox 上交易活躍）。最初並未設置「失能開關」（dead man's switch），換句話說，如果尼科爾和他的妻子都無法接觸電腦，所有 Bitfinex 上的資金都會丟失。

2012 年 11 月 22 日，在 Bitcoinica 倒閉僅幾個月後，V 神在《比特幣雜誌》上發表了一篇關於 Bitfinex 的文章，把該交易所推上比特幣社區關注的焦點[70]。V 神在文章中描述了 Bitfinex 與 Bitcoinica 的不同 ── 它沒有熱錢包，而是於每天結束時手動取款，以降低駭客攻擊的風險，應用程式介面（API）密鑰只能用於交易，不能用於提幣 ── 這是防止 2012 年 7 月 Bitcoinica 駭客事件重演的措施之一。此外，Bitfinex 從一開始就提供雙重認證。

V 神還解釋，Bitfinex 上的訂單不僅可以通過交易所成交，還可以「路徑匹配」，即與平台上的反向訂單進行匹配。此舉使 Bitfinex 的執行手續費降低至僅為 0.1％。交易所還建立了利率系統，用戶可以提供流動性以獲得高達 16.5％的年化收益率。

與 Bitcoinica 一樣，槓桿上限為 10 比 1，這意味著用戶只需繳納少量比特幣作為保證金即可使用高槓桿。用戶如果猜對了比特幣價格變動的方向，就能獲利。但如果比特幣價格向相反的方向變動，而交易所又沒能及時清算，平台就有可能蒙受損失。這一切都取決於交易所的算法。

V 神還在文章中將 Bitfinex 沒有熱錢包的舉措比作投機商號（Bucket Shop），因為這相當於進行了「反向激勵」。一百年前，華爾街傳奇交易員傑西・李佛摩（Jesse Livermore）曾描述過投機商號的做法，即允許用戶建立巨額槓桿部位，再將這些人止損出局[71]。由於交易只在當日收盤時結算，投機商號在客戶能夠承受的最大風險範圍內交易，巨大的交易量能使價格大幅上漲或下跌，價格連環逆轉後利用高槓桿對所有持有相反部位的用戶進行清算，最終獲利。

V 神還對 Bitfinex 的創始人提出了警告，他曾在 2012 年夏天「大力支持」特蘭頓・謝沃斯（Trendon Shavers，又名 Pirateat40）。這位美國企業家曾經營比特幣儲蓄信託公司（BTCST），因涉嫌龐氏騙局被判處 18 個月監禁。謝沃斯龐氏騙局是美國第一起與比特幣相關的刑事證券欺詐案件[72]。檢察官稱，2011 年至 2012 年間，謝沃斯為 BTCST 籌集了至少 76.4 萬枚比特幣，這些比特幣在當時價值超過 450 萬美元。

BTCST 的運營工作室就是謝沃斯的家，提供線上比特幣投資。謝沃斯向 BTCST 的投資人承諾每周 7 ％的利率，同時他還會採取「市場套利策略」。然而實際上，他是用新投資人的比特幣付給之前的投資人——這是典型的龐氏騙局。在 BTCST 巔峰時期，謝沃斯操控大約 7％的流通比特幣。檢察官稱，他還「挪用投資人的比特幣購買了一輛寶馬汽車，在拉斯維加斯的牛排館吃了一頓晚餐，還花一些錢在水療中心和賭場」。[73]

Bitfinex 似乎也是以類似的方式起步的。尼科爾創辦網站時僅 26 歲，住在法國里昂。他的一篇部落格文章提到：「當我的比特幣不夠完成訂單時，我會要求之前在我這裡『註冊』的每個人借給我一些比特幣。7 天後，我會歸還所有本金外加 2 ％的利息（周利率）。現在人們可能會問：你做什麼能賺這麼多錢？這麼說吧，我做的是『套利』，也就是低買高賣。」[74]

多年來「無風險套利」俘獲了投資者對無風險利潤的幻想，結果卻讓他們意識到，這種套利策略蘊藏大量隱性甚至顯性的風險。雖然套利機會確實存在於不太成熟的市場中，但它往往只是暫時出現，讓很多交易者趨之若鶩，時間一長，套利機會便會消失。

尼科爾公開為謝沃斯的商業行為辯護：「他將比特幣的需求（比如美元流向比特幣）轉化為比特幣的利潤。這就是他需要大量資金（比特幣為單位）的原因」。尼科爾在一個比特幣論壇上寫、也在其它地方補充道：「我對龐氏騙局和套利沒有任何看法，但別把那些寄生蟲扯進來，謝謝。」[75] 這是 2012 年的時候，當時尼科爾可能還認為比特幣不歸法律管，或者龐氏騙局其實合法。

雖然 Bitfinex 項目最初於 2012 年 10 月啟動，但在 2013 年由一位更有經驗的經理接管後，該網站的知名度才有所提升。吉安卡洛・德瓦西尼（Giancarlo

Devasini）於 2012 年底成為 Bitfinex 的合夥人，並將公司遷到了司法和稅收更有利的香港。他的官方職務是 Bitfinex 財務長。

德瓦西尼在 2012 年開始對加密貨幣感興趣，當時他想以 0.01 枚比特幣（約合當時 11 美分）的價格出售 DVD 和 CD，並承諾大宗訂單免運費。德瓦西尼於 1964 年出生於意大利杜林（Turin），曾在米蘭大學接受醫師培訓，1992 年大學畢業兩年後辭去了整形外科醫師的工作。根據他在 Bitfinex 的個人資料，他在意大利建立了多個公司，收入超過 1 億歐元，他聲稱在 2008 年危機前不久已出售這些公司。然而意大利公司的文件顯示，這些公司的收入僅為 1,200 萬歐元，而且在 2008 年 2 月德瓦西尼的倉庫和辦公室慘遭祝融之災後，公司關閉。母公司 Solo 於 2008 年 6 月進入清算程序，而子公司面值則被降低到僅 1 歐元。

這並不是德瓦西尼經歷中唯一有趣的點。1996 年 12 月，他受一年的調查之後，承認自己曾銷售 1,000 份盜版軟體，並花了 6.5 萬美元與微軟和解[76]。這項調查發生於四十多人投訴版權和商標權受到侵犯後，這引發了在意大利的一系列突擊搜查，查獲了超過兩萬五千張盜版磁片（微軟的 OEM 產品）。

2007 年 12 月，東芝還起訴了德瓦西尼擁有的一家公司 Acme，指控其侵犯了自家的 DVD 格式規格專利；2006 年，德瓦西尼的另一家公司 Alcosto 從一家英國企業購買了 1,575 塊記憶體晶片，而這間英國企業於 2016 年被英國稅務法庭認定為「與欺詐性稅收損失有關」[77]；2010 年 3 月，德瓦西尼一家位於摩納哥的實體 Perpetual Action Group 線上二手電子產品交易市場 Tradeloop 停權，因為一名買家聲稱收到的貨品是裝滿木頭的盒子而非記憶體晶片。

德瓦西尼加入 Bitfinex 負責交易和風險管理業務之前，還短暫推出過一家名為 Delitzia 的食品配送公司。他在整個職業生涯都突顯非凡的商業頭腦，Bitfinex 則讓他躍升一個層次，特別是當時香港即將受益於比特幣在中國大陸的爆炸性成長。

2013 年，中國對比特幣的興趣激增，而由於香港靠近內地，Bitfinex 成為主要受益者。德瓦西尼積極與 Bitfinex 的客戶交流，與該交易所最初也是最活躍的客戶之一菲利普·波特（Philip Potter）進行了談話。擁有華爾街投資經驗的波特對 Bitfinex 的改進提出了很多建議，他最終加入了該交易所，擔任戰略長。

2013 年底，Bitfinex 一躍成為第四大比特幣交易所，占市場份額的 8%，僅次於 BTC-e（25%）、Bitstamp（31%）和 Mt.Gox（34%）。次年初，加密貨幣新聞網站 CoinDesk 將 Bitfinex 納入其比特幣價格指數（BPI）基準計算，提高了該交易所在加密貨幣交易界的可信度。2014 年 Mt.Gox 倒閉後，所有交易量都轉移到了 Bitfinex[78]。因此到 2014 年 3 月，Bitfinex 躍升為第三大比特幣交易所，擁有 27% 的市場份額，僅次於 BTC-e 的 29% 和 Bitstamp 的 43%。

2014 年，Bitfinex 推出了穩定幣泰達幣（Tether），雖然兩家公司有著共同的所有權和相似的管理層，但它們之間的關係並不廣為人知或公開披露。這是因為，這兩家公司在不同地區運營，以去中心化的方式運作，高管人員均在不同的司法管轄區工作。但 2017 年，「天堂文件」（Paradise Papers）披露泰達公司實際上是由德瓦西尼和波特於 2014 年 9 月 5 日在英屬維爾京群島成立的。[79]

德瓦西尼似乎將瑞士、意大利和法國蔚藍海岸列為自己的居住地。FTX 前執行長兼阿拉米達研究公司聯合創始人山姆・班克曼－弗里德（Sam Bankman-Fried，即 SBF）在提到德瓦西尼時曾說：「他全年無休，不僅對危機或不可多得的機遇作出反應，也對日常營運作出快速反應。」[80] 特別值得一提的是，他曾負責為阿拉米達研究公司等客戶與巴哈馬 Deltec 銀行（也是 Bitfinex 和泰達公司的銀行）協調泰達代幣的購買和贖回事宜。

2017 年，比特幣交易所在中國被禁，當 Bitfinex 還苦苦掙扎於自己與銀行的關係時，泰達幣開始流行。而在 2019 年 9 月，幣安（Binance），也就是自 2018 年以來全球最大的加密貨幣交易所，將其所有和法幣掛鉤的加密貨幣對改為與泰達公司的 USDT（即所謂的「數位美元」）掛鉤時，USDT 的需求和發行量開始爆炸式增長。

2015 年，當 Bitstamp 遭駭客攻擊損失 500 萬美元（1.9 萬個比特幣）後，Bitfinex 在非人民幣交易所中一家獨大，從香港到大陸跨境金融的大規模採用中大為獲益。在 2013 年期間，中國政府似乎對加密貨幣態度積極，還拍攝了幾部電視紀錄片進行大眾科普。商業部門也開始嘗試將比特幣當作一種支付方式。

CH.2

第二次
加密貨幣牛市
2013 年

分析中國如何擁抱比特幣並將其視為一種新的貨幣形式,從而在 2013 年引發了巨大的投機泡沫。

「比特幣已深入日常生活」

（百度，中國網路服務公司）

2013 年，中國在比特幣交易上占了主要位置。中國的比特幣交易量在全球的份額從 2012 年夏季的 1.5％一路漲至 2013 年的 10.8％和 2014 年的 70.8％。[81] 支撐上漲的因素很多，包括資本管制、大型比特幣礦場建設對資金的需求、中國人的投機心態以及政府官員媒體的報導。

◎ 中國中央電視台和企業欣然接納比特幣（2013 年）

整個中國都積極擁抱比特幣。透過人民幣購買比特幣，然後將其出售並換成其它貨幣，中國公民可以有效地規避資本管制，將資金自由地轉移到世界各地。

2002 年，也是 Facebook（現為 Meta）宣布發行 Libra 幣（最終因監管原因未能實現）的 17 年前，當時中國流行的即時通訊服務騰訊 QQ 推出了一種叫做 QQ 幣的虛擬幣。QQ 幣在 2007 年開始流行，被線上商家廣泛接受，可以用於兌換禮物等「真實」商品。中國人民銀行（People's Bank of China，也就是中國的中央銀行）試圖打擊 QQ 幣時，騰訊公司稱 QQ 幣「只是一種普通商品，因此……不是貨幣」。[82] 然而，隨著越來越多的第三方供應商開始接收 QQ 幣，這項打擊措施反而讓 QQ 幣的價值上漲。

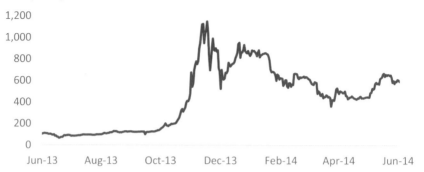

圖 6：第二次加密貨幣牛市於 2013 年 12 月達到高峰
資料來源：作者提供

商品和貨幣之間存在著顯著的差異。商品的監管相對寬鬆，而貨幣往往只能由主權國家發行。加密貨幣，尤其是比特幣，試圖將國家和貨幣發行權分開，從而剝奪主權國家的貨幣發行壟斷，這引起了各國政府的審查和反對。在缺乏監管框架且政府不願意提供明確的監管框架時，機構無法採用加密貨幣。

在 2009 年，中國政府最終決定對 QQ 幣進行監管。規定任何以高於購買價兌換 QQ 幣的行為均屬違法，且 QQ 幣只允許用於購買數位商品。從那時起，任何使用虛擬幣購買現實世界商品的行為在中國都是違法的。但無論如何，QQ 幣的早期嘗試無疑對幾年後比特幣的快速普及起了助推作用。

但中國比特幣牛市的真正催化劑是中國慈善機構壹基金於 2013 年 4 月 20 日開始接受比特幣形式的捐款，為四川蘆山地震災區募款。幾天內，該慈善機構就收到了 233 枚比特幣，隨後又收到了總價值 3 萬美元的比特幣。

到了 2013 年 5 月，報紙和媒體開始關心比特幣和國民的「慷慨相助」，這是中國官方媒體最樂意報導的事件。人民網在 5 月 7 日發表了一篇文章，當時一枚比特幣價值 759 元人民幣（約合 122 美元），文章主要描述比特幣「功能強大，可以兌換真鈔，還可以直接用於購物」。[83] 文章也列舉了接受比特幣支付的網路商家，例如北京的車庫咖啡館 [84] 和一些淘寶（阿里巴巴旗下熱門線上購物平台）網路商店。

同樣在 2013 年 5 月，中國中央電視台財經頻道（CCTV 2）播放了一部 30 分鐘的數位貨幣紀錄片，引起了中國民眾的興趣，也掀起了中國的比特幣熱潮。根據開源軟體平台 SourceForge 的數據，Bitcoin-Qt（最早的比特幣用戶端應用程式）在中國的下載量從 2013 年 1 月的 10.3 萬次（全球第五，僅次於美國的 63.5 萬次）上升到 2014 年 1 月的 71.2 萬次（全球第二，僅次於美國的 140 萬次）。[85] 相較於翻了一倍的美國，中國的下載量翻了七倍。

在比特幣迅速發展階段，許多中國人也對比特幣挖礦產生了興趣。隨著比特幣價格在 2013 年迎來最強勁的成長，中國科技界開始大規模建造礦機，建造開銷在幾周內就可以回本。到 9 月份，中國比特幣驗證節點（運行比特幣核心軟體並儲存整個區塊鏈的電腦）的數量已躍居全球第二。

◎ 比特幣中國：抓住中國巨大的牛市機會（2013 年）

比特幣中國（BTCChina）最初成立於 2011 年，是中國首個大型比特幣交易所。交易免手續費，用戶只需支付財付通（中國的 PayPal）0.5％的出入金手續費以及 1％的銀行轉帳手續費。

2013 年 4 月，居住在美國的中國人李啟元（Bobby Lee）接管了比特幣中國。他接洽公司當時的兩人團隊，將個人資金注入交易所股權。李啟元畢業於紐澤西州的精英中學勞倫斯維爾學校（Lawrenceville School in New Jersey），後就讀史丹佛大學，並於 1998 年獲得了電腦科學學士和碩士學位。他曾任職於 IBM、微軟、雅虎和沃爾瑪，為中國剛起步的比特幣產業帶來了海外經驗和專業技術。

有趣的是，李啟元的哥哥李啟威（Charlie Lee）也是一名電腦科學家，他是萊特幣（Litecoin）的創始人。萊特幣是建立在比特幣網路之上最早的山寨幣之一。李啟威 2000 年畢業於麻省理工學院，取得電腦科學學士和碩士學位。在創建萊特幣之前，他曾任職於谷歌和 Coinbase 加密貨幣交易所。

李啟元接管後的比特幣中國很快就獲得了光速光合（Lightspeed China Partners）500 萬美元的投資。光速光合是矽谷創投公司光速創投（Lightspeed Venture Partners）的分支。比特幣中國迅速發展，直到兩家「積極且背景強大的

競爭對手」出現──OKcoin 和火幣（Huobi）。[86] 即便如此，2013 年 11 月比特幣中國平台上比特幣的交易量在全球所占份額已達 32.5%。

◎ 全速推進比特幣的採用（2013 年）

眾所周知，中國人民是狂熱的博弈愛好者。除了國有的中國福利彩券和個別的博彩網站外，賭博在中國都是違法的，中國民眾的網路也被封鎖。因此，2013 年比特幣的出現為中國群眾提供了新的投機方式。中國股市從 2010 年初到 2013 年末下跌了 35%，但比特幣的價格在 2013 年就從 13 美元上漲到了 746 美元，漲幅高達 5,738%。這使加密貨幣成為了極具吸引力的價值主張。由此，中國的投資人開始從買股票轉為買比特幣。

有中國版谷歌之稱的百度為中國流量最大的網站，當百度於 2013 年 10 月宣布接受比特幣支付時，[87] 中國的比特幣交易量在全球從 10.8% 爆增至 70.8%。百度稱比特幣「已深入我們的日常生活」；它是「一種新型的電子貨幣，一個已經得到國際社會高度認可的數位轉帳媒介，……是新的潮流」。[88] 當時比特幣的價格還不到 160 美元。

11 月初，比特幣中國交易所每周的交易量為 11 萬枚比特幣，而總部位於英國的 Bitstamp 交易所每周的交易量僅 9.3 萬枚比特幣，Mt.Gox 為 7.6 萬枚比特幣。以創業和投機文化著稱的中國東部沿海城市溫州市對比特幣交易的興趣尤其濃厚。

在中國，大多比特幣交易都是現貨而非合約。機構交易極少，大多為散戶交易。比特幣中國交易所的執行長李啟元這樣解釋比特幣在中國的獨特吸引力：「中國素來是眾所周知的儲蓄大國，人們總是把錢存起來以備不時之需。比特幣是一種數位資產，就像房地產、黃金或股票一樣，是新的選項。比特幣的數量有限，就像收藏品一樣。」[89]

中國的資本管制阻礙了人民幣參與比特幣與美元間的雙向兌換。在有資本管制的國家，比特幣的價格往往會溢價 30%。因此投機者通常在 Mt.Gox 用美元買入比特幣，把比特幣送到比特幣中國交易所，最後賣出成人民幣。然而把

人民幣再換成美元卻很困難，但問題並不大，因為大多交易者最在意如何將錢匯出中國。因此，比特幣在中國的溢價持續了一段時間。

為了將資金轉移出中國，投機資金通常會偽造成支付商品和服務的貿易發票。據估計，光是 2013 年第一季，中國偽造的貿易發票總額就高達 7,500 億美元。[90] 根據世界貿易數據，2013 年中國向香港出口了價值 3,200 億美元的商品，而香港的進口額僅 2,660 億美元，二者相差 540 億美元。[91] 當時，中國的金融機構還被允許使用比特幣，因此這些流出資金很容易被企業用來大規模套利比特幣。

同時，許多加密貨幣交易所和平台應運而生，監管的缺失也吸引了一些不法分子，其中有不少交易所之後被證實是騙局。以 GBL 為例，它是一個自稱總部在香港的中國比特幣交易平台，但調查人員發現該公司的伺服器實際上位於北京。該平台於 2013 年 5 月啟動，6 月註冊為香港公司，但在僅幾個月後的 11 月就宣布關閉。GBL 從未獲得任何金融服務許可證。儘管疑點重重，該平台仍吸引到來自大陸用戶存入的共 410 萬美元資金，這些錢最終隨著平台的關閉消失得無影無蹤。

同樣，數位錢包公司 Inputs.io 分別在 10 月 23 日和 26 日遭到兩次駭客攻擊，損失 120 萬美元。在此之後，中國政府對超出其控制能力的詐騙、駭客和投機行為變得警惕。比特幣價格的暴漲變成了一個實際問題，政府擔心資本管制被濫用，以及騙局滋生對社會和諧帶來威脅。於是，在 12 月 5 日，也就是官方媒體把比特幣稱為金融創新後的不到 7 個月，中國人民銀行下令禁止國內所有金融機構使用比特幣。隨後百度停止了在一些服務中接受比特幣。

在中國人民銀行的一聲號令下，中國工商銀行（ICBC）、中國農業銀行（AgBank）、中國建設銀行（CCB）和招商銀行（CMB）等中國的主要銀行機構均宣布將停止所有與比特幣業務相關的帳戶。雖然中國人民銀行沒有直接禁止比特幣，但由於中國的加密貨幣交易所失去了其銀行關係，比特幣的價格在兩周內從 1,150 美元下跌至 500 美元。

◎ 中國的加密貨幣企業家開始掌控比特幣挖礦（2013 年）

中國人民銀行禁令對加密貨幣交易人和交易所帶來的影響很難界定。雖然大多數銀行都停止與加密貨幣公司合作，但比特幣交易仍是可行。越來越多個人和私人企業開始使用比特幣，讓加密貨幣更加普及。

在美國，比特幣的採用始於加密愛好人士。在中國，隨著大型比特幣礦場引入工業規模的比特幣礦機（首先是 CPU，後來是 GPU），比特幣的採用達到了前所未有的境界。比特幣挖礦變成一項競爭性業務，需要龐大的資本支出，就像高頻自動交易公司之間秘密進行的「軍備競賽」一樣。

使用 GPU 挖礦的程式碼於 2010 年 10 月向公眾發布，但比特幣挖礦的規模化始於現場可程式邏輯閘陣列（Field Programmable Gate Array，即 FPGA）的問世，因為 FPGA 的能源效率比 GPU 更高。隨後在 2012 年 6 月，美國蝴蝶實驗室（Butterfly Labs）宣布在挖礦硬體方面有所突破，即將研發出特殊應用積體電路（Application Specific Integrated Circuit，即 ASIC）。ASIC 礦機使用特定用途客製化晶片，而非通用晶片。蝴蝶實驗室稱 ASIC 礦機的「比特幣挖礦速度快一千倍」。[92] 蝴蝶實驗室收到兩萬個用戶支付的 2 千至 5 千萬美元預付款。到 2012 下半年，比特幣的雜湊率（算力）從一秒 10TH（Terahash, 衡量雜湊率的單位，每秒 1TH 等於每秒一兆次雜湊）增加到一秒 25TH。[93]

受蝴蝶實驗室的啟發，2012 年 8 月 7 日，蔣信予（又稱「烤貓」，「roasted cat」）和範大威透過集資的方式為自己的股票 ASICMiner 籌集到 16.7 萬美元，每股發行價為 0.1 枚比特幣[94]。吳忌寒和瘋狂小強各投資了 1,000 枚比特幣，獲得 1.25 萬股。吳忌寒出生於 1986 年，2009 年畢業於北京大學。畢業兩年後，他接觸到比特幣並購買了 900 枚。他與長鏵一起創辦了巴比特（Barbite, 8btc），這是中國第一個比特幣社群網站。他也是第一個將中本聰的比特幣白皮書完整翻譯成中文的人。

同樣受到蝴蝶實驗室的啟發，郭一夫與張楠賡（別名「南瓜張」）共同創造了中國第一款採用 ASIC 晶片的比特幣礦機，命名為阿瓦隆（Avalon）。[95] 阿瓦隆礦機於 2013 年 1 月首次亮相，比烤貓礦機 ASICMiners 早了一個月。[96] 阿瓦隆礦機由嘉楠科技（Canaan）生產，每天能挖出 10 枚比特幣，投資者兩天內即可回本。但由於只組裝了 1,500 台，整體生產能力較低。

楊曜睿是人人網（中國版 Facebook）的創始人之一，他於 2013 年 6 月 2 日成立了另一家比特幣挖礦硬體公司 ASICME。公司在北京有 40 名員工，礦機依照一個月的投資報酬定價。光是首月，ASICME 銷售額就達到 83.3 萬美元。[97]

新型比特幣礦機很快就淘汰了桌上型電腦的挖礦方式。由於挖礦比賣礦機更賺錢，大多數公司都會把新生產出來的礦機留給自用。市場供不應求，礦機的交貨時間往往長達 8 個月。[98]

李笑來也投資了烤貓礦機，英語老師出身的他曾被認為是中國擁有最多比特幣的人。烤貓礦機的製造成本為每台 328 美元，但卻能賣到 6,560 美元的價格。到了 2013 年 7 月，烤貓礦機的股價為每股 5 枚比特幣——漲了約 500 倍，公司讓股東分紅 14 萬枚比特幣。

2013 年 10 月，吳忌寒辭去投資分析師的工作，成立了比特中國（Bit China），並與詹克團共同創立了比特大陸科技公司（Bitmain Technology）。11 月，比特大陸推出了第一台比特幣挖礦設備，第一代螞蟻礦機（Antminer S1），算力為 180GH/s（編按：GH/s 為每秒十億次雜湊）。幾個月後，第二代螞蟻礦機（Antminer S2）發布，算力顯著提升至 1TH/s。光是 2014 年，比特大陸就推出了四款迭代版本的螞蟻礦機，到了 2020 年，螞蟻礦機 S19 Pro 的算力達到 110 TH/s。2017 年，比特大陸獲利 10 億美元，2018 年上半年又獲利 10 億美元。此時的比特大陸已經控制了比特幣硬體市場 80％的市占率，以 180 億美元的估值融資了 5 億美元。[99]

同在 2013 年，烤貓在深圳建立了「烤貓礦場」。烤貓礦場的礦機效率極高，占比特幣全網算力的 42％，有時甚至超過 50％。但隨著市場競爭加劇，礦場開始出現問題，公司在 2015 年 1 月已無法支付股息，每天都有投資人上門質問。烤貓在 1 月 26 日最後一次登入 Bitcointalk 論壇後失蹤。3 月 3 日，價值 500 萬美元的 1.9 萬枚比特幣從三個與烤貓相關的地址中轉出。兩年後，另外兩個相關地址又轉了近 1.8 萬枚比特幣，價值 1.6 億美元。[100]烤貓的失蹤至今依然是個謎。

到了 2013 年底，中國在全球比特幣挖礦市場所市占率已增至 75％，這使得中國的礦業企業獲得了大量比特幣，可以在交易所投機買賣和風險對沖，這也使他們能有效控制全球的比特幣網路。然而，在中國的比特幣礦機大有斬獲的

同時，蝴蝶實驗室卻因詐欺和虛假性陳述而被美國聯邦貿易委員會（FTC）關閉。[101]

隨著比特幣挖礦難度增加和市場競爭日益激烈，挖礦利潤開始下滑，挖礦所需的資本開支龐大。2013 年透過一台普通電腦只需 13 小時即可挖出一枚比特幣，在 2014 年需要 23 天，而到了 2021 年，所需的時間卻長達 10 年。[102]

雖然比特幣價格在 2013 年上揚，但比特幣挖礦設備的投資回收期僅 3 天。不過，在 2013 年和 2014 年，投資回收期大致在 10 天到 100 天之間波動。這吸引了大批企業家籌集巨資建設規模化的比特幣礦場。[103]

中國最早的大型比特幣礦場之一是建於 2014 年的內蒙古鄂爾多斯礦場。2017 年比特幣價格達到 4,000 美元時，鄂爾多斯礦場每天挖出的比特幣市值高達 28 萬美元，日耗電量 3.9 萬美元，占比特幣網路處理能力的 4％。[104] 五十名員工生活在礦場內，負責 8 棟建築物中安置的 2.5 萬多台比特幣礦機。2015 年，該礦場被比特大陸收購。

隨後由於中國人民銀行的限制措施，商業銀行與比特幣交易所的合作也戛然而止，比特幣價格直落而下。受中國的影響，比特幣第二輪牛市結束了。比特幣價格在 2013 年 12 月達到了 948 美元的巔峰，2015 年 6 月跌至 222 美元。直到 2015 年 10 月才迎來了新的多頭市場。

「我是做生意，不是做慈善」

（亞瑟・海耶斯，BitMEX）

2014 年 1 月 11 日，中國中央電視台（CCTV）從負面的角度報導比特幣。這部名為《駭人的比特幣》的紀錄片將比特幣與龐氏騙局和 1634 至 1637 年的荷蘭鬱金香狂熱相提並論。紀錄片中，加密貨幣交易所 OKcoin 的執行長徐明星（Star Xu）講述了一個在比特幣暴跌中損失一半本金的人的經歷，而比特幣熱門自媒體節目主持人郭宏才（Chandler Guo，別名「寶二爺」）和他的妻子金洋洋（Jin Yangyang）則講述了觀眾打電話哭泣求助，而他們卻無能為力的故事。[105]這部紀錄片備受譴責，因為採訪內容被大量剪輯，僅呈現了電視台的觀點。

◎ 中國限制銀行與加密貨幣交易所進行交易（2014 年）

2014 年 3 月，有傳言稱，中國政府將從 4 月 15 日起處罰涉及比特幣交易所業務的銀行。根據比特幣交易統計網站 FiatLeak 的數據，中國大陸每小時比特幣的購買量達萬枚之多，遠超過其它國家。隨後在 5 月份，中國五大比特幣交易所的執行長們——包括徐明星和李啟元，都缺席了原定於當月在北京舉辦的全球比特幣高峰會。

由於銀行被禁止與比特幣交易所交易，2014 年 4 月，中國最大的比特幣交易所之一 BTC38 宣布停止第三方支付提供商。在第三方支付缺失的情況下，比特幣交易所幾乎沒有其它用人民幣入金的方法，這也是造就幾年後穩定幣蓬勃發展的原因。

◎ 香港成為全球加密貨幣中心（2014 年）

銀行禁止與比特幣交易所交易導致的另一個結果是，一些中國大陸的加密貨幣公司遷往香港。在香港，比特幣支付是合法的。香港的中央銀行機構——香港金融管理局（HKMA）的態度也較為開放。根據英國歐華律師事務所（DLA Piper）的說法，香港沒有負責監管加密貨幣的政府機構，也沒有跡象表明政府會專門針對加密貨幣產業立法或推出政策。香港金融管理局甚至把比特幣排除在監管議程之外，此舉被一些人解讀為監管機構對加密貨幣公司置若罔聞。這促使歐華表示：「香港獨立的法律體系和高度自治的本地貨幣，為科技新創企業開展比特幣相關業務的淘金機會。」[106]

2014 年 2 月 28 日，加密貨幣交易所 Asia Nexgen（ANXBTC）在香港開設了全球首家比特幣實體店鋪。用戶只需提供政府身分文件和地址證明即可購買比特幣。為了推廣，ANXBTC 透過抽獎的形式送出了 7 萬美元的比特幣。聯合創始人盧建邦（Lo Ken-bon）在接受《南華早報》的採訪時說：「現在最大問題是購買比特幣……大家入金後，只能在線上交易。」[107]

香港金融管理局將比特幣視為虛擬商品而非虛擬貨幣。因此，ANXBTC 的實體店面屬於自動販賣機而非貨幣傳遞機，只有經營貨幣傳遞機才需要許可證和商業批准。

在 ANXBTC 比特幣實體店開業幾周後，比特幣自動櫃員機（BTM）也開始在香港出現，市面上主要有三家公司互為競爭。在 BTM 機上，用戶可以購買和發送比特幣，有些 BTM 機甚至允許用戶賣出比特幣，並以法幣提現。全球首台 BTM 出現於 2013 年 10 月，由 Robocoin 公司在溫哥華的一家咖啡廳推出。

截至 2015 年底，全球共有 443 台 BTM 機。2018 年增至 4,000 台，其中 60％均位於美國。由於監管限制了美國加密貨幣交易所的獲利途徑，BTM 機的生意在美國業務蒸蒸日上。在美國，營運 BTM 機需要獲得財政部發出的聯邦匯款許可證，該證件只需 15 分鐘就可以在財政部網站上註冊取得。

2018 年，Cottonwood Vending 在美國營運 91 台 BTM 機，光憑 13 名員工就創造出 3,500 萬美元的年收入。公司每月為每台機器支付的安裝成本是 500 美元，用戶承擔比現貨價格溢價 19％的交易費用。但這依然比非法洗錢約 30％的收費低廉。

同時，美國比特幣公司（Bitcoin of America）在底特律西北部（美國最混亂的社區之一）運營著一台 BTM 機。僅 2016 年的 6 個月裡，這台 BTM 機就收到 80.8 萬美元。營運商透過 15％的交易費用實現超過 12 萬美元的獲利。

根據 Coin ATM Radar 的數據，美國 BTM 機的數量在 2022 年 8 月達到巔峰，略多於 3 萬 4 千台，而全世界流經 BTM 機的資金量從 2021 年 1 月的高點 3.49 億美元，於 2022 年 10 月降至 2.3 億美元。儘管如此，根據 Chainalysis 的數據，在此期間安裝的 BTM 機數量卻增加了三倍。這表示每台機器的產值下降了 75％。這也表明，2022 年是 BTM 機使用量的結構性高峰。

2014 年 11 月，BitFX 在董事長方凱文（Kevin Fong）的帶領下開設了第一家比特幣零售店。香港用戶可以使用現金即時買入比特幣，這讓香港成為虛擬貨幣的中心。許多中國內陸人士常常帶著大量現金到香港旅遊，官方規定，旅客每次最多可以攜帶 5,000 美元等值外幣（20,000 元人民幣）過海關。自 2013 年 12 月中國人民銀行禁止金融機構與比特幣公司開展業務後，攜帶現金前往香港的方式尤其吸引人。

當時，虛擬貨幣業務的平均壽命只有 9 個月，因為企業經常陷入業務下滑或創辦人挪用資金的窘境。在此期間，香港出現了許多加密貨幣公司。例如，王東（Daniel Wang）創立了提供比特幣支付和多幣種交易服務的幣豐港（Coinport），以及奧雷利安·梅南（Aurélien Menant）推出的比特幣交易所 Gatecoin。

亞洲各地也不斷出現比特幣交易所。至本書出版時仍在營運的交易所 Coinplug，就是由奇賢珠（Ki Hyun Joo）於 2013 年 8 月在韓國推出的。同樣在韓國，Bithumb 交易所在 2014 年一推出便吸引了 800 萬註冊用戶，成為全國最大的交易所，累計交易額達 1 兆美元。同時，奧斯卡·達馬萬（Oscar Darmawan）於 2013 年 5 月在印尼創立了 Indodax 交易所，並迅速吸引了超過 100 萬的用戶，至今仍在營運。

◎ 人民幣貶值的影響（2015 年）

自 2005 年以來的十年間，人民幣持續升值了 33%，這削弱了中國的出口競爭力。2015 年 8 月，為因應國內經濟成長放緩，中國人民銀行決定對人民幣進行貶值，為了刺激出口而孤注一擲。然而，國民擔心貨幣貶值會削弱自己的購買力，又因為中國資本管制的關係，許多人將資金轉向加密貨幣。根據 Statista 統計公司的的數據，中國比特幣的年交易量所占比例從 2015 年 8 月的 66% 上升到 2016 年 8 月的 93%。

2017 年，中國本地交易所被禁後，交易者透過虛擬私人網路（VPN）繞過網路防火牆使用國外交易所。但在 2021 年 9 月 24 日，中國政府發布了遏制加密貨幣的新措施，以太坊的第二大礦池 SparkPool 在其後三天暫停營運。當時全球最大的加密貨幣交易所幣安（Binance）也宣布即將關閉新加坡用戶的法幣入金和加密貨幣現貨交易，而火幣（Huobi）則表示將在年底前清退現存所有中國大陸用戶。

2021 年 9 月禁令發布後，Chainalysis 監測到，亞洲用戶大量流入 DeFi（去中心化金融）協議，其中以 Uniswap 和 dYdX 這兩間去中心化交易所受惠最多。用戶可以在這兩個交易所把穩定幣兌換成其它加密資產。中國大陸的用戶也會入境香港，把現金存入比特幣 BTM 機，或直接把錢轉入有場外交易服務（OTC）的加密貨幣平台，再兌換成比特幣或泰達幣（Tether 或稱 USDT）。

◎ BitMEX：100 倍槓桿的比特幣交易所（2014 年至今）

BitMEX 於 2014 年由亞瑟·海耶斯（Arthur Hayes）、班·戴洛（Ben Delo）和山謬·里德（Samuel Reed）在香港創立，由塞席爾註冊的 HDR Global Trading 營運。2016 年，BitMEX 交易所推出永續合約，後來成為其它交易所的衍生性合約標準。

2008 年海耶斯從華頓商學院畢業，獲得經濟和金融學士學位，他在投資銀行雷曼兄弟倒閉的當天入職德意志銀行。之後海耶斯移居香港，先在德意志銀行工作，後來又在花旗銀行當 Delta-One 交易員。他在這職位上交易指數股票型

基金（ETFs），在期貨價格處於溢價狀態時賣出，買入實際股票進行對沖，再同時交易不同的金融工具以從其價差中獲利。這通常是一種穩賺不賠的套利策略，但工作單調，相對來說利潤也低。2013 年中旬，海耶斯被解僱。

海耶斯意識到自己錯過了金融業的黃金時代，轉而開始用自己的錢交易比特幣。早在 2013 年，由於人民幣的兌換限制，比特幣在中國的溢價達 20％至 40％。於是，海耶斯在中國大陸把比特幣賣成人民幣，依照最高提現額度取出 2 萬元人民幣現金（或 5 千美元），再前往香港存入銀行兌換成港幣出金。

海耶斯也注意到合約交易平台 ICBIT——比特幣合約在該平台高度溢價。他利用 Delta-one 的策略，賣出溢價交易的比特幣合約，買進現貨比特幣對沖，再等合約到期，判斷策略是否獲利。不過，他有一個比套利交易更賺錢的計畫，他想創建一個合約交易所。

海耶斯、戴洛和里德在公司成立後的 6 個月內就推出了測試版平台，並命名為 BitMEX。這是比特幣商品交易所（Bitcoin Mercantile Exchange）的簡稱，靈感來自著名的芝加哥商品交易所（Chicago Mercantile Exchange）。創辦人團隊從朋友、家人和位於上海的創業加速器中國加速（Chinaccelerator）創投部門共籌集到 18 萬美元的創投資金。

BitMEX 於 2015 年中旬借助中國加速的推廣活動進入亞洲市場。海耶斯表示，創始人團隊因此學習到外國人應如何打入中國市場的祕訣。三位共同創辦人也努力向韓國和日本的交易者推廣，透過社群媒體贏得潛在用戶。品牌親和力是 BitMEX 的絕招。

BitMEX 在營運首年僅吸引了 3,400 名註冊用戶。但由於海耶斯致力提升用戶活躍度，到了 2016 年中旬，平台的交易額已超過 2.5 億美元。[108] 為了提高流量和競爭力，公司推出了交易大賽活動，還建立了排行榜來展示冠軍交易者的收益。

到了 2016 年初，BitMEX 的日交易額已達 500 萬美元，平台提供 100 倍槓桿的衍生性合約交易。海耶斯希望把 BitMEX 打造成一個功能齊全的交易平台。2016 年 4 月他對記者說：「BitMEX 是比特幣領域的高盛（Goldman Sachs）。」[109] 短短三年時間，平台的交易金額達到近 1 兆美元，辦公室也搬到了香港最昂貴的長江集團中心，與高盛位於同一棟大樓。

BitMEX 發明了永續合約（perpetual swap，即「perp」），並於 2016 年 5 月開放交易，這是一種不用每月或每季滾動的期貨合約。2017 年比特幣價格從 1,000 美元漲至 20,000 美元，BitMEX 的交易量隨之增加了 8,500％。2018 年市場暴跌，但 BitMEX 的交易量還是成長了 600％。因為在 BitMEX 上，使用者可以選擇做多或做空，這是一個在熊市或市場大幅波動時期均能獲利的商業模式。交易所最重要的就是交易量，熊市期間，大多數的現貨交易所都因為交易量急遽下跌而倒閉，BitMEX 卻持續蓬勃發展。

與其它交易所不同的是，BitMEX 每天只能提款一次，並需要人工查驗，這相對有效地預防了駭客攻擊。但 BitMEX 遭到老用戶訴訟，指控其參與操縱市場、洗錢、與用戶做對手交易、違反國際合規法。[110]

2020 年 3 月 13 日，比特幣價格在 24 小時內下跌了 50％，交易所清算了 11 億美元的用戶部位，這是 18 個月以來最高的數字。[111] 當時交易所的訂單簿顯示賣出訂單為 14 億美元，買入訂單僅 1.31 億美元。如果這些空單進入市場，在沒有人願意買入的情況下，比特幣價格可能會跌至零。即便有人買入，資金也無法快速轉移至交易所，因為在比特幣網路上每挖出一個新區塊，所有權就會更新一次，這個更新時間通常長達十分鐘，根本無法在市場暴跌時及時完成轉帳。穩定幣在 2020 年時還未普及，但是經歷了這個暴跌的 3 月，穩定幣的使用量出現了爆炸式成長。

BitMEX 在 2020 年 3 月損失了 4.6％ 的安定基金。安定基金是防止加密貨幣交易所破產以及損失社會化的最後防線。相較之下，巴拿馬選擇權交易所 Deribit 的安定基金幾乎全部消耗殆盡，縮水 92％，價值僅剩 22.7 萬美元。Deribit 自此一蹶不振，雙子星（Gemini）、火幣和 Bithumb 等交易所也面臨同樣的問題。

在市場暴跌期間，BitMEX 因遭到分散式阻斷服務（DDoS）攻擊當機了 30 分鐘，用戶在此期間無法處理部位。[112]DDoS 攻擊是一種惡意網路攻擊，用以破壞網路正常流量。BitMEX 發出通告稱：「2020 年 3 月 13 日 02:16 至 02:40（UTC）期間，我們發現雲端服務供應商有硬體問題，導致 BitMEX 請求延遲。正常服務將於 03:00 UTC 恢復。」[113] 在當機期間，幣價迅速反彈。

一些業內人士指責，由於 BitMEX 清算多頭部位才導致比特幣價格跌至數月低點。BitMEX 將這些指控斥之為「陰謀論」，並將比特幣價格的暴跌歸咎於兩次 DDoS 攻擊。BitMEX 最後賠償 156 個帳戶共 20 萬美元。

在 DDoS 攻擊發生的當天，山姆・班克曼－弗里德（Sam Bankman-Fried，即 SBF）在推特上寫道：「今日的瘋狂理論：BitMEX 的硬體沒問題。」[114] BitMEX 交易所由於訂單簿規模不夠，系統無法完成自動清算，因此在清算引擎尋找流動性的同時，幣價被進一步壓低。再加上市場的不確定性增加，價格失控般地暴跌，跌到一定程度後，BitMEX 暫停了這個壓低賣幣價格的舉動。「他們坐著等……希望有人能把價格抬上來，但沒有人這麼做。」SBF 寫道。[115]

BitMEX 及其關聯的做市商營運實體 Arrakis Capital 之間的關係也引發了爭議。[116] 隨著謠言傳播，用戶開始抱怨自己的部位在不利的價格被強平──證據是，當 BitMEX 的自動清算演算法被關閉後，比特幣的價格出現了反彈。

與 SBF 幾年後擁有的加密貨幣交易所 FTX 一樣，營運了幾年的 BitMEX 也需要一個做市商部門為交易所提供流動性。為此 BitMEX 成立了一個實體，為新上市的產品提供市場價格。一旦流動性有所改善，且有外部做市商願意參與報價時，該做市商部門便會縮減規模；BitMEX 稱，如果做市商的收益遠超預期，BitMEX 會縮小價差，增加流動性，從而最大化用戶利益。

BitMEX 的做市商部門由尼克・安德里亞諾夫（Nick Andrianov）負責，他是一名烏克蘭人，此前曾在德意志銀行的股權流動和特殊選擇權交易部門工作。有人指控安德里亞諾夫就是 BitMEX 交易排行榜上暱稱為「quick-grove-mind」的人，他具備操縱 BitMEX 市場的能力。

海耶斯表示，BitMEX 的做市商業務最多只能收支平衡：「收益等同於 BitMEX 需要支付的服務費」。這致使做市商一味地進行無利可圖的交易和洗盤

（wash trading），以誇大交易量。最初，做市商是唯一可以賣選擇權的實體，地位十分特殊。當選擇權的隱含波動性價格飆升時，選擇權價格也會被高估，BitMEX 用戶獲利的機率就會下降。多年來，賣出比特幣選擇權一直是個賺錢的策略，因為一定有人願意買進賺取超額報酬的機會。BitMEX 上的選擇權價格比公平市場價格高出 5 至 10 倍，[117] 在最專業的加密貨幣衍生性商品交易所 Deribit 上，選擇權價格則便宜得多。[118]

還有人指責，BitMEX 的做市商擁有比一般用戶更多的頻寬 API（應用程式介面）請求限額。API 請求限額決定了使用者每秒可以向交易所發送的訂單數量。有傳聞稱，一些交易機構曾多次要求 BitMEX 提供更多頻寬，但都遭到拒絕——四年後的 FTX 交易所也面臨同樣的指控。但 BitMEX 似乎並未轉移客戶資金，也從未允許其做市商取出用戶部位。

關於 BitMEX 暫時短缺的安定基金也存在爭議。安定基金總規模 2 億美元，用於保護過度槓桿化所造成的損失社會化。多年來，BitMEX 因提供了 100 倍的超高槓桿而飽受指責。許多交易者始終忽略的事實是：當某個金融工具的流動性消失時，買賣價差會迅速擴大，訂單可能會在接近停損價時就被強平。在合約市場，幣價通常會偏離現貨市場價格，在溢價或折價之間波動，交易所的流動性提供者通常會利用兩個市場的價差套利，交易者被止損後的部位通常會被清算引擎接管。

2020 年 10 月 1 日，美國商品期貨交易委員會（US Commodity Futures Trading Commission，即 CFTC）和聯邦檢察官指控 BitMEX 非法經營虛擬貨幣交易所，違反了洗錢防制法，以及在美國境外開展業務並允許美國用戶在 BitMEX 上交易。紐約南區聯邦檢察官（The US Attorney for the Southern District of New York）宣布，BitMEX 的三位創始人以及公司的第一位員工格雷戈里·德懷爾（Gregory Dwyer）被指控違反美國的銀行保密法（Bank Secrecy Act，即 BSA）。美國商品期貨交易委員會稱，BitMEX 已收到約 110 億美元的比特幣存款，獲利超過 10 億美元，且在美國進行大部分的業務。

2022 年 5 月 21 日，海耶斯承認自己於 2022 年 2 月違反了銀行保密法的一項罪名——故意不在交易所施行洗錢防制制度。這項指控的最高刑期是 10 年監禁，但鑑於他是初犯且有長期慈善工作記錄，緩刑部建議判處兩年緩刑，免於入獄。[119]BitMEX 的另兩位共同創辦人也認罪。

BitMEX 同意支付 1 億美元罰款，就違反銀行保密法各項指控達成和解。然而，面對市場操縱的指控，同時有傳言稱美國政府將起訴其高層的局面下，BitMEX 逐漸失去了衍生性商品交易所的領先地位。

CH.3

第三次
加密貨幣牛市
2017 年

介紹以太坊是如何起步的，以及它如何開啟了首次代幣發行（ICO）的時代，這
引發了 2017 年的第三次牛市。本章也指出了泰達幣成為最重要穩定幣的決策。

06

「座無虛席」

（分布式資本，中國創投公司）

2017 年發生的第三次加密貨幣牛市，有一大部分受到一項新事物的推動，那便是「首次代幣發行」（ICO）。首次代幣發行是一種基於區塊鏈的集資方式，旨在資助初始協定的開發活動。在首次代幣發行期間，投資者購買加密貨幣平台發行的數位貨幣，以獲取投票權或從協定中獲利的權利。然而，與公司出售股票融資的「首次公開發行」（IPO）不同的是，參與首次代幣發行並不一定會獲得公司的持股。

◎ 比特幣第二：萬事達幣 Mastercoin（2013）

開啟首次代幣發行時代的人是威利特（J. R. Willett），他是一位來自西雅圖的軟體工程師，在俄勒岡州長大，十歲時開始編碼。威利特於 2013 年策劃了第一次 ICO，當時他在比特幣區塊鏈上創建了萬事達幣（Mastercoin，現為 Omni）協定。他也被認定為演算法穩定幣之發明者，他的朋友克雷格·塞拉斯（Craig Sellars）是第一個資產支持型（asset-backed）穩定幣的發明者。塞拉斯是來自美國聖莫尼卡的電腦科學家，他是泰達幣（Tether）的創始人兼技術長（以及 2015 年 1 月至 2016 年 5 月期間擔任 Bitfinex 的技術長），後來轉型為公司的諮詢顧問。

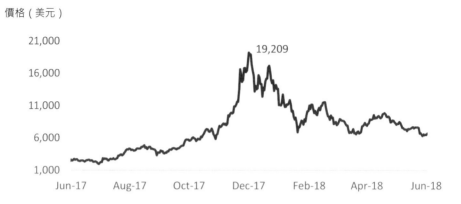

圖7：第三次加密幣牛市在 2017 年 12 月達到高峰

資料來源：作者提供

　　威利特於 2012 年 1 月 6 日發布「第二代比特幣白皮書（The Second Bitcoin Whitepaper）」。[120] 在這份白皮書中，威利特描述如何將現有的比特幣網路作為一個協定層，在此基礎上建立具有新規則的新貨幣層，無需改變基礎，便能夠讓任何人都有可能創建由協定支援的「可互通」代幣。威利特寫道：「智能合約將用於規範在比特幣網路上發行的新代幣」。當時還是《比特幣雜誌》（Bitcoin Magazine）撰稿人的「V 神」維塔利克・布特林根據威利特的白皮書發布了一篇文章。幾年後，他以威利特的想法為基礎創建了以太坊。

　　2013 年 7 月 31 日，被視為比特幣之延伸的萬事達幣宣布進行首次代幣發行。「集資」收到了 50 萬美元比特幣，用以作為開發資金和支付萬事達幣生態項目的賞金。首次代幣發行大有斬獲，不到四個月，萬事達幣相對於比特幣的價值就成長了 10 倍，兌換美元價格也成長了 20 倍。

　　萬事達幣隨後變成萬事達幣基金會（Mastercoin Foundation），並於 2015 年 3 月成為 Omni 基金會。Omni 是一個創建和交易自訂數位資產和貨幣的平台和軟體層。Omni 交易是在比特幣區塊鏈上啟動次世代的功能的比特幣交易。舉例來說，泰達幣是一種加密貨幣資產，可以透過 Omni 層（Omni Layer）協定在比特幣區塊鏈上發行。Omni 層是山寨幣（即 altcoins，萬事達幣被認為是第一個山寨幣）、智慧合約、智慧資產與比特幣區塊鏈之間的橋梁。

2014 年 3 月比特幣引入了 OP_RETURN 欄位，因此可以在比特幣交易中添加後設資料（編按：metadata，又譯為元資料、詮釋資料）。利用這個額外的空間，Omni 能夠在不改變基礎層的情況下為智慧合約和智慧資產添加備註。

萬事達幣並沒有創建全新的區塊鏈，而是試圖在比特幣、商品和證券之上創建一個全新的網路。該公司使用比特幣區塊鏈來儲存每筆交易。萬事達幣能利用比特幣的高安全性，使未來創建比特幣和萬事達幣之間的互動協定變得更為容易，提高了基礎性比特幣協定的價值和成功率。透過這種方式，萬事達幣在發展藍圖中加入了支援用戶自訂貨幣、去中心化交易所、鏈上價格推送、鏈上投注、儲蓄地址等計畫。

萬事達幣協議是泰達幣最初的技術基礎。之後，泰達幣在以太坊、柚子（EOS）、波場（TRON）、阿爾戈蘭德（Algorand）和 OMG 區塊鏈上升級和發行。泰達幣的前身叫做真實幣（Realcoin），由克雷格・塞拉斯（Craig Sellars）、布洛克・皮爾斯（Brock Pierce）和里夫・柯林斯（Reeve Collins）於 2014 年 7 月發布，並於 11 月 20 日更名為泰達幣。皮爾斯是萬事達幣基金會的創始成員之一，塞拉斯擔任技術長。

皮爾斯是一位積極的天使投資人，他是比特幣的早期採用者和倡導人。他早在 2009 年開始挖礦，也是比特幣中國交易所的早期投資者。2013 年巴特和布拉德・史帝芬斯兄弟（Bart and Brad Stephens）一起創辦了創投公司區塊鏈資本（Blockchain Capital）。2014 年 3 月皮爾斯和幾位投資者提出，想要透過一家名為 Sunlot Holdings 的賽普勒斯公司出價接管 Mt. Gox 的資產，但投標沒有成功。2015 年皮爾斯結束與泰達幣的合作，隨後在 2017 年聯合創立了 Block.one，並於幾個月後的 2018 年 3 月辭職。

2017 年皮爾斯搬到了波多黎各，在那裡，無需放棄美國籍就可享零聯邦個人所得稅、資本增值稅和低商業稅。2016 年波多黎各宣布破產，其中很大一部分債務是美國的避險基金。隨後在 2017 年 9 月，颶風「瑪莉亞」對波多黎各造成嚴重破壞。由於波多黎各相對寬鬆的監管環境，加密貨幣投資者紛至沓來建立「加密貨幣烏托邦」，其中許多投資者信奉自由主義，他們將加密貨幣視為規避稅收和其它政府監管形式的工具。

2021 年 6 月，皮爾斯帶領一個國際代表團前往薩爾瓦多，就薩爾瓦多政府正式採用比特幣作為國家貨幣一事提供建議。薩爾瓦多貨幣自 2001 年以來一直與美元掛鉤，2021 年 10 月，比特幣成為該國的法定貨幣。

毫無疑問，皮爾斯是加密領域的傑出人物。他早期參與的萬事達幣項目應該是他職業生涯中最具影響力的部分，為加密行業開啟了首次代幣發行和智能合約的時代。

◎ 以太坊：另一個比特幣技術的擴展（2014 年）

2010 年，彼得・提爾（Peter Thiel）創辦了提爾基金會（Thiel Foundation），提供輟學達 24 個月的青年創業家兩年共 10 萬美元的資助。2014 年 6 月 5 日，20 歲，來自多倫多的維塔利克・布特林與其他 19 人獲得了這筆資助金。他的以太坊計畫旨在將比特幣底層技術的應用擴展到智慧合約和去中心化金融應用領域。

布特林 1994 年 1 月 31 日出生於俄羅斯科洛姆納，六歲隨父母移民加拿大。2011 年，他開始在部落格上撰寫關於比特幣的文章，每篇文章可賺取約 5 枚比特幣。同年末，他開始為《比特幣雜誌》（Bitcoin Magazine）撰寫文章，該雜誌由羅馬尼亞的比特幣愛好者米哈伊・阿利西（Mihai Alisie）聯合創辦。

2013 年，布特林分享了一份關於以太坊的白皮書，他最初把以太坊描述成一種數位貨幣。當時約有 30 人主動聯繫他探討這個概念，其中 6 人與布特林一起被視為以太坊創始團隊的組成人員，其中包括 4 位早期聯合創始人：在瑞士建立了以太坊基地的米哈伊・阿利西（Mihai Alisie）；安東尼・迪・伊奧里奧（Anthony Di Iorio），後來成為多倫多證券交易所的數位長和區塊鏈公司 Decentral 的執行長；阿米爾・切特里特（Amir Chetrit），曾與布特林在一家名為染色幣（Colored Coins）的以色列新創公司短暫共事，該公司的願景是將現實世界資產代幣化；以及查爾斯・霍斯金森（Charles Hoskinson），以太坊的執行長。他在建立以太坊基金會方面發揮了主導作用，後來也推出了以太坊的競爭對手艾達幣（Cardano，即 ADA）。

不久後，另兩人也加入了共同創辦人團隊。蓋文‧伍德（Gavin Wood）是一位英國電腦程式設計師，他透過經營 Bitcoinica 的英裔伊朗無政府主義者阿米爾‧塔基（Amir Taaki）了解到布特林的白皮書；另一位是 ConsenSys 的創辦人約瑟夫‧盧賓（Joseph Lubin），ConsenSys 是一家區塊鏈新創企業孵化器。盧賓透過伊奧里奧和加拿大比特幣聯盟（Bitcoin Alliance of Canada）與以太坊取得了聯繫。伍德則直接與布特林取得聯繫，表示願意用 C++ 為以太坊編程。伍德在 2014 年 1 月北美比特幣大會（North American Bitcoin Conference）前夕會見了創始人團隊。於當日大會，團隊向公眾揭曉以太坊。他之後將提出以太坊原生程式語言 Solidity。與在荷蘭開發萬事達幣的傑佛瑞‧維爾克（Jeffrey Wilcke）一樣，伍德使用谷歌的 Go 語言進行以太坊的開發。

以太坊聯合創始人之間的關係一直很緊張，主要的分歧點在於，是要建立商業盈利型企業，還是使命型非營利組織。盧賓主張建立商業化企業，霍斯金森因與他意見相反而被創始人團隊開除，伍德也在多次爭論後離開。曾經，以太坊鏈上的第一筆交易是伍德和霍斯金森之間進行的，但兩人後來都創立了以太坊的競品，如波卡區塊鏈（Polkadot）和 Kusama 區塊鏈均出自伍德之手。

霍斯金森自稱是以太坊的執行長。他的偶像是史蒂夫‧賈伯斯（Steve Jobs），並描述布特林「有點像共產主義者。他不是一個資本家」。[121]2014 年 5 月 28 日，他和切特里特一起被布特林解僱，切特里特當時還在專攻自己的染色幣計畫。幾年後，伊奧里奧也被解僱。霍斯金森後來說，以太坊變成了「蒼蠅王式的局面……誰能說服布特林，誰就贏」。[122]

2014 年 7 月，以太坊透過首次代幣發行籌集了 3.1 萬枚比特幣（約 1,830 萬美元）。此時以太坊的願景已經發生了細微的變化，創始團隊意識到，在區塊鏈上用幾行程式碼創建去中心化儲存和概念名詞並不難。但隨著比特幣價格在 2014 年夏天下跌，以太坊基金會未能及時將比特幣兌換成美元，公司「損失了大約 900 萬美元的潛在資金」，布特林在部落格中寫道。

儘管以太坊最初舉步維艱，但布特林憑藉著自己與中國的關係，最終促成了這個計畫。在專案資金幾乎要耗盡的時候，布特林遇到了中國極具影響力的投資人，肖風。

◎ 拯救以太坊的公司：分布式資本

2015 年 9 月 30 日，中國最大的汽車零件製造商萬向集團宣布計畫投資 5 千萬美元發展區塊鏈技術，以改善產品線。[123] 萬向旗下子公司通聯數據股份公司（Datayes）的董事購買了 41.6 萬枚以太幣，共投資 50 萬美元。投資包括建立兩個致力於推廣區塊鏈技術的公司，第一家是名為「萬向區塊鏈實驗室（Blockchain Labs）」的非營利公司，由布特林、BitShares 的聯合創始人沈波和萬向投資部門的肖風共同創立。第二家是價值 5 千萬美元的創投基金，名為分布式資本（Fenbushi Capital），萬向是其唯一有限合夥人（LP）。

肖風把布特林帶入了中國的投資圈。布特林在中國待了幾個月，與創投和開發者積極社交、唱 KTV，他把中文練得非常流利，甚至能揪出隨行翻譯的錯誤。他也結識了中國許多有影響力的加密行業人士。

中國人喜歡以太坊開放、去中心化的特性。雖然大部分的核心開發都在北美進行，但主要資金來自於中國。為此，布特林在中國的加密貨幣社群變得非常活躍，隨時與成員交流。在 2017 年的首次代幣發行熱潮來襲時，以太幣價格不斷攀升，達到業界領先地位。

2017 年 5 月，Brave 網頁瀏覽器在首次代幣發行發起的 30 秒內就收到了約 3,500 萬美元。隨後，聊天應用程式開發商 Kik 在 9 月籌集了 1 億美元。到了 11 月，每月均有 50 個 ICO，其中融資金額最高的是去中心化存儲網絡 Filecoin，在 2017 年 9 月籌集了 2.57 億美元，其中 2 億美元是在首次代幣發行發起後的一小時內收到的。

在所有首次代幣發行專案裡，以太坊憑藉其 80% 的市占遙遙領先。其中原因是新專案代幣一般都基於以太坊 ERC-20 標準，這讓它在首次代幣發行熱潮中確立了自己作為產業基礎層的地位。

比較 2016 至 2018 年的數據，我們可以清楚看到 ICO 狂潮的規模：在 2016 年，共有 43 個 ICO 項目籌集超 9,500 萬美元，光是 Waves Tech 的 ICO 就籌集了 1,600 萬美元。2017 年，453 個 ICO 項目共籌集了 66 億美元，其中最引人注目的是 Hdac，籌集到 2.58 億美元；Filecoin 籌集到 2.57 億美元；Tezos 籌集到 2.32 億美元； Sirin Labs 籌集到 1.57 億美元； Bancor 募集到 1.53 億美元； Polkadot

募集到 1.44 億美元。到了 2018 年，1,082 個 ICO 項目共募集了 210 億美元，其中即時通訊軟體 Telegram 募集到 17 億美元，石油幣（Petro）募集到 7.35 億美元。最值得一提的是 Block.one，一年共募集到 42 億美元。

◎ Block.one：價值 40 億美元的 ICO（2017 年）

Block.one 由布蘭登·布魯默（Brendan Blumer）和丹·拉里默（Dan Larimer）共同創立，此計畫因 2017 年開發的 EOS.IO 協定（後於 2018 年開源發布）而聞名。2017 年 12 月，布魯默成為 Block.one 的執行長，他表示會透過一家名為 EOS VC 的投資機構，拿出 ICO 融資的 10 億美元用於發展 EOS 的區塊鏈技術，以及資助為 EOS 協議開發應用程式的新創公司。然而 Block.one 卻將資金投入了毫不相關的項目和購買比特幣。隨著時間的推移，比特幣價值劇增，這讓一些人指責 Block.one 涉嫌誤導 ICO 的投資者。

Block.one 的使命是促進高效和可擴展的去中心化應用程式（dApps）。這是一個合理的目標，因為 Block.one 區塊鏈的運作方式與以太坊類似。然而，儘管專案進行了大量的行銷活動，卻未能吸引其它專案而成為真正有價值的底層公鏈。

EOS 的行銷活動由另一位聯合創始人布洛克·皮爾斯（Brock Pierce）負責，他是加密貨幣投資人，曾參與投資過萬事達幣和泰達幣。據一位前高管透露，最初 Block.one 的董事長國營·袁（Kokuei Yuan）曾明確表示，公司是一個「銷售代幣的營銷機構」。也有報告指出袁曾表示，Block.one 需要「最低限度地推出必要軟體，然後脫身」。[124]

布魯默在 Block.one 的同仁都是自己的舊識，他知道這些人不會挑戰他。策略長安德魯·路易斯（Andrew Lewis）是布魯默兒時好友，而布魯默的妹妹則負責公司的宣傳工作。而袁則是布魯默在 OKAY.com 的同事。OKAY.com 是布魯默在 2005 年創立的香港房地產仲介平台。

2019 年，EOS 出現網路擁堵的情形，導致交易緩慢、費用上漲，這令用戶和開發者都感到失望。同時，美國證券交易委員會宣布與 Block.one 達成 2,400

萬美元和解，先前 Block.one 的 ICO 遭指控是未經註冊的證券銷售，沒有把美國投資者排除在外。還有許多投資者質疑 Block.one 沒有把 ICO 籌集的資金真正用於開發專案。有些人解釋說，計畫發展受阻是因為美國證券交易委員會即將提起訴訟，而另一些人則說是 2018 年的加密貨幣熊市讓布魯默在投資時變得謹慎。

2019 年 5 月，Block.one 揭露自己持有 14 萬枚比特幣，其中大部分是可流動的法幣資產，只有 1.74 億美元用於創投。同月，專案方宣布進行股份回購，估值從 2017 年種子輪期間的 4 千萬美元增加至 23 億美元。[125] 股份回購並不常見，這通常表示公司的成長機會有限，或公司試圖安撫對其成長趨勢感到失望的早期投資者。

德州大學的約翰·格里芬（John Griffin）研究指出，Block.one 為期一年的 ICO 存在可疑交易。格里芬稱，ICO 出現了大量「洗盤」（wash trade）——即多次買賣同一種代幣的交易。其目的通常是誇大代幣的市場價值，虛報投資者利益。根據格里芬的分析，ICO 的回收資金高達 8.15 億美元。[126]

2020 年 12 月，Block.one 的共同創辦人兼技術長丹·拉里默（Dan Larimer）辭職。隔年 5 月，公司宣布推出子公司加密貨幣交易所 Bullish。消息一出，柚子代幣（EOS）的價值短暫飆升了 50%。交易所的初始資金來自 Block.one 的 16.4 萬枚比特幣、2 千萬枚柚子幣和 1 億美元注資，以及 3 億美元的私募融資，投資人包括彼得·提爾（Peter Thiel）、對沖基金經理人艾倫·霍華德（Alan Howard）和路易斯·貝肯（Louis Bacon）以及香港富豪李澤楷（Richard Li）。參與融資的投資者大多也曾參與 Block.one 在 2017 年的 ICO。

2022 年 11 月，布魯默收購了專門從事加密業務的銀門銀行（Silvergate Bank）9.3% 的股份。[127]Block.one 也買了 7.5% 的股份，布魯默也因此成為銀門銀行最大的股東。此時 EOS 的價格已從 2018 年 5 月的 15 美元跌至 0.88 美元。

Block.one 在 2019 年與美國證券交易委員會達成和解，在美國證券交易委員會確認聯邦證券法適用於代幣銷售後，ICO 泡沫隨之破裂。Block.one 的 ICO 在美國證券交易委員會發布針對 Slock.it 創建的去中心化自治組織調查報告（Report of Investigation into The Decentralized Autonomous Organization）之前就已完成[128]。根據調查結果，因涉及美國投資者，Block.one 的 ICO 需要取得證券發行執照。

美國證券交易委員會執法部門聯席主任史帝芬・佩金（Steven Peikin）表示，Block.one 也未能向 ICO 投資者提供他們參與證券發行而應獲得的資訊。[129]

◎ 豪威測試：源自 1946 年的判定標準

根據美國證券交易委員會的規定，「如果資金投入於共同事業，並合理預期從他人的成果中獲取利潤時，投資合約則存在」。這就是「豪威測試」（Howey Test）[130]，是美國最高法院於 1946 年用以確認交易是否符合投資合約的方法。豪威測試法適用於「任何合約、計畫或交易，無論其是否具有典型證券的任何特徵」。如果某項交易被認定為是投資合約，則應被視為證券，需要嚴格的融資和行銷準則來保護投資人。

豪威測試非常模糊，因此很容易將任何形式的加密貨幣或金融資產對號入座。2017 年美國證券交易委員會等監管機構開始打擊未經適當披露就透過 ICO 進行融資的項目和公司，這引發了加密貨幣的第三次熊市。不過，對加密貨幣產業來說幸運的是，監管機構的人手並不充裕，短時間內人們也不認為加密貨幣會給金融體系或經濟帶來系統性風險，因此罰款和賠償等懲戒無足輕重。

「2017 年在許多方面都取得了不可置信的成果」

（布拉德・加林豪斯，瑞波實驗室）

2017 年 7 月，美國證券交易委員會（SEC）表示，首次代幣發行（ICO）適用於聯邦證券法。美國證券交易委員會曾調查 Slock.it 創建的去中心化自治組織 The DAO 是否涉嫌違反美國法律，最終決定不對 Slock.it 的聯合創始人採取法律動作，這一決議讓加密貨幣牛市續命至 12 月。

Slock.it 由史帝芬・帝阿爾（Stephan Tual）於 2015 年創立。秉持創辦一家獲利型商業企業的願景，帝阿爾辭去了非營利組織以太坊基金會通訊長（CCO）的職位。他主張創建一個以以太坊區塊鏈為核心的「通用共享網路」，從而將各種智慧鎖與區塊鏈連接起來，使用戶能夠直接收付款、出租、出售或分享任何東西。

2015 年 11 月在倫敦舉行的以太坊開發者大會（DevConL）上，Slock.it 的聯合創始人克里斯托福・延奇（Christoph Jentzsch）描述了他關於 The DAO 的提議，這是一個類似集資的風險投資項目，但不符合 2012 年美國《創業企業融資促進法案》（Jumpstart Our Business Startups Act，即 JOBS）中對集資項目的要求。提議的內容是，參與者向 The DAO 提供以太坊用以購買 DAO 代幣，從而獲得獎勵和投票權。延奇將此比喻為「買進公司股票並獲得分紅」。[131] 所有資金會存放在與 The DAO 相關聯的以太坊地址中，並將按計畫投資項目，分配預期收益。

The DAO 計畫透過一組獨立的策展人（curators）做出投資建議和決策，以太坊社區許多知名的專業人士都自願參與其中，這大大增加了項目的吸引力。在為期四周的發售期內，The DAO 共籌集了 1,200 萬枚以太幣，在當時價值約 1.5 億美元，占以太幣總供應量的 10%。然而，在 The DAO 開始任何投資專案之前，一名攻擊者就利用其程式碼漏洞竊取了三分之一的資產。[132]

◎ 以太坊分叉引發社群分化

2016 年 6 月 5 日，克里斯帝安・雷特維斯納（Christian Reitwiessner）發現了以太坊程式語言 Solidity 的一個反面模式（anti-pattern），這可能造成針對智慧合約的攻擊。雖然蓋文・伍德（Gavin Wood）是公認的 Solidity 的發明者，但後來的開發工作主要是由雷特維斯納的團隊完成的。Solidity 是一種靜態類型的程式語言，用於開發在以太坊虛擬機器（EVM）上執行的智慧合約，雷特維斯納於 2015 年 12 月成為 Slock.it 的智慧合約顧問。

6 月 9 日，CoinLab 和比特幣基金會聯合創始人彼特・維塞內斯（Peter Vessenes）撰寫了一篇關於雷特維斯納發現漏洞的部落格文章，引起廣泛關注。幾天後，The DAO 發起自我攻擊，將資金轉移到了一個安全的「多重簽名錢包」（multisig，一種需要兩個或兩個以上密鑰持有者授權才能執行交易的加密錢包）中。6 月 12 日，埃斯羅瓦（Eththrowa）在 The DAO 的獎勵部分也發現了相同的反面模式。

Slock.it 於 5 月 26 日提交了一份安全提案[133]，但這份提案需要兩周的投票時間。6 月 17 日，一名駭客開始將 360 萬枚以太幣轉移到自己的 ChildDAO 地址。不過，The DAO 的程式碼將這些以太幣的轉出時間延後了 27 天。Slock.it 的共同創辦人提議對以太坊區塊鏈進行硬分叉，以恢復 DAO 代幣的資金。硬分叉意味著把一個加密貨幣區塊鏈一分為二成兩條鏈。

7 月 15 日，社區臨時通知要對 the DAO 的硬分叉進行鏈上投票，87%（占總供應量的 5.5%，即 390 萬枚以太坊）的人投票贊成，13% 反對。[134] 其中 25% 的贊成票都來自於一個地址。

7 月 20 日，在主以太坊網路完成了必要的更新後，新分叉的以太坊區塊鏈開始活躍起來。但隨著駭客攻擊事件在社群的傳播，以太坊從 21 美元跌至 14 美元，跌幅達 33％。而且令人驚訝的是，舊鏈持續獲得支持，因此加密貨幣交易所開始以以太坊經典（Ethereum Classic，即 ETC）為舊鏈代幣命名。駭客擁有 ETC 5％的股份，在 2023 年，其市值為 1.4 億美元。

◎ DAO 駭客的可能身分

據信，居住在新加坡的德裔程式設計師托比・霍尼施（Toby Hoenisch）是 DAO 駭客攻擊事件的幕後黑手。[135] 霍尼施與他人共同創立了 TenX 公司，該公司在 2017 年通過 ICO 籌集了 8,000 萬美元，團隊稱資金將用於打造加密簽帳金融卡，但這項業務最終以失敗告終。儘管如此，TenX 代幣的估值一度高達 5.35 億美元。2017 年初，TenX 宣布從分布式資本（Fenbushi Capital）等公司獲得 100 萬美元種子資金。而由於維塔利克・布特林是分布式資本的最初合夥人，因此讓人覺得布特林支持了 TenX。

TenX 的另一位聯合創始人是朱利安・霍斯普（Julian Hosp），他是一位多層次傳銷專家，他在傳銷公司 Lyoness 被取締之前，負責管理公司的 2.5 萬人。[136] 霍斯普否認參與任何不法行為，並在遇到霍尼施後開始專注於加密貨幣事業。Lyoness 後改名為 Lyconet、Cashback World，最後改名為 myWorld，並於 2018 年 5 月開始提供 eCredits（一種加密貨幣），承諾在四年內提供 10,000％的報酬。然而到 2021 年 6 月，eCredit 龐氏騙局似乎已經崩壞。[137] 幾個月後，當霍斯普結束聖誕假期回到公司時，他已被 TenX 無理由解僱。[138] 有些人認為他的離職與他在 Lyoness 的職務有關，因為他是 TenX 的代言人，是向用戶推銷這家加密貨幣公司的重要人物。

在 2016 年的一篇部落格文章中，托比・霍尼施（Toby Hoenisch）曾自述為「一名白帽駭客」。同年，他發現了 The DAO 的技術漏洞，但 The DAO 團隊基本上無視他的警告。DAO 智能合約的編寫方式是，每當有人提款，智能合約會在更新提款人餘額之前發送資金。駭客干擾了智慧合約更新餘額的過程，使之能夠重複提取相同的以太幣。駭客隨後將以太坊經典（ETC）轉移到了一個

新錢包。這個錢包一直處於休眠狀態，直到 2016 年 10 月 ETC 才被轉移到了加密貨幣交易所 ShapeShift。當時 ShapeShift 無需任何個人身分認證。駭客將部分資金套現，轉為 282 枚比特幣，但由於 ShapeShift 經常阻止可疑交易，駭客留下了 340 萬枚 ETC，當時價值 320 萬美元。駭客還向匿名交易錢包 Wasabi 發送了 50 枚 BTC。

根據 Chainalysis 對資金的追蹤，其中一些被換成了隱私幣 Grin，並轉到了一個名為 grin.toby.ai 的 Grin 節點。該節點的 IP 位址也託管了比特幣閃電網路（Bitcoin Lightening）節點 ln.toby.ai，託管於亞馬遜（Amazon）新加坡站。而名為 1ML 的閃電網路瀏覽器（Lightning Explorer）顯示該 IP 上有一個名為 TenX 的節點。赫尼施曾在求職網站 AngelList、線上軟體原始碼代管服務平台 GitHub、社群網路平台 Keybase、領英（LinkedIn）、網路文章發布平台 Medium 和推特（Twitter，現名 X）[139] 等網站上使用 @tobyai 這個帳號，他的加密貨幣交易所帳戶使用的電子郵件地址也是「交易所名稱 @toby.ai」。

在 The DAO 的眾籌期結束前不久，霍尼施曾給霍斯普發郵件告訴他做空以太幣，因為「即將有一筆有利可圖的交易」。2016 年 6 月 3 日，也就是 The DAO 被駭的兩周前，他還寫道：「BlockOps 是破解密碼、竊取比特幣、破解智能合約，甚至是簡單測試安全知識的天地。」而當記者蘿拉・申（Laura Shin）拿著他是 The DAO 駭客的證據質問他時，霍尼施刪除了自己所有的推特歷史紀錄。

◎ 美國證券交易委員會對 ICO 使用豪威測試（2017 年）

2017 年 12 月美國證券交易委員會發布，總部位於加州的 Munchee 公司所計畫銷售的 1,500 萬美元實用型代幣屬於證券。[140]Munchee 主張創建一個生態系統，以改進餐廳點評類行動軟體。在這個生態系統中，用戶可以使用 MUN 代幣購買商品和服務，MUN 代幣可以透過購買獲取，也可以透過寫餐廳評價賺取。Munchee 也與商家研議代幣支付和出售廣告換取代幣的營運模式。

證券交易委員會判定，投資者合理地預期他們對 MUN 代幣的投資能得到回報，因此根據豪威測試，MUN 代幣屬於證券。Munchee 接到證券交易委員會

通知後立即停止了代幣發行計畫，也因為代幣從未交付，Munchee 免於處罰。但這件事仍有重要意義，它顯示美國證券交易委員會一旦認定 ICO 與傳統證券 IPO 類似，就會依法辦理。

2017 年，證券交易委員會成立了一個網路部門，對 PlexCorps 公司提出了第一個 ICO 指控，控告該公司「新一代去中心化全球加密貨幣 PlexCoin」的 ICO 項目涉嫌詐欺。[141]12 月，在證券交易委員會緊急凍結專案方的資產並阻止代幣銷售之前，PlexCorps 已成功籌得 1,500 萬美元。PlexCorps 的創始人多米尼克·拉克羅瓦（Dominic Lacroix）因虛假陳述被判處監禁兩個月，罪狀包括他承諾了 1,345% 的投報率。

2018 年 4 月，證券交易委員會又指控加密公司 Centra Tech 的兩名共同創辦人經營詐欺性 ICO 專案。計畫方在 2017 年籌集了超過 3,200 萬美元資金，並獲得拳擊手佛洛伊德·梅威瑟（Floyd Mayweather）和饒舌歌手 DJ 卡利（DJ Khaled）的代言。

此時，許多投資人認為，私募市場的報酬率高於股票市場。這種觀點得以形成的原因包括，2017 年 3 月共乘服務公司優步（Uber）的估值達到 6,900 億美元。此外，私募市場的參與門檻也相對較高，通常只有高淨值個人、機構和資產管理公司等有資格進入，這些因素都加深了公眾對私募市場的看法。

而 ICO 專案方還會向投資人承諾部分專案收益，類似新創公司的股權。另一個主要吸引力是近乎即時的流動性，也就是說，代幣往往會在 ICO 結束後立刻在交易所上市並開放交易。

然而由於監管不足，ICO 市場演變成了大規模詐欺和騙局的溫床。根據 Bitcoin.com 的一項調查，2017 年有近一半的 ICO 項目在發行後的四個月內破產，其中大部分在 2018 年 2 月前消失。[142]

◎ 中國對 ICO 喊停（2017 年）

在美國監管機構對 ICO 執行證券法的同時，中國監管機構也開始打擊 ICO。這令牛市轉向，引發了新的加密貨幣寒冬。

中國 ICO 熱潮的主要參與者之一是郭宏才（Chandler Guo，又名「寶二爺」），他是中國最早採用比特幣的人之一，是業內知名人士。他曾開車遊遍全國簽署 ICO 項目，並與妻子金洋洋一起出現在 2014 年中國中央電視台（CCTV）播出的《駭人的比特幣》紀錄片中。2018 年郭宏才決定帶著家人移居矽谷，因為他認為矽谷才是真正的加密貨幣發展之地。他用 500 枚比特幣買了一棟超過十萬平方英尺的豪宅，並用 160 枚比特幣買了兩輛勞斯萊斯汽車。

郭宏才高中畢業後因未能考上清華大學而輟學。輟學後，他搬到清華校園附近，複製「水木 BBS 論壇」的影音資料燒成光碟販售。他很早結婚，育有兩個孩子。在北京居住期間，他的妻子金洋洋發現了車庫咖啡館，這是一個為有創業想法的人提供技術孵化空間的地方。2013 年 3 月，金洋洋參加了由李笑來在車庫咖啡館舉辦的比特幣分享會。李笑來是新東方教育科技集團知名的英語教師。新東方教育科技集團 2006 年在紐約證券交易所上市，李笑來在 IPO 前買了少量的公司股票，後把賣出股票的錢用於投資蘋果公司和購買比特幣。李笑來的主要收入來自他早期出版的考試輔導書的版稅，每年有 7,200 美元的稅後收入。[143] 有人引用他的話說，「英語教學的本質是售賣夢想」。[144]

李笑來 2011 年開始購買比特幣，在比特幣價值僅 1 美元時買入了 2,100 枚比特幣，六個月後又在日本的 Mt.Gox 交易所購買了 10 萬枚比特幣。他度過了無數個不眠之夜，後來涉足比特幣挖礦，在 2014 年比特幣崩盤前套現 1 億美元。李笑來說：「這是人類有史以來第一次找到確保個人財產不受侵犯的方法」。[145]

2013 年，李笑來創立了創投公司 BitFund，並為之融資 330 萬美元。他也創辦了加密貨幣交易所雲幣（Yunbi）。之後他專心當兩個交易對手之間的擔保人，從事借貸業務。2017 年 7 月，李笑來透過 PressOne 的 ICO 計畫成功募集了 8,200 萬美元。他也是 Block.one 和 EOS 的投資人。

在 2018 年洩漏的一段錄音中，李笑來稱幣安（Binance）是「詐騙交易所」，[146] 稱其成功的主要原因是在 2017 年加密貨幣禁令期間，所有交易所都被迫關閉，只有「幣安堅持了下來」[147]。在錄音中，他還透露自己割「韭菜」（缺乏經驗的買家）的方法：利用自己的名人效應炒作項目，「收割散戶和新手」。[148] 李笑來後被稱為是「中國最富有的比特幣億萬富翁」，2018 年淨資產預估值 15 億美元，2023 年為 35 億美元。

金洋洋在車庫咖啡館聽了李笑來的演講後，以 200 元人民幣的價格購買了 500 枚比特幣。當比特幣價格漲到每枚 1,000 元人民幣時，郭宏才開始意識到比特幣的潛力，他透過妻子認識了李笑來。2013 年，郭宏才和金洋洋共同創辦了中國最早的比特幣自媒體公司。郭宏才不僅將所有的資金都投入了比特幣，還向朋友借錢並抵押了父親的房子，在內蒙古自治區建設了中國最大的比特幣礦場之一：比銀礦場（BitBank）。這座礦場每天的電力消耗為 50 萬元人民幣（約 8.2 萬美元）。然而，在 2014 年比特幣熊市期間，郭宏才遭受了巨大的損失，不得不賣掉礦場，開始傳道比特幣。事實上，在 2015 年 12 月，全球最大的四個比特幣礦場中有三個都位於中國，這主要歸功於中國充足且廉價的電力以及高效的專用集成電路（ASIC）挖礦設備。這三個礦場的總算力占全球的 60%，並於 2017 年底上升至 70%。

郭宏才很快就成為加密貨幣領域的明星。2016 年他受邀參加瑞士達沃斯論壇，在論壇上他對精英與會者表示：「未來人們將不再信奉黃金、現金或美元，人們將相信區塊鏈技術。」[149] 郭宏才相信加密貨幣不僅僅只是比特幣，其它區塊鏈將成為市場的推動力。他的信念來自於 2015 年 10 月參加的拉斯維加斯 Money20／20 全球金融科技創新大會，當時他以為所有人都只是關注比特幣，結果發現大家實際上關注的是比特幣的技術支柱——區塊鏈。

郭宏才為專案宣傳收取 1 %的佣金。他總共代言了約 100 個項目，比較知名的有 Stellar、Fcoin 和 Bytom（BTM）。大多數專案在推出後一落千丈，但郭宏才收到的代言費約有 2,500 萬美元。

瘋狂的 ICO 熱潮讓比特幣擺脫了長期的熊市。中國是早期 ICO 的主要市場。在 2017 年上半年，中國的加密貨幣新創公司共進行了 65 次 ICO，募集了近 4 億美元的資金。然而，網路金融風險專案整治工作領導小組辦公室於 9 月 2 日發布了《關於對代幣發行融資進行清理整頓工作的通知》，[150] 指出 ICO 的本質是未經批准的非法公開融資，涉嫌非法集資、非法發行證券、非法銷售代幣、參與金融詐騙和傳銷。[151]

兩天後，七家中國金融監管機構正式禁止了中國境內的所有 ICO 項目，並提供了一份包含六十家主要 ICO 項目的名單，供地方金融監管機構檢查和報告。以太坊是公認 ICO 熱潮中最大的受益者，在禁令發布當天，以太幣價下跌了 12%。[152] 政府部門也叫停了區塊鏈大會（儘管後來中國的五年計畫中重提區塊鏈技術是經濟數位化的重要支柱）。香港政府則宣布「代幣銷售將到受香港法律監管」。到了 2018 年 4 月，中國大陸的百度、騰訊和微博全部禁止了 ICO 廣告。

◎ 日本接受比特幣為法定貨幣（2017 年）

與中國和美國監管機構透過執行證券法打擊加密貨幣市場形成鮮明對比的是，日本通過了一項法律，從 2017 年 4 月 1 日起承認比特幣為法定貨幣。這使得比特幣受到洗錢防制（AML）和認識客戶（KYC）合規規則的約束，同時承認比特幣是一種預付工具。一些零售商表示支持這項法律。

同時，日本官方立法機構日本國民議會（Japanese National Diet）於 2017 年 3 月通過了一系列稅收改革法案，自 2017 年 7 月 1 日起免除比特幣的消費稅。日本金融廳（Financial Services Agency，即 FSA）也對加密貨幣交易所提出了資本要求，以及網路安全和營運規定。例如，所有交易所都必須提交年度審計報告。截至 2017 年 9 月，FSA 已頒發了 11 家加密交易所的營運許可。

同月，以日圓計價的比特幣交易量達到全球比特幣交易量的 48%，位居世界之首，其次是美元（31%）、人民幣（8%）、韓元（5%）和歐元（4%）。得益於日本政府的溫和立場和監管支持，加密貨幣需求迅速增長。日本加密貨幣交易所的比特幣價格相較於全球其它交易所溢價高達 6%，與 Mt.Gox 交易所的繁榮時期一樣，日本再次成為全球最大的比特幣市場。

◎ 中國關閉境內比特幣交易所（2017 年）

然而，2017 年 9 月，中國政府、地方政府和金融監管機構正式要求中國的比特幣交易所和平台在 9 月底前停止服務。中國最大的兩家交易所 OKcoin 和火幣（Huobi）因未涉及任何 ICO 而獲准營運至 10 月 30 日。

一些知名的加密產業專業人士對中國關閉比特幣交易市場持樂觀態度。例如，萊特幣的發明者李啟威（Charlie Lee）就強調中國政府再也不能像 2013 年那樣操縱市場了。「任何國家都無法扼殺加密貨幣。」他表示：「中心化交易所的一個解決方案就是去中心化交易所。」[153]

李啟威說得沒錯。儘管中國禁止了加密貨幣交易所，但交易者開始在點對點（P2P）市場、通訊行動軟體以及場外（OTC）市場直接交易比特幣。為了規避監管審查，中國的加密貨幣社群也開始從騰訊公司的微信轉移至加密通訊行動軟體 Telegram。

然而，由於本土加密貨幣交易所的缺失，比特幣在中國持續溢價。海外交易者在美國買入比特幣，在中國的 P2P 市場上以 30% 至 40% 的溢價賣出。可盈可樂（CoinCola）是比特幣 P2P 交易的熱門平台，它的創辦人艾倫・張（Allan Zhang）曾擔任騰訊公司董事。

Chainalysis 數據顯示，自 2018 年 4 月起，每月共有十億美元現金流入十家場外交易平台。[154] 這些平台通常由加密貨幣交易所經營，這使得微信在 2018 年 5 月更新用戶政策，禁止微信小程式商家接收加密貨幣。

中國交易者也會買進泰達幣。泰達幣在中國的溢價率為 2.5% 至 3.5%，在 2018 年 1 月需求異常旺盛時期甚至短暫升至 10%。比特幣在中國高達 30% 至 40% 的溢價率推動了泰達幣的流行，交易者利用相對較低的溢價買入穩定幣，然後透過虛擬私人網路在海外的加密貨幣交易所買入比特幣。

市值（十億美元）

圖 8：泰達幣逐漸受到關注
　　　資料來源：作者提供

　　2017 年 9 月泰達幣的市值只有 3.2 億美元。但在 10 月 30 日 OKcoin 和火幣停止為中國大陸用戶提供服務後，泰達幣的市值開始迅速增長，至 12 月 31 日已達 14 億美元，到 2018 年 1 月底則達 22 億美元。然而，泰達幣在 1 月 28 日宣布與審計公司 Friedman 因「審計超時」而解約，當周周末卻仍鑄造了 6 億美元的泰達幣。有人因此質疑，在美國銀行關門的時間裡，泰達是怎麼收到用於鑄幣的美元的。

　　當中國在 2017 年 9 月禁止人民幣交易加密貨幣時，交易量先是從比特幣／人民幣交易轉移到比特幣／美元交易，到 2018 年 1 月又轉移到比特幣／泰達幣交易。在中國購買加密貨幣最方便的方式就是透過場外交易平台買入泰達幣等穩定幣，再於世界各地的交易所換成其它加密貨幣。法幣一般經銀行電匯至場外交易經紀商或律師事務所的託管帳戶，根據不同銀行制度，轉帳時間可能長達三天。最後，交易者透過虛擬私人網路存取海外的加密貨幣交易所。

　　Bravecoin 曾估算，中國場外交易的交易量可能是交易所的三倍，[155] 金融市場研究和諮詢公司 TABB 集團對中國場外交易市場每天交易額的估計值為 120 億美元，研究公司 Digital Asset Research 估算 2018 年的交易額為 2.5 億美元。[156] 但場外交易的真實數據不得而知。

場外交易平台除了具有匿名性的優點外,還具備更高的流動性,可以法幣結算,而大多數加密貨幣交易所則不提供此服務。場外交易平台還能防止價格滑點,只在商定的價格執行交易,也沒有加密貨幣交易所的各種限制。例如,美國加密貨幣交易所 Coinbase 每日的購買限額為 2.5 萬美元,而美國第二大交易所 Kraken 每月只允許用戶提取 2 萬美元。

泰達幣常被廣泛用於場外交易平台以規避交易所限制。曾鑄造並兌現數十億泰達幣的 CMS Holdings 的聯合創始人,同時也是 Circle 交易所場外交易部門的前主管丹・馬圖謝夫斯基(Dan Matuszewski)提出另一種理論。他指出,Bitfinex 和 Coinbase 上的比特幣價格存在巨大價差,這個獨特的投資機會才是 2017 年泰達幣爆炸性成長的原因。當時 Coinbase 正專注於吸引散戶投資者,而 Bitfinex 上的幣價則低得多。交易者於是兌換大量泰達幣到 Bitfinex 上購買廉價的比特幣,再在 Coinbase 上賣出。馬圖謝夫斯基也認為,亞洲的交易者並不熱衷於 Circle 的穩定幣 USDC,因為 Circle 不會抵抗監管,這與 Tether 形成鮮明對比,後者主要在美國境外運營。[157]

◎ 牛市的關鍵驅動力:芝加哥商品交易所發行比特幣期貨合約(2017 年)

2017 年 12 月,就在 ICO 泡沫因監管原因即將破滅之際,芝加哥選擇權交易所(CBOE)和芝加哥商品交易所(CME)分別宣布將於 12 月 10 日和 18 日上市首批比特幣期貨合約。12 月 10 日,比特幣價格上漲至 15,455 美元,12 月 18 日進一步攀升至 19,114 美元。第三次多頭市場於 12 月 16 日達到頂峰,當時市場在比特幣期貨上市的預期下,一度漲到 19,497 美元的高點。

起初,芝加哥兩家交易所的幣價都大幅溢價,因為傳統金融(TradFi)的投資者現在馬上可以透過自己用於結算股票、債券、大宗商品、貨幣期貨和其它傳統合約的經紀商購買比特幣期貨合約。幣價之後從 2017 年 12 月的高點回歸,下跌 80% 後在 2019 年 4 月反彈。和所有的熊市一樣,主力資金從專案和協定轉移到(衍生性商品)加密貨幣交易所。

◎ 比特幣在韓國大受歡迎（2017 年）

比特幣在韓國溢價的現象被稱為「泡菜溢價」，這是以韓國最受歡迎的配菜命名。當芝加哥商品交易所推出比特幣期貨合約時，加密貨幣市場的需求呈指數級增長，高峰時期的溢價率達 50％。韓國青年的失業率高達 10％，年輕人面臨競爭激烈的就業市場和高昂的生活成本，比特幣和加密貨幣為一部分人提供了難得的機會。

韓國人民對小額支付非常熟悉，他們是社交網路和遊戲的早期採用者。在 2001 年底，韓國遊戲公司 Hangame 每筆小額支付的收入僅 0.5 美元，每日利潤卻可達 8 萬美元，而那時大多數網路遊戲都是免費的。到了 2004 年，Hangame 的年收入達到了 9,300 萬美元。在韓國，絕大多數形式的賭博都是非法的，因此加密貨幣成為了一種極具吸引力的賭博替代品。許多韓國人幾乎晝夜不息地查看幣價，「比特幣殭屍」一詞很快就流行了起來。

根據統計，2017 年有 30％的韓國人投資了加密貨幣。[158] 同年 5 月，韓國金融科技公司 Blockchain OS 進行該國首個 ICO，在 9 分鐘內募集到 6,900 枚比特幣，吸引了許多媒體的關注。其它 ICO 項目更是不勝枚舉，如 ICON 區塊鏈公司透過發售 ICX 代幣籌集了 15 萬枚以太幣（約合 4,200 萬美元），後來 Glosfer 區塊鏈公司也藉 ICO 籌集了 1,300 萬美元。

5 月 22 日，三星電子（Samsung Electronics）旗下的公司三星 SDS 加入了企業以太坊聯盟（Enterprise Ethereum Alliance）。與新韓銀行（Shinhan Bank）一樣，三星早在 2015 年就開始投資加密新創公司。基於市場預期韓國當局將於 2017 年立法和監管加密貨幣產業，新韓銀行與區塊鏈匯款和基礎設施公司 Streami 合作，提供價格低廉的跨國匯款服務。

總部位於韓國的加密貨幣交易所 Korbit 是第一個提供比特幣韓元交易的交易所。Korbit 由江莫・金（Kangmo Kim）、路易斯・金（Louis Jinhwa Kim）和東尼・柳（Tony Lyu）於 2013 年創立，從提姆・德雷珀（Tim Draper）、納瓦・拉維坎特（Naval Ravikant）、數位貨幣集團（Digital Currency Group，即 DCG）等公司獲得了 40 萬美元的種子資金。2017 年 9 月 28 日，總部位於日本的韓國電腦遊戲開發商樂線（Nexon）以 8,000 萬美元收購了 Korbit 65％的股份。

截至 2017 年 7 月，上線三年的 Bithumb 交易所在韓國比特幣市場已占 76％的比例，成為全球第四大加密貨幣交易所。然而，Bithumb 屢遭駭客攻擊，業界猜測很可能是北韓的拉撒路駭客組織（Lazarus）所為。2017 年 2 月，駭客盜走 Bithumb 上 700 萬美元資金；2018 年 6 月，一名 Bithumb 員工的個人電腦資料被盜，3,200 萬美元被轉移；2019 年 3 月駭客再次盜走了 2,000 萬美元資金；2019 年 6 月，Bithumb 熱錢包中價值 3,000 萬美元的加密貨幣被盜。

到 2017 年，儘管韓國政府叫停了 ICO，監管機構也揚言要進行「嚴厲處罰」[159]，但韓國的以太坊交易量仍占全球以太坊交易量的 40％。韓國企業積極投身區塊鏈。2017 年 9 月，卡考說說（Kakao Talk）通訊行動軟體的營運商 Kakao 公司收購了金融科技新創公司 Dunamu，Dunamu 是韓國流行的股票交易軟體 Kakao Stock 的營運商。隔月，Kakao 推出了與美國交易平台 Bittrex 合作開發的加密貨幣交易所 Upbit，上市了 110 種加密貨幣，多樣化的幣種讓它一推出就贏得了市場占有率。

2016 年 11 月，韓國政府成立了一個特別工作小組研究加密貨幣的發展趨勢。2017 年 9 月初，韓國金融服務委員會（Financial Services Commission，即 FSC）開始區分證券類代幣和實用類代幣，強調將與美國監管機構保持一致，並對證券類代幣進行監管。事實上，在中國政府禁止 ICO 之後，資金不斷從中國湧入韓國加密貨幣公司。9 月 29 日，特別工作小組打算向政府提議禁止 ICO。[160]

12 月 8 日，司法部接手了 FSC 的特別工作小組，這代表加密貨幣產業將開始受到監管和可能的處罰。人們也對 Bithumb 的資產保護表示擔憂。幾天內，比特幣價格下跌了 25％。

同時，在 2017 年 7 月，立法人員已開始推動一項針對加密貨幣交易所的許可證法案，雖然該法案最終並沒有通過，但在 12 月份，政府已準備付諸行動。12 月 13 日政府推出了遏制投機的政策，其中包括未成年人交易禁令，以及對加密貨幣收益徵稅的提議。[161] 所有為加密貨幣交易者開戶的韓國銀行也需要提供核實後的帳戶持有人身分，金融機構則被禁止投資或取得加密貨幣。

繼上述措施後，韓國監管機構於 12 月 28 日宣布進一步的限制措施，其中包括禁止匿名帳號。一些韓國的加密貨幣用戶譴責這是「文在寅（Moon Jaein）暴政」，另有一些人向總統提交了一份由 1 .7 萬多人簽名的線上請願書。[162] 2018 年 1 月，政府宣布加密貨幣交易所必須繳納 22％的企業稅和地方稅，而這些成本將轉嫁給交易所的用戶。

儘管受到韓國政府干預的影響，但就交易量而言，Bithumb 一度成為全球第二大加密貨幣交易所。但因為相較於其他全球性交易所的高溢價，加密貨幣數據提供商 CoinMarketCap 在 2018 年 1 月 8 日開始將韓國的交易所排除在均價計算之外。

同年 1 月 9 日，韓國國家稅務局（South Korea's National Tax Service）突襲了國內最大的加密貨幣交易所。[163] 當時流傳的一種說法是，中韓兩國在 2017 年 12 月的高峰會上討論了北韓利用加密貨幣為彈道飛彈計畫付費的問題，從而得出結論，要壓低加密貨幣的價值以遏制北韓。[164]

2018 年 1 月 18 日，韓國司法部長朴相基（Park Sang-ki）宣布，政府正準備一項禁止加密貨幣交易的法案[165]。演講發表後，比特幣應聲下跌 12％，當天稍晚，總統辦公室出面表示任何可能的法案「並非已敲定的措施」。即便如此，一份要求罷免司法部長和財政部長的公眾請願書收集了 20 多萬個簽名，迫使政府正式回應。1 月 31 日，財政部長金東淵（Kim Dong- yeon）證實，「韓國無意禁止或壓制加密貨幣」。[166]

2018 年 5 月韓國國會正式提議將國內 ICO 合法化，但必須受到監管並獲得政府許可。[167] 由於交易人無法匿名交易，且他們與交易所綁定的都是經過驗證的銀行帳戶，「泡菜溢價」開始消失。海外交易者也無利可圖，因為大額交易都會被交易所呈報給稅務機關，徵收資本增值稅。

結果，瑞波實驗室（Ripple Labs）的 XRP 代幣價格下跌了 30％，市值縮水 200 億美元。瑞波實驗室最初名為 OpenCoin，由克里斯・拉森（Chris Larsen）和傑德・麥卡萊布（Jed McCaleb，即 Mt. Gox 創始人）於 2012 年在舊金山創立。其目標是創建更具可持續性的數位資產，專為支付而設計。

拉森從史丹佛大學商學院畢業後，與人共同創辦並開發了一個名為 E-Loan 的抵押貸款網站，該網站後來還提供房屋淨值貸款和汽車貸款。1999 年 E-Loan 進行首次公開發行（IPO），2005 年，拉森辭去執行長一職並創辦了 Prosper Marketplace，這是一個 eBay 風格的線上拍賣市場，為貸款人和借款人提供服務。

2016 年，瑞波與日本金融控股公司 SBI Holdings 聯合推出了 SBI Ripple Asia，透過專門的銷售和開發團隊，為中國大陸、日本、韓國、台灣和亞洲其他市場提供跨境銀行支付服務。有傳言指出 Coinbase 也將很快為瑞波幣提供買賣和交易服務。當時 Coinbase 每天新增用戶量為 10 萬人。

2018 年 3 月，以 SBI Ripple Asia 為首，由 61 家銀行組成的日本財團共同推出了 MoneyTap，這是一款利用瑞波技術在日本提供支付服務的行動軟體。然而美國證券交易委員會於 2020 年對瑞波實驗室提起訴訟，指控其透過發行非法、未註冊的數位資產證券籌集了超過 13 億美元的資金。

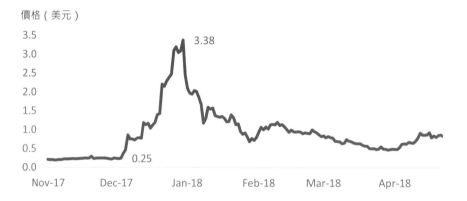

圖 9：韓國散戶主導的 XRP 代幣價格暴漲（2017 年）
資料來源：作者提供

2017 年，瑞波幣的價格上漲了 360 倍，光是 2017 年 12 月 1 日至 2018 年 1 月 3 日期間，瑞波幣的市值就從 92 億美元增至 1,310 億美元，成為全球第二大加密貨幣，也是首個市值達到千億美元的山寨幣。拉森的淨資產也因此升至 618 億美元，短暫躋身美國前五名富豪之列。[168]

韓國市場往往受到錯失恐懼症（Fear of missing out, FOMO）和從眾心理的驅動。韓國三大交易所 Bithumb、Coinon 和 Korbit 的瑞波幣交易量約占瑞波幣總交易量的 50%。儘管韓國交易所的幣價比全球同類交易所溢價 20% 至 30%，但韓國用戶一直是推高瑞波幣價格的主力軍。

根據 2018 年 1 月的加密貨幣交易所數據，Bithumb 的比特幣 24 小時交易量為 2 億美元，以太幣為 2.1 億美元，瑞波幣的交易量卻超過 8.3 億美元。然而在 1 月 4 日，Coinbase 拒絕了瑞波幣的上市請求，市值從 1,480 億美元迅速降至 1,260 億美元。

2018 年 1 月中旬，韓國最大的六家銀行因涉嫌利用加密貨幣洗錢而受到當局監控。到了 2 月，隨著韓國交易者的需求漸消，瑞波幣的市值從 1,480 億美元的高峰跌至 300 億美元。比特幣的「泡菜溢價」從 1 月 8 日的 50% 變成了 2 月的 5% 折價。以太幣和萊特幣的價格也如出一轍。

在高峰時期，韓國占了全世界加密貨幣交易量的 30%，是以太幣和瑞波幣最大的交易地區。雖然政府並未真正禁止 ICO，但韓國的區塊鏈公司都不再進行 ICO 融資，轉而前往瑞士和新加坡等地註冊成立公司，以規避被叫停的風險。

「市值 100 億美元穩定幣才能
發現遊戲樂趣」

（保羅·阿多伊諾, Bitfinex）

2018 年 1 月 26 日，日本加密貨幣交易所 Coincheck 揭露了一起 5.34 億美元的駭客攻擊事件。被竊資金被存在熱錢包中，交易所在被偷後八小時才發現自己遭到攻擊。一旦駭客成功竊取錢包的私鑰，資金就能被轉出。

Coincheck 駭客事件是僅次於 Mt. Gox 的日本第二大加密貨幣駭客事件。2018 年比特幣／日圓的交易量占總交易量的 12%，日本交易者是加密貨幣社群的重要成員。

Coincheck 成立於 2012 年，於 2014 年推出加密貨幣交易所。公司總部位於東京，只有 71 名員工。2018 年 4 月 16 日，也就是駭客攻擊發生後的不到三個月，Coincheck 被摩乃科斯集團（Monex Group）以 3,350 萬美元全額收購，成為其子公司。摩乃科斯集團在日本經營股票經紀和交易平台，根據收購協議，Coincheck 的創辦人田晃一郎（Koichiro Wada）和大塚裕介（Yusuke Otsuka）分別辭去執行長和營運長的職務。

2022 年 3 月，摩乃科斯計畫透過特殊目的收購公司（special purpose acquisition company，即 SPAC）的合併，在美國納斯達克上市 Coincheck，估值 13 億美元，比四年前估值的 3,350 萬美元的 38 倍還高。在計畫上市時，Coincheck 擁有 150 萬實際用戶。

在 2018 年駭客攻擊發生前的幾周，有人向 Coincheck 的幾名員工發送了病毒郵件，導致公司系統在未經授權的情況下聯絡外部服務。1 月 26 日清晨，新經幣（New Economy Movement，即 NEM 幣）開始被轉出交易所錢包。大塚裕介後來透露，有 5.23 億枚新經幣從交易所地址移除。[169] 部分被盜的新經幣被發現轉到了溫哥華的加密貨幣交易所，在那裡洗幣後轉入了日本的加密貨幣交易所 Zaif。最後有 30 人因涉嫌兌換被盜的新經幣而被起訴。

新經幣之所以受到日本加密貨幣交易者的歡迎，是因為東京一家名為聖阿努德（St. Arnould）的熱門餐廳接受新經幣支付。日本的其它商店、餐廳和酒吧也開始接受加密貨幣支付。其中零售公司山田電器（Yamada Denki）在東京的兩家門市都引進了比特幣支付。到了 2017 年，日本已有 26 萬家商店接受比特幣支付。[170] 日本電子產品大型綜合購物中心 Bic Camera 也開始接受比特幣，並透過當地媒體推廣數位貨幣，迅速引起了大眾的興趣。

Zaif 是在 Coincheck 駭客事件中收到洗錢的新經幣的交易所，在 2018 年被列為第 35 大加密貨幣交易所。同年 9 月，也就是在收到新經幣後的僅幾個月，Zaif 自己也遭到了駭客攻擊，損失了價值 6,250 萬美元的數位貨幣，交易所即停止服務。六個月後投資公司 Fisco Cryptocurrency Exchange（FCCE）以 4,470 萬美元收購了 Zaif，交易所恢復運營，並賠償所有在駭客攻擊中資金受損的用戶。

緊接著在 2019 年 7 月，日本又發生了另一起駭客攻擊事件。BITPoint 交易所遭到駭客攻擊，損失資金達 3,200 萬美元。交易所母公司 Remixpoint 的股價下跌了 19％——這是東京證券交易所每日所允許的跌幅下限。資金最終也從熱錢包轉走。

然而，被駭客盯上的不僅是日本的加密貨幣交易所。2018 年駭客攻擊的主要目標是韓國的交易所。例如 Coinrail，一家勉強排在全球前 90 名的交易所，在 2018 年 6 月被駭客竊取了價值 4,000 萬美元的山寨幣。

加密貨幣交易所屢遭攻擊，許多知名的金融專業人士都對加密貨幣行業發表了負面評論。例如摩根大通的執行長傑米．戴蒙（Jamie Dimon）在 2018 年 10 月的一次大會上對與會者說：「我不太在乎比特幣。」[171] 同年，傳奇投資者華倫．巴菲特（Warren Buffett）稱比特幣「可能是強烈老鼠藥」。[172]

同時，Bitfinex 和泰達的負責人都在 2017 年 12 月被美國商品期貨交易委員會傳喚，美國司法部也正在調查利用泰達幣進行的價格操縱行為。由於監管壓力，比特幣價格在 2018 年大幅下跌。

到了 5 月中旬，一些正面的消息開始出現。Coinbase 開始為機構推出加密貨幣託管服務，用戶需支付 10 萬美元的設定費，並持有至少 1,000 萬美元存款。[173] 業界顯然正為機構採用加密貨幣做準備工作，Coinbase 的舉動也使其它公司的業務模式轉向為機構服務。

10 月，管理超過 7.2 兆美元客戶資產的投資公司富達（Fidelity）宣布成立一家名為富達數位資產服務（Fidelity Digital Asset Services）的獨立公司。富達投資的總裁兼執行長阿比蓋兒・強森（Abigail Johnson）支持比特幣，甚至還在自己的辦公室挖礦。

同樣在 2018 年 10 月，耶魯大學捐贈基金的投資長大衛・斯文森（David Swensen）向美國全國廣播公司商業頻道（CNBC）表示，他已投資了兩隻加密貨幣基金。[174] 早在 20 年前，史文森就主張把捐贈基金分配給另類資產（尤其是私募股權）。他在 2001 至 2002 年和 2008 至 2009 年經濟衰退時期採用的多元化投資策略，均展現了他富前瞻性的投資理念。

儘管有許多進展，比特幣的幣價卻持續下跌。2018 年 12 月初，美國證券交易委員會推遲了對實體比特幣指數股票型基金（ETF）的批准，預計將於 2019 年 2 月 27 日公布最終結果。這導致比特幣價格跌落至近 3,000 美元。

◎ 大多數加密貨幣攻擊事件牽涉北韓駭客

政府支持的北韓駭客最初的攻擊目標是韓國的加密貨幣交易所，這些交易所通常都採用託管帳戶，將比特幣存放在連網的熱錢包中。韓國最大的交易所 Bithumb 至少遭到四次攻擊。駭客通常會裝作是可信的商業夥伴，植入惡意軟體至交易所員工的電腦，然後再想辦法取得交易所熱錢包的金鑰。

如果交易所具備有完善的認識客戶（KYC）和洗錢防制（AML）程序，轉移大筆資金還是有難度的。犯罪者隱匿加密貨幣蹤跡的首選方法是利用去中心化金融（DeFi）平台 – 不經託管即可完成交易，也沒有任何認識客戶或洗錢防制規則。根據 Chainalysis 的數據，2020 年 9 月 26 日，北韓駭客利用 DeFi 的 Uniswap 協定，透過 KuCoin 交易所洗白 2.75 億美元盜取的加密貨幣。這是史上規模數一數二的駭客攻擊。

駭客最終必須將盜用的加密貨幣轉至能換回法幣的交易所或平台，但為了掩蓋蹤跡，犯罪集團往往會在多年後才動用大宗金額的加密貨幣。

2018 年，總部位於香港的交易所 Bitfinex 遭朝鮮拉撒路駭客組織（Lazarus）攻擊，被盜走近 2.5 億美元加密貨幣，其中包括 9,500 萬美元的比特幣和 1.41 億美元的以太幣，以及少量 Zcash、狗狗幣、瑞波幣、萊特幣和以太幣經典。[175] 被盜的比特幣經由其它交易所轉移，其中一些比特幣被轉入田寅寅（Tian Yinyin）和李家東（Li Jiadong）的帳戶，他們用假照片和名字在其它交易所成功開設帳戶。[176] 田寅寅將 3,400 多萬美元轉入自己的銀行帳戶，而李家東則透過九家不同的銀行轉移了 3,300 萬美元。

據信，之前發生的多起加密貨幣駭客洗幣事件，也有田、李兩人的參與。他們幫北韓駭客洗幣，上傳偽造的政府身分證件騙過認識客戶程序，並在中國多家銀行套現（中國的金融機構能為北韓人或與北韓政府相關的掛名公司開立帳戶）。田和李至本書出版時仍在逃。

拉撒路駭客組織與北韓政府關係甚密，並與資助北韓軍備的網路勒索有關。針對韓國加密貨幣交易所的攻擊與 2017 年 5 月索尼影業遭受的 WannaCry 駭客攻擊的方法類似，這也是專家們將許多駭客攻擊都歸咎於拉撒路駭客組織的原因。拉撒路駭客通常冒充公司招募人員，以有權限存取私鑰的特定個人為目標。他們也會利用代幣發行和社群媒體展開攻擊。

負責美國網路安全的副國家安全顧問安・紐伯格（Anne Neuberger）在 2022 年 7 月表示，北韓透過網路犯罪資助境內多達 30％的飛彈計畫。[177] 北韓駭客被送去中國瀋陽接受六年的特殊訓練。根據 Chainalysis 估計，光是 2022 年，北韓就盜取了約 17 億美元的加密貨幣。在分析人員追溯加密貨幣混幣器（一種

DeFi 協定，可混合不同用戶持有的代幣以混淆資金來源）的資金來源後，追回了 3,000 萬美元。一些分析師認為，北韓也是 2018 年 1 月 Coincheck 駭客事件的幕後黑手。

　　美國官員也認為拉撒路駭客組織與 2022 年 3 月加密遊戲 Axie Infinity 價值 6.25 億美元的失竊案有關。駭客透過領英（LinkedIn）發布虛假招聘訊息，成功騙得公司的一位高級工程師申請了一份並不存在的工作。經過多輪面試後，這位工程師收到了一份以 PDF 文檔形式發送的工作邀請，他下載了這份文檔，駭客軟體因此能夠滲透到羅寧網絡（Ronin Network，Axie Infinity 的以太坊側鏈），從而使駭客控制了網路上九個驗證器中的四個。驗證器的作用是創建交易區塊並更新加密預言機中的資料（預言機指資料饋送，提取區塊鏈下的資料並將資料存放到區塊鏈上供智慧合約使用）。

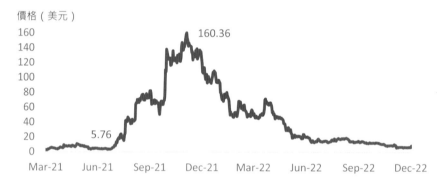

圖 10：Axie 遊戲代幣的價值於 2021 年 11 月達到高峰

資料來源：作者提供

攻擊者只有在獲得九個驗證器[註]中五個驗證者的多數授權時，資金才能從 Axie Infinity 的區塊鏈錢包中轉出。攻擊者透過取得 Axie DAO 資金轉出交易簽章做到了這一點。Axie Infinity 的開發商 Sky Mavis 和該公司的執行長中原（Trung Nguyen）最終也沒有透露這一切是如何發生的。Sky Mavis 的總部位於越南，曾被描述為「依靠菲律賓等國家的廉價勞動力進行發展的金字塔騙局」。[178]

在 Axie Infinity 遊戲中，玩家可以收集並鑄造非同質化代幣（NFT），這些 NFT 叫做 Axies（或 AXS），透過與其他玩家在戰鬥，便能增加或損耗，也可以在 Axie Infinity 的市場上交易，Sky Mavis 向每筆交易收取 4.25％的交易費。

Axie Infinity 受到熱捧，尤其是在菲律賓。它是「邊玩邊賺」（play-to-earn）板塊的領導項目，用戶可以透過贏取遊戲中的物品再轉賣獲利。在巔峰時期，Axie Infinity 擁有 270 萬活躍用戶，Axies 每周的交易金額達到 2.14 億美元。2021 年 6 月，Axies 的市值為 1.8 億美元，並在 2021 年 11 月 8 日達到 105 億美元的市值巔峰。

◎ 俄羅斯的加密貨幣洗錢活動

北韓的網路駭客傾向於透過中國或俄羅斯的銀行套現。Chainalysis 明確指出俄羅斯的幾家交易所，特別是場外交易經紀商 SUEX：「正在協力為網路犯罪提供服務」。[179]

俄羅斯近五成的加密貨幣交易所都位於莫斯科的摩天大樓聯邦塔（Federation Tower）內。彭博社稱這棟大樓為「勒索軟體總部」與「網路犯罪者的套現機器」。[180]據了解，大樓內至少有十幾家公司提供加密貨幣兌換法幣的服務，而且至少有四家公司與勒索軟體產業的洗錢活動有關。SUEX 位於大樓 31 樓的 Q 套房，涉嫌處理來源非法的比特幣。根據彭博社消息，位於 22 樓的 EggChange 正在美國和歐洲接受洗錢指控調查。大樓內另一家公司 CashBan 也與非法交易有關，而第四家公司 Buy-Bitcoin.pro 則被指控涉嫌處理勒索和與暗網市場相關的交易。[181]

註：驗證器是負責驗證區塊鏈網路上交易的節點，作用是確保網路安全及可靠性。

◎ MMM 比特幣的龐氏騙局（2014 至 2017 年）

俄羅斯也是一些最惡劣的騙局發源地。絕大多數的詐騙案件都發生在熊市期間。MMM 比特幣（The MMM Bitcoin）正是如此，全球有數百萬人受害。

MMM 比特幣計畫由俄羅斯詐騙犯謝爾蓋·馬夫羅季（Sergei Mavrodi）創立，由 MMM 中國組織（MMM China）負責營運。MMM 承諾基金的新投資者每月可獲得 30％的利潤，並將比特幣以「互助」的形式返還給之前加入的成員。這些成員可以透過 MMM 的虛擬貨幣 Mavro（與比特幣掛鉤）獲得最高值 1 萬美元的比特幣「互助」金。成員支付 1 枚比特幣可以換 1.3 枚 Mavro 幣。

馬夫羅季聲稱，2015 年 10 月比特幣價格翻倍的原因正是 MMM 比特幣計畫。這個計畫在多個國家運作，但印尼成員收到的資金是印度成員的 12 倍，這意味印尼可能是 MMM 組織的中心樞紐。據悉，該組織透過印尼的一家比特幣交易所提取了大量資金。

MMM 比特幣龐氏計畫在巔峰時期的每日流動資金超過 1.5 億美元。[182] 此計畫看來曾在 80 個國家活躍過，影響了近 1.6 萬人，共進行 42.2 萬筆交易。該計畫在非洲和亞洲尤其受到歡迎，原因可歸於貧窮、缺乏監管、執法不嚴，以及金融服務受限。MMM 比特幣龐氏計畫運行了近六年，其中，98％的交易發生在 2014 年 9 月至 2017 年 8 月期間。

◎ Bitfinex 價值 45 億美元的駭客攻擊（2016 年）

Bitfinex 交易所最初就是去中心化的，高階主管分布在世界各地，團隊透過最新的通訊管道進行交流，先是 Skype，後是 Slack，再來有 Telegram。這雖有優點，但也存在漏洞，因為高階主管間的所有溝通都是線上進行的。

Bitfinex 於 2016 年 8 月 2 日遭到駭客攻擊時，它並沒有使用傳統的冷熱錢包系統。相反，它正在與 BitGo 研究客製化整合方案，為所有用戶創建獨立錢包。Bitfinex 的代幣儲存於隔離的用戶帳戶中，每個帳戶由三個金鑰保護：一個用戶金鑰、一個交易所金鑰以及一個 BitGo 密鑰，擁有三個密鑰中的兩個便可以轉

移資金。Bitfinex 還有一個特殊的 API 金鑰，用來指示 BitGo 以程式設計的方式產生簽章。

2016 年 6 月，因美國商品期貨交易委員會的罰款，Bitfinex 同意不再向用戶提供保證金交易。[183] 但交易所找到了問題的解決方案，即為其加密貨幣期貨合約提供實物交割，根據《商品交易法》，這不屬於保證金交易。[184] 但此過程中涉及的自動化卻沒有使用隔離帳戶，而是創造了一個極易被駭客盜取的巨大的熱錢包。

2016 年駭客攻擊發生時，交易所出現了兩千多筆未經授權的交易。Bitfinex 的技術長保羅·阿爾多伊諾（Paolo Ardoino）花了 7 天時間才讓平台恢復正常運作：「我需要在新環境中安裝舊伺服器。」他解釋道。[185]

Bitfinex 被駭客竊取了 7,200 萬美元，再加上保證金和點對點借貸部位爆倉對幣價帶來的損失，每個用戶的帳戶餘額都縮水了 36％，這是交易所全部資產的平均「剃頭」值，所有的資產損失都被「公有化」。Bitfinex 表示：「這是在最接近清算情況下的結果。」[186]

所有受到駭客攻擊的 Bitfinex 用戶損失的每 1 美元，都換成了 1 枚 BFX 代幣。當時的計畫是，這些代幣可以轉換成 Bitfinex 母公司 iFinex 的股權。iFinex 的控股公司是 DigFinex，於 2015 年 12 月 1 日在開曼群島成立，上市股東為吉安卡洛·德瓦西尼（Giancarlo Devasini，持股 35％）、揚·盧多維庫斯·范德維爾德（Jan Ludovicus van der Velde，持股 34％）、拉斐爾·尼科爾（Raphael Nicolle，持股 26％）和魯道夫·弗拉卡西（Rodolfo Fracassi，持股 5％）。[187] 為了促進 BFX 代幣的置換，BnkToTheFuture 的西蒙·迪克森（Simon Dixon）創建了一個特殊目的載體（SPV，即 Special Purpose Vehicle），幫助小型交易商將代幣轉換成 iFinex 的股權，阿利斯泰爾·米爾恩（Alistair Milne）則創建了另一家針對小型投資者的載體，BFX 信託（BFX Trust）。

Bitfinex 用戶也可以使用 BFX 代幣作為保證金交易的抵押品。BFX 開放交易後價格急跌到 10 美分，隨後逐漸穩定在 30 至 35 美分附近。克里斯托福·哈伯恩（Christopher Harbone）是一名擁有英國和泰國雙重國籍的商人，他在 Bitfinex 的資金就受到了駭客攻擊的影響，因此收到了一些 BFX 代幣，後又廉

價買入了更多的 BFX 代幣。當這些代幣轉換成 iFinex 的股權時，他的股份約占 12%。哈伯恩後來投身英國政界，捐了 1,480 萬英鎊給奈傑・法拉吉（Nigel Farage）帶領的英國脫歐黨。

Bitfinex 故意超額發行代幣，創造了 8,000 萬枚 BFX，用於維持交易所的營運資金，並支付潛在的法律糾紛。公司推出了「恢復權代幣」（Recovery Right Tokens），這意味著一旦資金被追回，用戶可以在第一時間收到賠付。這些舉措為 Bitfinex 挽回了聲譽，並透過這些行為鼓勵交易者繼續支持該平台。

起初，用戶對 BFX 代幣持懷疑態度，有傳言稱這只是一個拖延時間的騙局。但 Bitfinex 不斷向代幣持有者保證計畫一定會成功。2016 年 9 月 1 日，交易所開始在市場上回購代幣。交易量隨即增加，到 12 月，代幣價格已攀升至 60 美分。到 2017 年 3 月，代幣價格為 90 美分，3 月 31 日後，轉換比率提高到 1 美元兌 1.25 BFX，以加快代幣置換。

隨後在 4 月 3 日，Bitfinex 停止了 BFX 代幣的所有交易，並允許用戶以每枚代幣 1 美元的全額價值兌現。交易所解釋，開放兌現的原因是 2017 年 3 月股權轉換量的大幅上升，加上營運表現也創下新高。

2016 年 Bitfinex 駭客攻擊事件的受害者沒能拿回自己原本的資金。不過，終究有兩人於 2022 年 2 月 8 日因「涉嫌合謀清洗加密貨幣」被捕。[188] 這兩人分別是來自紐約的伊利亞・利希滕斯坦（Ilya Lichtenstein）和他的妻子海瑟・摩根（Heather Morgan）。利希滕斯坦擁有俄美雙重國籍，他在 Medium 上介紹自己是「科技企業家、探險家，偶爾也是魔術師」。他的 X（前為推特）帳號（@unrealdutch）發布內容均與加密貨幣、Web3.0 以及 NFT 相關。摩根最早是《富比世》雜誌（Forbes）的記者。

利希滕斯坦和摩根被指控涉嫌為從 Bitfinex 盜取的 119,754 枚比特幣洗錢。過去的五年間，有 2.5 萬枚被盜比特幣經過複雜的洗錢交易從利希滕斯坦的錢包轉移到利希滕斯坦和摩根的帳戶中。其餘被竊的比特幣沒有被轉移，執法人員查獲了被盜的約 45 億美元中的 36 億美元。

來自華盛頓特區、紐約、芝加哥和德國的調查人員共同參與了這項漫長的調查。他們指控利希滕斯坦和摩根涉嫌洗錢。[189] 一旦罪名成立，夫妻可能會被各自判處 25 年監禁。

2017 年 1 月，少量資金開始從利希滕斯坦的單一錢包經暗網市場阿爾法灣（AlphaBay）流出，交易經由混幣器進行，只有阿爾法灣能將轉入和轉出交易聯繫起來。據估計，阿爾法灣的規模是絲路的十倍。[190] 在網站於 2017 年 7 月被查封後，執法機構才得以存取其內部交易日誌，從而透過被盜資金的地址找到幕後黑手。[191]

居住在泰國的 25 歲加拿大人亞歷山大·卡瑟斯（Alexandre Cazes）的化名為 Alpha02，他設立了 AlphaBay。他早期在與自己真名相關的訊息中使用 Pimp_Alex91@hotmail.com 這個地址。2017 年 7 月他被捕後，在警方拘留期間被發現死亡，據稱他用毛巾從牢房內九十公分高的廁所隔板上吊自殺。在疑似自殺的事件發生之三十分鐘內，監視設備被關閉了。

在 2018 年初和 2020 年末，許多被盜的比特幣透過俄羅斯暗網九頭蛇（Hydra）轉移，在利希滕斯坦夫婦被捕前一周，剩餘被盜比特幣被轉移。九頭蛇是 2015 年上線的俄語暗網市場，主要出售毒品、駭客材料、偽造文件等非法物品，以及比特幣混幣等逃避區塊鏈溯源的非法數位服務。九頭蛇於 2022 年 4 月 5 日被美國和德國的執法機構查封。該暗網曾擁有 1,700 萬個用戶帳戶和 19,000 個賣家帳戶，總收入達 50 億美元，據報網站的基礎設施託管位於德國。在九頭蛇暗網被查封的一周後，其管理員之一，俄羅斯人德米特里·帕夫洛夫（Dmitry Pavlov）被捕。

「聰明人會一直用錢投票」

（吉安卡洛・德瓦西尼，泰達）

泰達幣（Tether，USDT）是一種與美元掛鉤的穩定幣，它的概念是由萬事達幣（Mastercoin）背後的五人：克雷格・塞拉斯（Craig Sellars）、布洛克・皮爾斯（Brock Pierce）、里夫・柯林斯（Reeve Collins）、喬納森・揚蒂斯（Jonathan Yantis），和威廉・奎格利（William Quigley）所共同提出的。他們決定在萬事達幣區塊鏈之上建立真實幣（Realcoin），以美元作為價值支持。萬事達幣是個第二層協定，後來改名為 Omni 層協定。

◎ 泰達幣的起源（2014 年）

當萬事達幣準備籌集資金時，幾位聯合創始人遇到了吉安卡洛・德瓦西尼（Giancarlo Devasini）、揚・盧多維庫斯・范德維爾德（Jan Ludovicus van der Velde）以及運營 Bitfinex 加密貨幣交易所的菲爾・波特（Phil Potter）。他們三人當時正著手將 Bitfinex 的法幣業務與加密貨幣業務分割，原因是單獨的業務部門有更高的機率獲得監管部門的批准。

2014 年初，隨著中國政府開始對加密貨幣進行監管，中國銀行與加密貨幣交易所之間的聯繫被切斷，法幣入金加密貨幣也隨之變得更加困難。幾個月後，美國政府透過執法行動，禁止了信譽良好的銀行為加密貨幣公司處理美元資金。[192]隨後在 2014 年 7 月，法國最大的銀行，法國巴黎銀行（BNP Paribas）承認為受

到美國經濟制裁的蘇丹、伊朗和古巴相關實體處理交易，並同意支付史無前例的 90 億美元罰單。[193] 美國司法部總檢察長艾瑞克‧霍爾德（Eric Holder）在記者會上表示：「2004 年至 2012 年間，法國巴黎銀行一直在實施一項複雜的計畫，通過美國金融系統非法轉移了數十億美元。」

這讓與銀行關係密切的加密貨幣交易遇到巨大問題。對銀行來說，和加密貨幣交易所經營業務的風險，對比微不足道的匯款費來說，實在太高了。加密貨幣交易所故意逃避認識客戶（KYC）和洗錢防制（AML）程序已是司空見慣。但如果使用泰達幣，加密貨幣交易所和平台就可以吸引該穩定幣入金，而無需繁瑣地開設銀行帳戶。泰達公司會處理好銀行關係，各行各業都可以把法幣轉換成加密貨幣。

就 Bitfinex 本身而言，交易所只負責處理簡單的加密貨幣之間的交易，泰達公司負責法幣的出金和入金，它的運營模式就像 PayPal，只要用戶不提取現金，就不需要進行認識客戶程序。

2017 年天堂文件（Paradise Papers）洩密事件中披露，毅柏離岸律師事務所（Appleby）在 2014 年 9 月上旬協助 Bitfinex 在英屬維京群島設立了泰達公司（Tether Holdings Limited）。幾天後的 9 月 8 日，泰達公司在香港註冊。當第一枚泰達幣發行時，泰達公司實際上處於 Bitfinex 管理層的控制之下，營運 Bitfinex 的高階主管同時也經營泰達公司。Bitfinex 的財務長吉安卡洛‧德瓦西尼是泰達公司控股 40％的大股東；而泰達公司的執行長范德維爾德則擁有 Bitfinex 和 Tether 兩家公司共 20％的股份。Bitfinex 的技術長保羅‧阿爾多伊諾（Paolo Ardoino）的妻子雖未在股東之列，但也在兩家公司擔任營運長。

第一批泰達幣（Tether，貨幣代號為 USDT）於 2014 年 10 月 6 日完成鑄幣。11 月 20 日，真實幣（Realcoin）更名為泰達幣，但它與 Bitfinex 的完整關係還不為大眾知曉。[194]2015 年 1 月 15 日，Bitfinex 宣布支持 USDT 交易對。

來源不明的泰達幣在起初並沒有被大規模採用。事情的轉折緣於一家名為 Poloniex 的小型加密貨幣交易所將 USDT 添加到了平台的「法幣」選擇中。這家交易所一直都不接受法幣交易，賽拉斯說服了他們。2015 年 2 月 26 日泰達幣還在內測階段時，就已經完成了與 Poloniex 交易所的整合。

Poloniex 由崔斯坦・達戈斯塔（Tristan D'Agosta）於 2014 年創立，平台上線了 120 多種山寨幣交易對。Poloniex 也是 2016 年首批上線以太幣的交易所之一。2018 年初，點對點支付公司 Circle（後來也成為了穩定幣的發行商）以 4 億美元的價格收購了該交易所，但似乎因該交易損失了 1.56 億美元，因為 2017 年 12 月美國證券交易委員會對 Poloniex 進行調查。Circle 以為 Poloniex 能夠轉型成納斯達克類型的交易所，但是當合規制度上線，並要求用戶提供身分證件時，平台交易量暴跌。兩年後 Circle 將 Poloniex 出售給一個由亞洲投資者組成的財團，此財團一開始的身分不明。這次出售行為是首次有跡象表明，Circle 將專注於穩定幣為核心的商業模式。2021 年，美國證券交易委員會指控 Poloniex 經營未經註冊的數位交易所，和解費超過 1,000 萬美元。[195]

當以太幣在 2016 年興起時，山寨幣也相繼蓬勃發展，Poloniex 順勢從中獲益。交易者從 2015 年開始利用泰達幣進行跨交易所套利，因此許多交易所都接受了泰達幣。那些試圖複製 Poloniex 成功經驗的交易平台也納入了泰達幣——它解決了交易所最棘手的銀行業務的問題。

2016 年，泰達公司發行了 600 萬枚泰達幣，是前一年發行數量的六倍。但在 2017 年，它遭遇了銀行關係問題。部分涉及台灣的華泰商業銀行（HwaTai Commercial Bank）、凱基銀行（KGI Bank）、第一商業銀行（First Commercial Bank）和台新國際銀行（Taishin International Bank），他們依賴銀行業巨頭——富國銀行（Wells Fargo）作為美國銀行業務往來的橋梁。然而當富國銀行在 2017 年 3 月底切斷這些關係時，[196] 泰達公司只能向波多黎各的貴族銀行（Noble Bank）尋求協助。貴族銀行是一家 100% 儲備銀行，所有資金都託管在紐約銀行（Bank of New York）。而泰達幣的前身真實幣的共同創辦人布洛克・皮爾斯，就是貴族銀行的共同創辦人之一。

2017 年 9 月 15 日，泰達公司在貴族銀行開設帳戶，將 Bitfinex 帳戶上的 3.82 億美元經其轉入了一個新帳戶。當天晚點時間，美國富德會計師事務所（Friedman LLP）透過簡短的審計，證實了泰達幣的完全儲備。但此次審計並沒有發布報告，而是用一份「簽證」（attestation）取而代之。「簽證」顯示泰達公司和 Bitfinex 共同的總法律顧問史都華・霍格納（Stuart Hoegner）在蒙特婁銀行（Bank of Montreal）的信託帳戶存有 6,100 萬美元。這份「簽證」並未揭露公司銀行關係的名稱或位置。

◎ 泰達公司遭駭客攻擊損失 3,100 萬美元（2017 年）

2017 年 11 月 21 日，泰達公司透露，泰達金庫錢包（Tether Treasury Wallet）在兩天前被偷走價值 3,100 萬美元的代幣。泰達公司作為發行方，宣布不會贖回被竊的泰達幣。

康乃爾大學（Cornell University）教授艾敏・古恩・西雷爾（Emin Gün Sirer，後來創辦了 Ava Labs）譴責泰達公司應對駭客攻擊的方式。他發現「泰達幣暗地進行了一次硬分叉，將特定地址列入黑名單並凍結資金。」[197] 也有人譴責泰達幣缺乏透明度，因為軟體更新、修復和硬分叉都是以非公開的方式進行的。

2017 年 4 月，泰達公司宣布其相應銀行，也就是富國銀行，封鎖了公司的美元電匯交易。泰達公司和 Bitfinex 起訴了富國銀行，[198] 但該訴訟被駁回，導致市場擔心泰達幣的法幣儲備可能會面臨短缺。於是，泰達公司再次請富德會計師事務所進行審計，結果顯示用戶的資產的確是由美元 1 :1 錨定的。泰達幣憑藉 6 .75 億美元的市值躋身成為全球第 20 名最有價值的加密貨幣。

泰達公司網站的法律條款明確規定，公司沒有權利把用戶的代幣兌換成美元。[199]「泰達幣不是貨幣，也不是貨幣工具。」[200] 條款指出：「我們沒有任何合約權利、其它權利或法律要求贖回或交易您的泰達幣。我們不保證任何贖回或兌換泰達幣為法定貨幣的權利。」[201]

2017 年，比特幣的價格從 1 千美元上漲到近 2 萬美元。德州大學（University of Texas）金融學教授約翰・格里芬（John Griffin）稱，有一半的收益與價格操縱相關。格里芬是揭露金融市場詐欺的先鋒，[202] 他表示，當加密貨幣失去上漲動力，且價格需要穩定時，泰達幣會被用來買入比特幣。透過追蹤 Bitfinex 交易的公共帳本數據，他發現在比特幣上漲的一半時間裡，都伴隨著總計 1% 的泰達幣的交易活動。其它主要加密貨幣甚至達到一半以上（64%）。2016 年，美國商品期貨交易委員會對 Bitfinex 處以 7.5 萬美元罰款，原因是提供未經註冊的「非法」加密貨幣交易。

◎ Bitfinex 損失 8.5 億美元（2018 年）

紐約州檢察長辦公室（New York Attorney General）在 2019 年 4 月 25 日的新聞稿中透露，已獲得一項針對 Bitfinex 和泰達母公司 iFinex Inc. 的法院命令，指控其掩蓋個人和公司用戶資金的損失，合併金額近 10 億美元。

泰達公司在 2017 年的大部分時間都無法獲得銀行服務，其 85% 的現金一度都存在 Bitfinex 的銀行帳戶中，並標記為來自姐妹公司的「應收帳款」。剩下的 15% 存在泰達公司和 Bitfinex 總法律顧問史都華・霍格納（Stuart Hoegner）名下的帳號。

泰達公司在 2017 年發布了資金儲備「證明」，並將其描述為「對資金狀況做出階段性分析的誠意和努力」。[203] 然而，儲備資金是在審計報告發布前、「證明」發布的當天早上才存入的。

2017 年，波多黎各銀行監管機構對貴族銀行進行審計時，發現該銀行與兩家加密貨幣公司之間存在關係，引發了監管機構的擔憂。於是 Bitfinex 和泰達公司開始尋求新的銀行關係，貴族銀行於次年關閉，幾名員工跟隨紐約商品期貨交易所前任總裁詹姆斯・博・柯林斯（Robert Collins，通常被稱為「Bo」）於波多黎各成立了加密貨幣公司商業環球控股（Mercantile Global Holdings）。從此，曾從事商品交易整整二十五年的柯林斯，開始全力投身於比特幣。

2018 年 10 月，泰達公司開始與巴哈馬的 Deltec 銀行合作進行銀行業務，[204] 並於一個月後發布了新的現金儲備「證明」，證實泰達幣是由美元 1:1 完全支持的。然而「證明」發布後的第二天，公司將數億美元從其銀行帳戶轉入 Bitfinex 帳戶。

Deltec 銀行是一家金融服務機構，本書撰文時由尚‧查洛賓（Jean Chalopin）領導，查洛賓同時是電視動畫神探加傑特（Inspector Gadget）的共同創作人。2018 年，當 Bitfinex 和泰達公司都渴望建立銀行關係時，Deltec 是唯一願意合作的銀行。

2017 年和 2018 年，Bitfinex 開始越加依賴第三方支付處理商處理用戶的存取款項，包括總部位於巴拿馬的 Crypto Capital Corporation（即 CCC），該公司的客戶還包括 BitMEX、Kraken 和現已解散的加拿大加密貨幣交易所 QuadrigaCX。

CCC 由巴拿馬裔加拿大人伊凡‧李（Ivan Lee）於 2013 年創立，他是境外公司的專家，他建議為加密貨幣公司設立影子銀行。CCC 與波蘭和葡萄牙的銀行關係密切，後來李被控涉嫌南美販毒集團的交易。

2017 年底，李聘請了前美國橄欖球運動員雷吉‧福勒（Reginald Fowler）、以色列企業家奧茲‧約瑟夫（Oz Yosef）和他的姐姐拉維德‧約瑟夫（Ravid Yosef）一同經營 CCC。福勒在巴拿馬經營多家公司，CCC 是其中最大的一家，他曾短暫擔任 Tether 和 Bitfinex 的影子銀行家。

福勒曾是北亞利桑那州牧馬人隊（Northern Arizona Wranglers）的橄欖球員，也曾是美國國家美式足球聯盟（National Football League，即 NFL）明尼蘇達維京人隊（Minnesota Vikings）的少數族裔股東。他在 2019 年帶頭投資美式足球聯盟（Alliance of American Football，即 AAF）而未竟，資金據說就來自 CCC 帳戶。他於 2019 年首次被起訴，罪名是經營影子銀行，為被主流銀行拒絕的加密貨幣業務提供服務。

2018 年 9 月，Bitfinex 似乎透過 Global Trading Solutions（福勒名下的一家公司）的私人帳戶與匯豐銀行（HSBC）建立業務往來。但在這個帳戶被公開的四天後，Bitfinex 暫停了所有現金存款，匯豐銀行的子帳戶似乎也關閉。這意味著 Bitfinex 需要再次尋找新的銀行關係了。

2018 年 10 月開始傳言 Bitfinex 已資不抵債。10 月 7 日，該公司稱「無法理解為何有人稱我們破產」。[205] 但 Bitfinex 與 CCC 之間的通信顯示交易所處於極大壓力之下，因為用戶提款數額激增，正給交易所帶來生存威脅。檢察長透露，Bitfinex 的一位高層寫道：「請認識到，這對每個人，乃至整個加密貨幣社區都可能是極其危險的。」[206]「如果我們不迅速行動，比特幣的價格可能會跌破 1,000 美元。」比特幣當時的價格為 6500 美元。

儘管 Bitfinex 向 CCC 移交了大量資金，但它們之間從未簽署過任何合約或協議。隨後在 2018 年 11 月，Bitfinex 的 CCC 帳戶損失了 8.5 億美元。Bitfinex 高階主管懷疑 CCC 弄丟或竊取了這筆資金。這筆損失直到 2019 年 4 月紐約檢察長向法院提起訴訟時才廣為人知。

德瓦西尼為了追回其損失的 8.5 億美元資金，在長達數月的時間內反覆要求奧茲歸還資金。同時，根據紐約州檢察長萊蒂西亞·詹姆斯（Letitia James）的說法，德瓦西尼與 Bitfinex 和泰達公司的其他高階主管編造一系列「利益衝突的公司間交易」。[207] 這使得 Bitfinex 可以動用泰達公司的 9 億美元現金儲備，德瓦西尼在 11 月 5 日將這筆資金轉移到了自己名下。[208] 按規定，Bitfinex 有義務依照「商業上的合理條款，在 3 年內以 6.5％的年利率」[209] 向泰達公司償還其 CCC 帳戶中的資金。在市場毫不知情的情況下，iFinex 的 6,000 萬股股票被抵押給了泰達公司。

紐約檢察長視此為虛假信用，並指責高層「不老實地將 Bitfinex 損失數億美元的大部分或全部風險轉移到泰達公司的資產負債表上，並且繼續向市場表示，泰達幣仍安全地受存在銀行帳戶中的美元完全支持」。[210]

2019 年 5 月，為了維持交易所運營，Bitfinex 推出了實用代幣 UNUS SED LEO（即 LEO）。公司承諾會回購這些代幣。Bitfinex 和泰達母公司 iFinex 打算創建一家名為 Unus Sed Leo Ltd. 的子公司，提供價值 10 億美元的 LEO 代幣供應量。LEO 持有者將獲得一些特殊福利，包括減免 10％至 15％的吃單手續費、0.5％的借貸手續費折扣、25％的出入金手續費折扣，以及減免 1 個基點的衍生品吃單手續費。

公司前月利潤的 27% 都會用於回購 LEO 代幣。根據 iFinex 的財務報表，2017 年公司的淨利為 3.33 億美元，35 至 60 名的員工團隊開支僅為 680 萬美元。2018 財政年度公司的淨利為 4.18 億美元，員工團隊增加至 90 名，開支為 1,400 萬美元。[211]

人人比特（RenrenBit，中國最大場外交易商之一）的創始人、Bitfinex 股東趙東於 2019 年 5 月 4 日發布了 iFinex 文件。[212] 他透露，60% 的代幣已售出，並口頭私募到 6 億美元。如果剩餘的代幣不能以私募的方式售出，則將在 5 月 10 日左右公開發售。

在 8.5 億美元損失後的一年，有兩人被指控涉嫌 CCC 銀行詐欺罪。首先是雷吉・福勒被指控涉嫌轉移 Bitfinex 的帳戶資金。但他拒絕了五年監禁的認罪協議，後來被判處了更多罪名，包括銀行欺詐和洗錢，以及無照經營匯款業務。[213] 這些罪名可能讓他面臨八十年的牢獄生涯。

而奧茲・約瑟夫則被紐約大陪審團起訴，罪名是串謀實行銀行詐欺和串謀經營無牌匯款業務。據稱，約瑟夫於 2018 年 2 至 10 月期間，在美國不同銀行開設了多個聲稱用於房地產投資的帳戶，但實際目的卻是轉移未經許可的資金，連接加密貨幣交易所的相關業務，為加密貨幣交易所的無照匯款業務輸入資金。[214]

2021 年 2 月 23 日，紐約檢察長對 Bitfinex 處以 1,850 萬美元罰款。[215] Bitfinex 被要求提高透明度，並停止與紐約居民交易。Bitfinex 和泰達公司誇大了儲備金量，並隱瞞了約 8.5 億美元的損失，欺騙了客戶。

◎ 泰達公司承認只使用部分儲備金（2019 年）

2019 年 2 月 26 日，泰達公司首次承認他們實行部分儲備金機制，且泰達幣不再僅由單一現金支持。[216] 而是「每一枚泰達幣都由儲備資產支持，儲備資產包括傳統法幣和現金等價物，並可能包括泰達公司向第三方提供貸款的其它資產和應收帳款」。該公司還透露「現金以及現金等價物（短期證券）總計約 21 億，約占當前流通泰達幣的 74 %。」

換句話說，泰達幣的儲備不是 1：1 的，而是 1：0.74。剩下的 0.26 可能是 CCC 事件後，iFinex 為 9 億美元信貸質押的股份。後來泰達公司證實，Bitfinex 已經連本帶利償還了這筆款項。

泰達公司後來透露自己還持有大量高利率商業票據。泰達公司曾經是美國商業票據的第七大持有者，但似乎沒有人知道其商業票據的交易對手是誰。調查記者曾致電最大的商業票據經紀人，但似乎沒有人與泰達公司進行過交易。

有傳言稱，泰達公司持有的是中國房地產開發商的商業票據，因為人民幣可以用來購買泰達幣，但收到的人民幣很難轉出中國。當中國房地產市場在 2021 至 2022 年陷入低迷時，又有傳言稱，泰達公司的房地產債券嚴重虧損，而且隨著債券價格下跌，泰達幣的儲備金按市值計算損失巨大。如果傳言為真，那麼儲備金的比例可能遠低於 1：1。

持有營業執照的泰達公司有義務獲利，其技術長保羅・阿爾多伊諾預計該公司 2022 年的利潤將達 6 億美元。此時，泰達公司已將現金和現金等價物儲備增加至 82.45％，600 億美元資產中只有 17.55％（近百億美元）用於風險較高的投資。

泰達公司以比特幣作為保證金，向加密貨幣借貸公司 Celsius Network 貸款了 8.41 億美元。但阿爾多伊諾表示，這些貸款已在 2022 年 Celsius 申請破產前全額還清。泰達公司也表示約有 4% 的資產用於投資私人加密公司發行的代幣和股權，其中包括 Blockstream、Dusk Network 和人人比特。此外，泰達公司也投資了 ShapeShift、OWNR 錢包、STORK、閃電網路錢包（Lightning Network Wallet，即 LN）和 Exordium Limited。

泰達公司也可透過購買高收益的美國國債獲得巨額回報。泰達幣不支付利息給持幣者，當利率接近零時，持有者的機會成本為零，然而到了 2022 年，聯準會的利率已提高至 4%。通常泰達公司會收取 0.1% 的鑄幣和贖回費用，最小訂單要求 10 萬美元。自 2014 年成立以來，泰達公司輕鬆將 1.1 億美元的鑄幣和贖回費納入囊中。

泰達公司也透露，它正在以 9% 的年收益率向多個實體借出泰達幣。但鑑於 2022 年多家加密借貸公司破產，該公司停止發放新貸款。當泰達幣與美元價值

不為 1 時，大型交易平台就可以套利。正如 2017 年一樣，當時泰達幣在中國溢價 2.5％。

泰達公司也將資金用於投資其它公司，因此成為了促進加密生態發展的主力。他是 2020 年 Celsius A 輪融資的主要投資者，實際上透過提供擔保貸款來救助 Celsius，之後再延長貸款期限。泰達公司也幫助總部位於香港的貝寶（Babel）金融公司脫離困境。

泰達幣的市值變化似乎不同步於加密產業其它公司或穩定幣。當產業緊縮時，泰達幣的下跌速度往往會變慢。泰達公司創建儲備但不負責發行，它贖回泰達幣但不立即銷毀，而是留為庫存以供未來之需。泰達幣的許多用戶是中國的場外交易平台和比特幣礦工，他們一般沒有美國銀行帳戶，無法把泰達幣換成美元，因此他們可能永遠不會贖回資金。這樣一來，泰達公司的資產負債表即便有缺口，其所能造成的影響也很有限。

在美國，Circle 和區塊鏈公司 Paxos 都已開始嘗試收購銀行或申請銀行執照，並預期在未來將有立法將穩定幣納入更廣泛的銀行監管框架。當幣安推出保證金期貨合約產品時，泰達幣是最便捷的保證金類型，交易者（如阿拉米達研究和坎伯蘭交易公司）則需要持有泰達幣才能進行交易。這是泰達幣市場需求的主要來源。然而，當幣安之後開放跨幣種保證金模式，並為保證金幣種提供幣安穩定幣 BUSD，泰達幣的主導地位就開始下降了。

在 Terra 穩定幣脫錨期間，山姆・班克曼－弗里德（SBF）的交易公司阿拉米達研究積極利用此事套利，以 99.30 的價格買入，然後以 99.90 的價格賣回給泰達公司。這些做市商與泰達金庫（Tether Treasury）有著直接關聯，他們可以鑄造和贖回泰達幣。如果這類做市商對匯率有信心，具備資金能力且風險偏好較高，他們就能穩住匯率。

2022 年 8 月，BDO Italia 取代 MHA Cayman 成為泰達公司的審計公司，BD Italia 計畫每季提交一次「簽證」報告。與加密貨幣公司打交道的審計公司通常承擔著較高的風險，他們是用公司的聲譽博取幾十萬美元的審計費，風險回報率並不高。

其它穩定幣也有自己的問題。雙子星（Gemini）是一家由溫克萊沃斯兄弟（Winklevoss）建立的加密貨幣交易所和託管機構。平台提供「印錢獎金」，用戶可以以 99 美分的價格購買 GUSD，然後以 1 美元的價格出售，但這些折扣穩定幣不可以在六個月內至一年內被贖回。同時，當火幣允許以面值兌換某些穩定幣時，交易者也開始進行差價套利。

　　泰達幣在亞洲地區的場外交易和保證金部位管理中尤為受歡迎，一個原因是美國的銀行在亞洲上班時段和周末休息，如果交易者想要快速轉移部位，算上銀行的清算資金和審查時間，透過國際銀行轉帳有時長達數天。另一個原因是泰達幣幾乎實現了零成本的快速劃轉，並且沒有機構監督。

　　發行泰達幣的第一步是授權。先在區塊鏈上創建泰達幣，然後向公眾開放，用戶認購時，這些經授權的泰達幣會開始流通。每個泰達幣都有多個私鑰，由不同地理位置的不同簽名者持有。這些泰達幣也可以兌換成法幣，留作庫存以備未來購買、加入泰達金庫、或銷毀。最後一種情況的銷毀是永久性銷毀，以減少流通中的泰達幣的數量。

　　比特幣每 10 分鐘可以交易一次，因為在比特幣區塊鏈上，每產生一個新區塊的時間為 10 分鐘——比美元轉帳快得多。為了消除不同交易所之間的價格差異，相同底層區塊鏈的交易對才能進行交易，但是泰達幣的匯款功能可能適用於更廣闊的場景。泰達公司未來的目標是成為全球 20 億無銀行帳戶群的支付解決方案。就像阿爾多伊諾解釋的那樣，如果泰達幣的用戶在巴哈馬 Deltec 銀行也有帳戶，那麼資金就可以進行內部轉帳，泰達幣就可以在周末和假日發行或贖回。[217]

　　有些人認為 Bitfinex 的債務是透過鑄造泰達幣償還的。泰達公司的服務條款規定，「我們沒有任何合約權利、其他權利或法律要求來贖回或交易您的泰達幣」。任何想要將泰達幣兌換成美元請求，事實上都受到泰達公司限制。

　　泰達公司和 Bitfinex 同意在兩項和解協議中支付 6,000 萬美元的罰款，但雙方均未承認或否認有不當行為。阿爾多伊諾表示，「泰達公司與全球超過七、八家的銀行都建立了牢固的合作關係」，但並沒有透露這些銀行是誰。[218]

泰達公司發布了另一份證明，顯示 2022 年最後一個季度的超額準備金為 9.6 億美元，淨利潤超過 7 億美元，這意味著其資產回報率為 4.1％，其中 58％的資產分配給了美國國債。2021 年底，泰達公司與美國監管機構達成和解，並與 Cantor Fitzgerald 合作進軍國債市場。Cantor Fitzgerald 把泰達公司的商業票據資產轉換為國債，並擔任債券的託管人。Cantor 的姊妹公司 BGC Partners 與泰達公司已建立了合作關係，其交易平台有大量 USDT 的買賣交易。

　　2021 年，泰達公司將 370 億美元的儲備金轉移到巴哈馬的資本聯合銀行（Capital Union Bank），該銀行與多家美國銀行保持交易關係，辦公室坐落於拿騷（Nassau），在 Deltec 銀行對面街上。資本聯合銀行成立於 2013 年，截至 2020 年底資產僅 10 億美元。泰達公司也在巴哈馬私人銀行 Ansbacher（Bahamas）Limited 存放有部分儲備金，該銀行於 2022 年 1 月被 Deltec 收購。

「最好的還尚未來到」

（孫宇晨，波場）

2017 年的多頭市場之後，美國在全球加密貨幣交易量占比從 2017 年第二季的 50% 下降到 2018 年第四季的 7%。[219] 背後的原因是泰達幣使用量的大幅增長，以至於超過了加密貨幣交易中美元的使用量。在此期間，加密貨幣與泰達幣交易對的成長速度是加密貨幣與法幣的 2.5 倍。

2016 至 2018 年，加密貨幣交易所的交易量排行也發生了巨大變化。2016 年，全球前五名的交易所均位於中國大陸，總部在美國的 Poloniex 排在第六位，而從 2017 年第三季到 2018 年第二季，位於香港的 Bitfinex 成為最大的交易所，韓國 Bithumb 的市占率也在不斷擴大。在 2018 年期間，香港的 BitMEX 是第一大交易所，其次是 OKEx（現為 OKX）、幣安、火幣和 Bitfinex，韓國的 Upbit 和 Bithumb 分列第六和第七位。香港的加密貨幣交易量暴漲，從 2017 年第三季每日 3.05 億美元成長到 2017 年第四季的 12 億美元。到了 2018 年第一季甚至接近 20 億美元，成為全球流動性最強的加密貨幣市場。

雖然比特幣在大多數國家和地區往往是交易最活躍的加密資產，但在韓國，每季都有一款加密新星出現。2017 年第四季是比特幣現金（Bitcoin Cash，BCH）；2018 年第一季是瑞波幣（Ripple）；2018 年第二季是柚子幣（EOS）；2018 年第四季是 Zcash 和門羅幣（Monero）。

◎ 中國零手續費比特幣交易時代的終結（2017 年）

2013 年 9 月 20 日，火幣提出「零手續交易」的活動，自此，中國的三大加密貨幣交易所——火幣、比特幣中國和 OKcoin 便開始了零交易費的商戰。交易所必須從提取手續費賺錢，但是手續費是隨著用戶交易量的增加而遞減的。這導致交易所進行「清洗交易」來誇大交易量，給用戶留下加密貨幣需求量很大的虛假印象。

零手續費活動最初是限時活動，但卻持續到 2017 年 1 月 23 日，最終在中國人民銀行（PBC）的監管壓力下停止。中國人民銀行擔心幣價上漲「過高、過快」，並表示火幣和 OKcoin 均違反規定，在沒有洗錢防制控制的情況下開展融資業務，引發了市場的非正常波動。1 月 19 日，兩家交易所均停止了所有保證金交易。[220]

◎ 中國的比特幣礦工控制比特幣網路（2016 年）

到 2016 年，比特幣網路上超過 70％的交易都發生在四個位於中國的比特幣礦池。比特幣礦工通常透過礦池平衡收益。礦池控制大部分的網路，營運礦池賦予礦工對比特幣軟體變更進行投票的權利。因此這四個中國礦池實際上對比特幣軟體和技術的變更擁有否決權。當時中國的加密貨幣交易所占所有比特幣交易的 42％，這引起人們質疑比特幣的獨立性和去中心化屬性。

2016 年 4 月，美國一些比特幣公司的高階主管，尤其是 Coinbase 的布萊恩·阿姆斯壯（Brian Armstrong），試圖說服中國比特幣礦工同意升級比特幣軟體，以提高網路容量和交易處理能力，以及提高與 PayPal 和 Visa 等支付服務公司的競爭力。這個升級軟體的提議就是後來的比特幣經典（Bitcoin Classic）。

比特幣的結構由軟體、硬體和能源組成，其治理完全由程式碼管理。在沒有任何中央機構的情況下，比特幣社群可以透過比特幣改進提案（Bitcoin Improvement Proposals，即 BIP）來實現對未來核心協定的更改，這個過程涵蓋修復演算法的錯誤、簡化程式碼以實現更有效率的共識規則等。BIP 必須得到 95％的比特幣礦工的批准。第一個 BIP 是由阿米爾·塔基（Amir Taaki）於

2011 年提交的，他是被指控洩露 Bitcoinica 原始碼的人之一——也就是用於建立 Bitfinex 交易所的原始碼。

透過比特幣網路運行的數據量上限為每秒七筆交易。隨著越來越多的人使用比特幣，網路壅塞和交易延遲也越嚴重，這就是美國的產業高層想要升級軟體的原因。但中國礦工希望比特幣是小眾的、安全的。有些人認為，礦工只是為了追求高額利潤，因為用戶需要支付更高的費用才能在已開採的區塊內處理交易。礦工也希望維持現狀，以規避投資風險。

2016 年最強大的礦池是魚池（F2Pool），它擁有全網 27％的算力。美國和中國比特幣高層會議上最重要的參與者是吳忌寒，他於 2013 年共同創立了比特大陸，並製造了專為比特幣挖礦設計的電腦。比特大陸也經營第二大比特幣礦池螞蟻礦池（Antpool），占當時全網算力的 20％。比特大陸在全球比特幣網路的占比為 10％，2016 年每天生產的比特幣總值達 23 萬美元。

一些中國礦工並不滿意比特幣網路擬議的改進計畫，並制定了一個增加區塊大小限制的替代計畫。吳忌寒對部分中國同行的觀點表示同意，但他也在探索擴容比特幣網路的方法。他開始積極倡導提高比特幣交易能力。比特大陸也於 2017 年 6 月，針對比特幣社群輕微地升級網路，而制定了緊急應變計畫。

雖然中國的礦工掌控了雜湊率，對於任何升級也都具有投票權，但是只有少數比特幣核心開發者負責管理比特幣的 GitHub 代碼。這些開發者決定比特幣要擴展的話，不該透過大量擴大區塊，而是要使用多個層。羅傑‧維爾指責這些開發者故意限制比特幣的容量和功能，以維持高昂的交易費用。據維爾稱，幾位比特幣核心開發者創立了自己的公司（名為 Blockstream），如果比特幣不擴展其基礎層，有利於他們的業務模式，因為該公司可以建立其它競爭側鏈。

哈爾‧芬尼提出了最初的百萬位元組區塊的大小限制，該限制為每秒七筆交易，以防止服務阻斷。人們原本期望這只是暫時的，因為中本聰相信比特幣無法在百萬位元組的情況下擴展。

即使核心開發者在 2014 年 3 月的升級中添加了 OP_Return 字段，但原本宣布的 80 位元組數據在最終發布時僅現在在 40 位元組，這顯示比特幣核心開發者在升級比特幣一事上的猶豫。這導致維塔利克‧布特林選擇在 Primecoin 上進

行建設，而不是在比特幣上。儘管以太坊獲得了比預期更多的關注和資源，但以太坊還是建立了基礎層。

有人提出了 BIP 91（又稱為隔離見證，或 segwit），該提案是為了避免比特幣區塊鏈分裂成兩個版本。當時幾位有影響力的比特幣持有者，特別是羅傑．維爾（Roger Ver）和吳忌寒，希望大量增加比特幣的交易量。

2017 年 7 月 21 日，比特幣礦工鎖定了 BIP 91 的軟體升級，該升級啟用了比特幣第二層解決方案。十天後，一家名為微比特（ViaBTC）的深圳礦業公司對比特幣進行了硬分叉，創造了比特幣現金（BCH）。微比特在分叉後的五小時產出了第一個 BCH 區塊，再五小時後產出了第二個區塊。第三個區塊是由當時不知名的礦工開採的，他的 coinbase 資訊為「創世區塊 269-273 香港灣仔軒尼詩道」（Genesis Block 269-273 Hennessy Road Wan Chai Hong Kong）。

「比特幣耶穌」羅傑．維爾等人認為，BIP 91 有利於讓比特幣成為數位投資，而硬分叉則有利於讓比特幣成為交易貨幣。在分叉時，任何擁有比特幣的人都會收到相同數量的比特幣現金。BCH 的初始價格為 240 美元，相當於比特幣價格的 9%。在比特幣價格上漲時期，BCH 一度漲至 4,355 美元的高峰，相當於比特幣價格的 26%。亞洲交易員對硬分叉興趣高漲，許多人從美國投資者那裡借入了大量比特幣以獲取 BCH。

比特幣白皮書的標題《比特幣：一個點對點的電子現金系統》，毫無疑問地表明中本聰將比特幣設計為可用於日常商業的數位現金。黃金是一種以其稀缺性和固有屬性而受到重視的商品，而貨幣則是一種交易媒介。但是 BIP 91 升級讓比特幣不再是依賴廉價交易成本的電子現金，而是成為數位黃金，其主要價值主張是一種儲存價值的方式。由於黃金的價格往往高於其生產成本，這項 BIP 91 升級確立，比特幣應該從其生產成本獲得價值，而不是因實用功能。這將確保只要比特幣網路持續增長，比特幣價格就會不斷上漲。

羅傑．維爾儘管在 2014 年放棄了美國籍，仍於 2024 年 4 月 30 日在西班牙被逮捕。他面臨美國司法部提出的逃稅罪名指控。美國司法部指控他在 2014 年的申報美國稅務時低報他比特幣的持有量。據稱，他在 2017 年售出這些比特幣，獲得 2.4 億美元，但未支付應繳的 4,800 萬美元稅款。

◎ 中國 ICO 禁令將加密市場推向香港

2017 年 1 月 11 日，在政府加大力遏制資本外流以緩解人民幣壓力之際，[221]中國人民銀行對火幣、OKcoin 和比特幣中國開展了抽查，其範圍涉及一系列可能的違規行為。隔年 4 月，OKcoin 和 Bitfinex 均以中間銀行為理由而凍結電匯。[222] 5 月，這幾家交易所被控利用客戶閒置資金投資理財產品，收益高但風險大。[223]

隨後在 2017 年 9 月 2 日，中國禁止了 ICO 融資。[224] 當月底，中國政府禁止位於大陸的加密貨幣交易所提供法幣兌換加密貨幣的服務。儘管中國公民依然可以交易、使用和投資加密貨幣，但交易者需要透過境外的點對點（P2P）或場外交易（OTC）市場才能入金。結果，許多中國交易者的資金流向了海外國家。

為回應政府措施，OKcoin 分為了兩個實體，其中一個（OKEx）於 2017 年 9 月 4 日遷至香港。而最初的 OKcoin 則遷至舊金山建立了一家受監管的交易所，專注於法幣購買加密貨幣的現貨交易。OKEx 總部又於 2018 年 4 月 12 日從香港轉至馬爾他（Malta）。然而，為了在香港合法化，OKEx 於 2019 年 1 月 24 日透過反向收購的方式收購了前進控股集團（LEAP Holdings）這間香港上市公司的控股權。[225] 為了實現此借殼上市計畫，OKEx 創辦人兼最大股東徐明星需要籌集 6,000 萬美元資金。然而這些資金的來源至今仍是個謎。

徐明星在北京學習應用物理並於 2006 年畢業，曾在雅虎工作。2013 年創立 OKcoin 之前，他是 docln 的技術員。儘管 2014 年初，比特幣價格受挫，加密貨幣交易量大幅下降，但 OKcoin 仍在 2014 年 3 月宣布，從眾多創投和天使投資者獲得了 1,000 萬美元的融資。[226]

2015 年 1 月，徐明星在邁阿密舉行的北美比特幣大會（The North American Bitcoin Conference，即 TNABC）上發表演講時解釋，雖然股票價格取決於公司的利潤和收入，但是人們購買比特幣是由於相信比特幣未來的使用場景。[227] 徐明星鼓勵群眾建構能為區塊鏈添加「新使用場景」的項目。他也強調，應鼓勵更多消費者和商家使用比特幣。

2017 年，由於針對交易所的持續性調查，OKcoin 的高階主管被禁止離境。2018 年 9 月，徐明星因與在 OKcoin 平台遭受巨額損失的投資者發生糾紛，而

被中國警方拘留。2020 年 10 月，他再次被中國當局拘留，OKEx 因「無法聯繫到私鑰持有者之一」於 10 月 16 日暫停提款。[228]

2020 年徐明星被拘留，此時恰逢中國打擊多家加密貨幣場外交易平台洗錢的時期。拘留消息曝光後，OKEx 交易所流出 2.6 萬枚比特幣，價值 3.5 億美元，OKEx 不得不將 4 億美元的 USDT 轉到交易所提供流動性，防止銀行擠兌。幾天後，徐明星再次出現在大眾視野中。

位於塞席爾（Seychelles）的火幣交易所於 2017 年 10 月 9 日在新加坡註冊成立，隨後業務也遷至新加坡。[229] 隔年 9 月 7 日，火幣以 7,000 萬美元收購了香港上市公司桐成控股（Pantronics Holdings）66％的股份。

與 OKcoin 一樣，火幣的高階主管在 2017 年也被禁止出境。2020 年 11 月 2 日，公司的營運長朱嘉偉（Robin Zhu）在被請去「喝茶」後受到警方調查。朱嘉偉於 2015 年加入火幣，最初是創始人李林（Li Leon Lin）的助理。朱嘉偉於警方調查結束後的五個月辭職。當時火幣用戶在微信收到消息稱，李林建議如果無法進入火幣，「幣安和 OKEx 這樣的交易所可以作為遷移的選擇。」[230] 結果造成空前數量的比特幣從火幣轉到幣安。幣安平台以去中心化和無確切實體的運作方式聞名。

2022 年 10 月，李林透過香港投資基金將火幣賣給孫宇晨，傳聞售價 10 億美元。孫宇晨 2012 年於北京大學畢業，他創立了手機語音社交 APP「陪我」。他於 2013 年底擔任瑞波中國區首席代表，2015 年他成為湖畔大學的首屆學員。湖畔大學是一所由阿里巴巴創辦人馬雲創辦的商學院，提供為期三年的企業家指導課程，而孫宇晨身為全班最年輕的學員，被一些人認為是馬雲的得意門生。

孫宇晨在高層的人脈或許可以解釋為何他能夠如此精確地掌握政策和市場決策的時機。例如，他的公司波場（TRON）在 2017 年 ICO 熱潮中籌集 7,000 萬美元，恰好在中國禁止 ICO 的前一天結束融資。傳言幣安的趙長鵬（即 CZ）得知了禁令的消息，向孫宇晨通風報信。[231]

2019 年，孫宇晨以 1.4 億美元的價格收購了比特流（BitTorrent）──一個擁有 1 億活躍用戶的點對點文件共享協定。比特流的檔案一般都是盜版的，其解決方案是網站去中心化，將頻寬和版權責任分攤給使用者。2019 年初，比特

流發行了 BTT 代幣，15 分鐘內售罄並最終募集到 720 萬美元。BTT 用於獎勵文件共享者和加快下載速度。

2020 年，孫宇晨以 460 萬美元的競標價格贏得與華倫・巴菲特共進慈善午餐的機會。萊特幣、幣安慈善、火幣、e 投睿（eToro）等公司領導人一道出席。孫宇晨也是 2021 年，具歷史性的 6,900 萬美元 Beeple NFT 拍賣會的次高出價者。同年 12 月，他退出波場公司執行長的職位，成為格瑞納達（Grenada）的外交官，擔任該島國常駐日內瓦（Geneva）世界貿易組織（WTO）的代表。

波場希望創建一個去中心化網路，波場幣最初在以太坊區塊鏈上發行，2018 年遷移到了自己的波場網路。2019 年 4 月 16 日，泰達公司開始在波場鏈上發行穩定幣 USDT。波場支付 0.1% 的發行和贖回費，這讓 USDT 的需求迅速成長。在接下來的幾周內，火幣和 Poloniex 交易所也宣布支持波場 USDT。

2019 年 10 月，孫宇晨收購了 Poloniex 交易所，這家交易所在泰達幣初期發展中發揮了重要作用。這使得波場 USDT 的發行量呈指數級增長。儘管以太幣依舊領先，並且在早期的使用範圍更廣，但到了 2021 年 4 月，波場 USDT 的發行量已經超過了以太幣，這主要是因為波場網路上的發行、交易和贖回成本更低。這也讓波場網路更受到遊戲類應用程式的青睞。到了 2023 年 2 月，波場 USDT 的餘額為 370 億美元，而以太坊 USDT 為 290 億美元。泰達公司的技術長保羅・阿多伊諾表示，波場幣（TRON）「在加密貨幣交易所得到了很好的採用，並且與以太幣相比起來更為便宜」。[232] 當高頻率交易者進入加密市場時，波場 USDT 的成本優勢才真正開始發揮。

收購發生一個月後，Poloniex 的總部遷到了監管相對寬鬆的塞席爾。Poloniex 的架構設計很差，用戶一旦不小心將比特幣存入只接受泰達幣的錢包時，比特幣就會遺失。Poloniex 的工程師後來發現了這些遺失的資金，稱之為「加密塵埃」。當孫宇晨接管交易所時，這些「塵埃」價值 2,000 萬美元。

與以太坊不同的是，波場的許多交易似乎是純穩定幣交易。波場提供美元敞口，使其看起來更像一種價值儲存方式。在波場鏈鑄造的 500 億美元 USDT 中，有 150 億美元被銷毀，FTX ／阿拉米達公司收到了 350 億美元。而以太坊上發行的 USDT 則大部分被轉移到了幣安和坎伯蘭加密資產交易公司（Cumberland）。

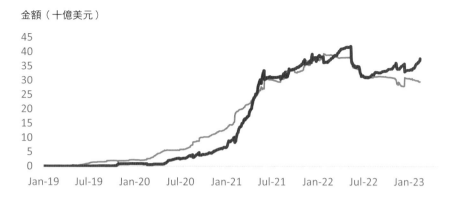

金額（十億美元）

圖 11：USDT 在波場（粗線）和在以太坊（細線）上的未兌餘額
資料來源：作者提供

　　一些評論員認為，波場／FTX 和泰達幣／幣安已經瓜分了整個行業地圖，波場專注於為亞洲用戶提供美元風險敞口，而幣安為其它地區──從中東到非洲以及南美洲的用戶提供美元風險敞口。FTX 於 2020 年 7 月 18 日開始支持波場 USDT，當時泰達幣的流通市值僅為百億美元。

　　當香港在 2022 年底表明了將更支持加密貨幣的立場時，孫宇晨是第一個計畫從新加坡搬過去的加密界人士。他認為，中國監管機構正在把香港作為大陸開放政策的試點，香港對加密貨幣的接受態度意味著「中國加密貨幣政策的全面開放」。[233] 他還寫道：「專家預測，中國將是下一輪加密牛市的主導力量。」[234]

　　CMS Holdings 的丹·馬圖謝夫斯基讚揚孫宇晨對時機把握得恰到好處。孫宇晨於 2022 年 10 月 7 日宣布收購火幣交易所，幾天後就有消息稱，香港有意成為加密中心，將零售加密貨幣交易合法化，這再次展示了孫宇晨消息的靈通。[235]

　　2017 年的政府禁令迫使許多中國加密貨幣交易所為總部尋找新居所。比特幣中國在 2018 年 1 月 29 日出售給一家香港的上市公司後，更名 BTCC，成為了一間英國交易所。同年 2 月，中國政府叫停了所有為中國公民提供服務的交易所，並封鎖了所有提供加密貨幣交易的網站。根據 Statista 的數據，2018 年中國加密貨幣交易僅占全球加密貨幣交易的 0.1%，比 2016 年 8 月低了 93%。[236]

2017 年 7 月甫成立的幣安也迅速將伺服器遷出中國，9 月遷至日本。重新上線僅三個月，每日交易量就達到五億美元。2018 年 3 月，幣安又宣布將業務遷至馬爾他，OKEx 也在隔月搬遷。2018 年 3 月 28 日，Bitfinex 透露了自己由香港遷往瑞士的計畫，儘管公司在 8 月仍猶豫不決。

中國禁止加密貨幣交易後，泰達幣成為場外交易平台最重要的工具。當實際幣價僅 6.70 元時，中國的交易員出價 7.00 元，溢價 4.4％。時任華為無線技術研發部負責人的劉洋於 2012 年 12 月聯合創立位於中國的場外交易經紀商幣看（BitKan）。由於 ICO 禁令，幣看也於 2017 年 9 月 14 日暫停服務，並將場外交易業務轉移至新加坡。其它場外經紀商則遷往香港。

◎ 創世區塊：接受現金兌換加密貨幣的實體店面（2017 至 2022 年）

2017 年 8 月 1 日比特幣現金開始交易時，一位在微比特礦池之後產生第一個 BCH 區塊的香港礦工，在處理過的每個區塊上放一個當地地址。該地址屬於灣仔一家名為 Check Inn HK 的旅舍，而這名礦工則是前安永會計師事務所（Ernst & Young）的審計師洪嘉昊（Wincent Hung Ka-hoa），他的旅店接受比特幣付款，是香港最早接受數位資產替代法幣的商號之一。

除了旅館，洪嘉昊還建立了一個名為創世區塊（Genesis Block）的比特幣教育交易中心。他於 2016 年在中國建立了龐大的挖礦業務，並與中國的場外交易商建立了合作關係。創世區塊也於 2017 年開始利用「泡菜溢價」套利，並在日本市場套利。洪嘉昊原本是為了推廣自己的業務而挖 BCH，但創世區塊很快就占據了網路處理能力的 75％。

創世區塊在香港設有實體店，人們可以用現金在店內購買加密貨幣，對顧客身分的審查也比較寬鬆。因此當法幣購買加密貨幣的管道被中國大陸定為非法時，人們可以跨境前往香港，在商店購買加密貨幣。

創世區塊也在亞洲經營比特幣自動提款機。該公司與貨幣兌換機構建立合作夥伴關係，並擁有由 50 至 100 個銀行帳戶所組成的關係網路。創世區塊的前

交易主管查理斯・楊（Charles Yang）表示，公司也活躍在柬埔寨等「灰色地帶」。楊於 2018 年 1 月加入該公司，他解釋說，泰達幣在亞洲非常受歡迎，場外交易的日交易額達數億美元。儘管交易者對泰達幣的儲備表示擔憂，但交易信心仍然高漲，尤其是以小時或天為單位的短期持有者。

創世區塊於 2018 年 11 月 13 至 14 日出席了在澳門舉行的 Sora Summit 區塊鏈會議。洪嘉昊在大會期間遇到了山姆・班克曼－弗里德（SBF），SBF 於去年在舊金山推出了阿拉米達研究，這是一家加密貨幣量化交易對沖基金。SBF 試圖深入了解亞洲的加密產業。創世區塊和阿拉米達的資金流最終將交纏一起，創世區塊從想投資加密貨幣的人那裡收集資金，然後將資金轉移到阿拉米達交易。阿拉米達也可以藉創世區塊與香港高淨值資產人士和家族辦公室的關係，獲得銀行服務以及各種流動性管道。

遇到洪嘉昊後不久，SBF 開始在香港建立加密貨幣交易業務。FTX Co. Limited 於 2018 年 6 月 28 日成立。2018 年 12 月 14 日，Cottonwood Grove Limited 在香港註冊，是英屬維京群島阿拉米達研究的全資子公司，Cottonwood 最初的董事為 SBF、陳綠惠（Jen Chan Luk-wai）、葉德恩（Clement Ip，創世區塊的聯合創辦人及董事會成員）以及羅穎雯（Charis Law Wing-man）。其中，葉德恩於 2022 年 1 月加入 Cottonwood 並擔任董事，他也是在香港註冊的 Salameda Limited 的唯一股東和董事，在 SBF 推出加密貨幣交易所時，他擔任 FTX 的財務長。

阿拉米達、FTX 和創世區塊三家公司緊密相連。[237]FTX 於 2020 年遷至巴哈馬，並於 2022 年 9 月 29 日註冊了香港子公司，SBF 和葉德恩同任董事。FTX 香港和 Salameda 公司的註冊地址都是位於上環商業大樓的秘書公司，緊鄰香港金融區。

2022 年底 FTX 崩盤前後，兩家在香港註冊的 FTX 附屬公司的董事陳綠惠和葉德恩辭職。2022 年 11 月 9 日，即幣安宣布取消收購 FTX 的同天，陳綠惠、葉德恩和羅穎雯均辭去 Cottonwood 董事職務，陳和葉也於 11 月 14 日辭去了 FTX 香港的董事職務。FTX 申請破產後不久，創世區塊也關閉了。

「一切才剛開始」

（趙長鵬，即「CZ」，幣安交易所）

　　SBF 於 1992 年出生，雙親皆為史丹佛大學法學教授。他的父親喬瑟夫·班克曼（Joseph Bankman）是法學和商學教授，他的母親芭芭拉·弗里德（Barbara Fried）則是法學教授。SBF 就讀於加州希爾斯堡的名泉中學（Crystal Springs Uplands School in Hillsborough），他中學參加了為有數學天賦高中生開設的暑期課程。他的童年是在玩國際象棋和橋牌等策略遊戲中度過的。

　　在大學期間，SBF 對有效利他主義（Effective Altruism）產生了濃厚的興趣。有效利他主義是一場哲學運動，它透過數學計算來了解人們如何利用自己的時間、金錢和資源來最大限度地幫助他人。他的母親撰寫過關於有效利他主義的文章，母親也是民主黨候選人的政治募款組織 Mind the Gap 的合創人之一。

　　SBF 於 2014 年畢業於麻省理工學院物理系。畢業後他加入了量化交易公司簡街資本（Jane Street Capital），他前個暑假曾在此實習過。在簡街工作的三年裡，他將一半的薪水捐給動物福利組織和有效利他主義慈善機構。之後辭職，為有效利他主義運動的領導人之一威廉·麥克阿斯基爾（William MacAskill）工作。[238]

　　SBF 經常提到凱利標準（Kelly Criterion），該標準的假設是金錢的邊際效用遞減。[239] 他認為，要想在世界上取得好成績，就要把錢捐出去。在每年為疾病預防、全球暖化、動物福利等主題捐款數兆美元的背景下，規避風險是不需要的。[240]

從利他主義的角度來看，SBF 認為，人們應該在職業生涯中冒險，這樣才能獲得豐厚的回報。「凱利標準告訴你，當規模是數萬億美元時，基本上不存在數千或數百萬規模的風險規避。」[241] 他肯定地說。「尋找上升空間最大的機會，而不是那些最安全的機會，然後鎖定目標並為之竭盡全力。」[242] 至於資金規模則是越大越好。他告誡說：「如果你下注了 10 萬美元（全額）但是賭輸了，你就再沒有機會下注了。」[243]「你應該下注的金額是，一旦你賭輸了，你還留有資金重啟。」

◎ 阿拉米達研究的成立（2017 年）

2017 年 11 月 27 日，SBF 與同為利他主義者的朋友，塔拉・麥考利（Tara MacAulay）在加州柏克萊成立了阿拉米達研究。麥考利一直都在交易加密貨幣，她的想法是成立一家像阿拉米達這樣的公司，迅速為有效利他主義運動籌集資金。她早年間在推特上寫道：「加密貨幣的獲利？贈與慈善機構升值的資產而非現金。捐贈金額增值，同時避免資本增值稅。」[244]

麥考利曾擔任有效利他主義中心（Centre for Effective Altruism，即 CEA）的執行長，該慈善機構由威廉・麥克阿斯基爾（William MacAskill）和他在牛津大學的哲學家同事，托比・奧德（Toby Ord）創立。麥克阿斯基爾於 2013 年說服 SBF 加入 CEA。身為麻省理工的大學生，SBF 被視為「可能賺很多錢的人」。[245] 有些人表示，SBF 是「有效利他主義運動的產物，跟書面上的解釋相反」。[246] 另一位牛津大學的畢業生班・戴洛（Ben Delo），即 BitMEX 的合創人，也是 CEA 的支持者。

根據阿拉米達早期軟體工程師納亞・布斯卡爾（Naia Bouscal）所言，有效利他主義運動是阿拉米達的宣傳噱頭。[247] 阿拉米達的創始資金來自兩位有效利他主義者：一位是牛津大學畢業，在對沖基金公司布雷文・霍華德（Brevan Howard）做貨幣交易員的盧克・丁（Luke Ding），他借貸 600 萬美元給公司；另一位是 2005 年以 26 億美元將 Skype 賣給 eBay 的讓・塔林（Jaan Tallinn），他借給公司價值 1.1 億美元的以太幣，[248] 利率為 43％。[249] 盧克於 2018 年 3 月 22 日拜訪阿拉米達辦公室，在一次激烈的會議後要求公司歸還他和塔林的資金。

麥考利曾多次就 SBF 的問題警告麥克阿斯基爾，但麥克阿斯基爾通常都選擇站在自己的「徒弟」這邊。在 CEA 進行內部調查後，SBF 於 2019 年辭去了董事會職務。2022 年，SBF 向有效利他主義事業捐贈了 1.6 億美元，其中有 3,300 萬美元捐給了麥克阿斯基爾相關的組織。麥克阿斯基爾此前還把 SBF 當作自己的「合作人」介紹給了伊隆‧馬斯克（Elon Musk）。

阿拉米達研究以加州城市阿拉米達（Alameda）命名，當時 SBF 的公寓就在那裡。SBF 在校的室友以及兒時好友王子蕭（Gary Wang）加入了公司並擔任技術長。王子蕭主修數學和電腦科學，畢業後在谷歌開啟了軟體開發員的職業生涯。SBF 擁有阿拉米達 90％的股份，王子蕭擁有 10％的股份。

阿拉米達的營運長安迪‧克羅根（Andy Croghan）曾負責海納集團（Susquehanna）加密部門的營運工作，而軟體工程師尼沙德‧辛格（Nishad Singh）則在高中就認識 SBF 的弟弟加布‧班克曼－弗里德（Gabe Bankman-Fried）。辛格曾是 Facebook 應用機器學習團隊的軟體工程師，他擁有柏克萊加州大學電子工程和電腦科學學位。

2018 年 1 月，SBF 開始利用比特幣在日本的高溢價進行套利，也是最經典的套利模式。一年前，中國關閉了境內全部的加密貨幣交易所，引發市場異變，一些交易所溢價嚴重。而且隨著人民幣貶值，加密貨幣成為資本逃離中國的管道。隨著政府加強對加密貨幣交易所的外匯管理和洗錢防制制度的調查，中國的加密貨幣交易流入亞洲其它地區，但由於這些市場難以觸及，再加上資本管制，加密貨幣溢價很高。

2018 年 1 月，比特幣的價格幾乎躍升至 2 萬美元，韓國市場出現 30％至 50％的「泡菜溢價」。在中國及周邊地區，場外交易管道如雨後春筍般出現在微信等資訊平台以及可盈可樂（CoinCola）、支付寶和淘寶等點對點交易平台上。這些「泡菜溢價」僅曇花一現，因為銀行只零星向加密貨幣公司提供服務。但這些利差在理論上有其存在的原因。

SBF 與他在日本有效利他主義圈子認識的日高隆（Takashi Hidaka）合作。日高隆於 2018 年 3 月開始為阿拉米達工作，他曾在 TransferWise 擔任合規主管，在日本銀行業巨頭瑞穗銀行（Mizuho）工作期間，對洗錢防制程序非常熟悉。2022 年在 FTX 日本收購當地的加密貨幣交易所時，日高隆擔任代表董事。

2018 年 3 月，SBF 與簡街資本（Jane Street Capital）的卡洛琳·艾里森（Caroline Ellison）接洽，將阿拉米達包裝為加密對沖基金，利用不同國家間的幣價差套利。他解釋，阿拉米達的目標是財富最大化，這也意味著要承擔超高的風險。

卡洛琳·艾里森於 1994 年出生在波士頓郊區。她的父親格倫·艾里森（Glenn Ellison）是麻省理工學院（MIT）經濟學系主任，她的母親莎拉·費雪·艾里森（Sara Fisher Ellison）是麻省理工學院經濟系講師。艾里森是《哈利波特》的超級粉絲，也熱衷於利他主義，她加入史丹佛大學（Stanford University）的有效利他主義社團（Effective Altruism Club）並擔任社團副主席。艾里森於 2016 年從史丹佛大學畢業，獲得數學學士學位。在簡街，她是股指再平衡團隊的一員。人們說她是一個安靜、規避風險且自我懷疑的人。[250]

◎ 阿拉米達的創新性融資方式（2017 至 2019 年）

儘管 SBF 經驗不足，但阿拉米達研究仍於 2017 年從幾位實力雄厚的投資人那裡獲得了 100 萬美元的種子資金，其中一些投資者是 SBF 透過舊金山的有效利他主義圈子認識的。[251] 但阿拉米達的業績表現從不對外披露。「泡菜溢價」沒有持續太久，銀行也不願意處理加密貨幣交易所的常規資金流，因為如果被發現沒有嚴格遵守洗錢防制和合規程序，銀行可能會面臨監管機構數億美元的罰款。因此，SBF 吸引資本的手段並非巨額回報，而是行銷手法和動人的故事。

SBF 在籌集資金方面非常具專注力和創造力。他不斷嘗試借入現金和加密資產。這樣，他就可以將新投資者的錢分紅給前一輪的投資者。投資者能看到的不是經審計的業績數據，而是一封由泛偉律師事務所（Fenwick & West LLP）丹尼爾·弗里德伯格（Daniel Friedberg）簽署的信函，信中稱「我們熟識阿拉米達的創始人並認為他在業內享有最高聲譽」。[252] 弗里德伯格是 SBF 父親的人脈，後來於 2020 年初加入 FTX 並擔任監理長。[253]

SBF 從許多實力雄厚的投資者那裡借得加密貨幣，承諾歸還加密貨幣並支付商定利息。有報導稱，阿拉米達透過在國際交易所買入比特幣並在日本高價出售，賺取了 1,000 萬至 3,000 萬美元的利潤。然而這些都沒有審計記錄。

套利機會在 2018 年初突然消失，阿拉米達開始嘗試用冷門的加密資產進行自動演算法交易和高波動性交易。創投投資人亞歷山大・帕克（Alexander Pack）回憶道，阿拉米達早期因交易失誤損失了 1,000 多萬美元。[254] 這次損失導致公司在 2018 年 4 月失去了其三分之二的資產，內部稱之為「四月慘敗」（April fiasco）。事情發生時，阿拉米達押注瑞波的 XRP 代幣，韓國投資者在 2017 年 12 月前就積極參與其中，然而在隨後的 1 月份，XRP 價格因韓國政府限制加密貨幣交易和瑞波公司面臨美國證券交易委員會訴訟的消息而暴跌。猝不及防的跌幅促使讓・塔林（Jaan Tallinn）回收他的貸款，阿拉米達的資產也回落至 3,000 萬美元。

　　「四月慘敗」之後，包括塔拉・麥考利在內的四名阿拉米達高管向 SBF 提出要收購公司，理由是他「不道德，未能向投資者通報業績不佳的情況，並且會為了自己的利益撒謊和歪曲事實」。[255] 但 SBF 拒絕辭職，不久後阿拉米達 30 名員工中有半數（包括四名高階主管）辭職。麥考利因工作簽證與阿拉米達掛鉤的原因而離開了美國。

　　麥考利和其他一些阿拉米達的早期員工合創了 Lantern Ventures 和附屬公司 Pharos Capital Group。Lantern Ventures 是一家管理 4 億美元資金的投資公司，盧克丁列為投資人，而 Pharos Capital 是 2022 年加密借貸公司 Celsius 破產時的最大債權人。Lantern Ventures 的網站稱，公司創立的初衷為慈善，創辦人將依利他的信仰捐出 50% 的利潤。[256] 這番話引起了共鳴，有些人從 SBF 和其公司看到當代羅賓漢的影子。

　　儘管比特幣價格在 2018 年下跌了 74%，但阿拉米達聲稱自己透過市場中立（market-neutral）套利策略獲得了穩定回報。在 2018 年 11 月澳門舉辦的 Sora Summit 區塊鏈大會上，阿拉米達買了一個展位分發傳單，宣傳其套利交易策略能夠產生「無風險的高額回報」。[257] 幾個香港家族辦公室都對這個策略感興趣，傳單稱該策略「保證 20% 收益率，由美國法律強制執行」。

　　該公司 2018 年 11 月的宣傳文件稱，阿拉米達是美國最好的、也是全球最正規的加密貨幣交易公司。2018 年管理資產總額（Asset Under Management，即 AUM）為 5,500 萬美元，每日主流幣、山寨幣及衍生性商品的交易額高達 3 億美元。文件還稱公司已在美國、日本和英屬維京群島建立了業務——這是事實，

阿拉米達總部位於美國，有限責任公司在維爾京群島註冊，日高隆則在日本經營該公司。

根據宣傳文檔，阿拉米達擁有數十年量化和技術公司經驗，其場外交易報價是業內最嚴謹的。儘管有所質疑，亞洲家族辦公室對「無不利風險」的高報酬計畫情有獨鍾。阿拉米達未經審計的 8 個月業績記錄顯示，該公司在比特幣下跌 49.8％、以太幣下跌 89.1％、美股收益平平時期的投資回報率高達 110.6％。

阿拉米達聲稱自己 2018 年能跑贏熊市，是因為不依賴比特幣價格走向的策略，該策略透過數十萬次交易捕捉到數千個市場和交易所之間的效率差異。公司稱，策略非常有前景，6 個月內都未出現虧損長達一周的情況。

阿拉米達避免進行方向性押注，其管理的資產中僅有 10％為非對沖部位，並向交易所提供流動性，以此換取手續費折扣而提高收益。投資人只能選擇一種產品投資，公司最初提供的是一種年化 15％的固定利率貸款，無鎖倉期限，額度為 2 億美元。這是一款非常吸引人的金融產品，後來殖利率提高至 20％。

阿拉米達在未經審計的招股書中總結了自己的四大核心競爭力：獨特的交易優勢、一流的技術、穩固的營運框架，以及市場體系下的靈活性。當時公司似乎只有 500 萬美元的資本，但因槓桿作用達到了 6,000 萬美元。公司漫無邊際的吹噓，卻成功了。

◎ 阿拉米達轉戰香港（2018 年）

香港一直以其便利的營商和稅收環境而聞名。阿拉米達「為加密貨幣交易公司，很難與美國銀行建立和維持關係，因此將總部從加州遷至香港」。[258] 前員工回憶說：「如果不在香港而是在柏克萊辦公，我認為每天會損失 5 萬美元」。[259] 當 SBF 在澳門的 Sora Summit 區塊鏈大會上遇到來自創世區塊的洪嘉昊時，他意識到洪嘉昊可以幫助他在亞洲籌集大量資金。

阿拉米達入駐香港後與創世區塊的合作越來越密切。創世區塊因 2017 年比特幣現金分叉而出名。當不同礦工的軟體不一致時，分叉就會發生，且分叉期間幣價的波動更為劇烈。分叉幣如果沒有人支持，會變得一文不值。

當比特幣現金在 2018 年 11 月 15 日再次分叉時，分叉出來的幣叫做 Bitcoin SV（Satoshi's Version 的字首縮寫）。比特幣價格在分叉期間下跌了 12％，阿拉米達等交易平台處於波動交易的兩端。然而，儘管市場波動加劇，SBF 依然決定承擔風險。

◎ 阿拉米達與其他交易者的交易

隨著時間的推移，套利機會越來越少，阿拉米達透過與對手方交易承擔了大量短期市場風險，其中包括提供流動性和影響對手方的交易決策。所謂「動量點火演算法（Momentum Ignition Algorithms）」被用來在市場中製造急遽增加的買入或賣出訂單，以欺騙交易者下單，或執行他們原本不會進行的交易。

「巴特訂單（Bart order）」指價格大幅上漲，然後橫盤整理，最後暴跌的訂單，在低流動性的周末或凌晨影響最大，因為這些時段市場參與者的數量相對較少。阿拉米達很自豪能提供全年 365 天、每天 24 小時的加密貨幣交易服務。團隊全年無休，因此當市場價格接近其他交易者可能被強制平倉的水平、或當部位可能觸發連續清算時，阿拉米達會在對交易者不利的價格強制平倉。

阿拉米達也採取「停損狩獵（stop-loss hunting）」策略，試圖人工調整價格至其他市場參與者會被交易所清算引擎自動平倉的水準。如果一筆交易觸發了多次止損，無論價格水準和可用交易量如何，交易所都會觸發自動清算演算法，賣出部位。成交量越低，價格跳空幅度越大。停損單全部清算完畢、價格走低後再買回部位。因為被停損後的市場通常會反轉。

由於加密貨幣領域中，高槓桿合約交易盛行，一旦清算開始，往往會有大量跟風交易。大多數加密貨幣交易所預設合約槓桿為 20 倍，也有些交易所槓桿高達 125 倍。但即使是 20 倍的槓桿部位，幣價僅下跌 5％也會耗盡全部資本。在受到監管譴責後，大多數交易所在 2021 年夏季調低了最大槓桿倍數，以限制合約市場的極端波動，防止交易者被頻繁清算。

山姆・特拉布科（Sam Trabucco）加入阿拉米達時為交易員，後來成為公司的聯合執行長。特拉布科解釋說，公司一開始就採用嚴格的 delta 中性（delta-neutral）策略，這個策略不依賴加密貨幣價格的方向，[260] 而是專注於套利機會，也就是不同交易所之間、各種合約之間的定價差。由於加密市場具有深度流動性，且缺乏統一的監管環境，套利能賺到很多「免費的錢（free money）」。

由於市場准入和流動性等結構性因素，幣價差異較大，但阿拉米達團隊能夠影響市場。小型交易商往往會跟隨阿拉米達進行交易，從而市場動能增加，套利機會逐漸關閉。隨著市場的逐步成熟以及更多成熟交易者的加入，價差終將消失，因此團隊需要尋求其它獲利方式。

2019 年 1 月，阿拉米達豪擲 15 萬美元，贊助幣安在新加坡舉行的區塊鏈周（Binance Blockchain Week）。公司利用這個機會向潛在借貸客戶表示，自己的管理資金規模已達 5,500 萬美元。SBF 也考慮複製幣安，這家加密貨幣交易所擁有大量用戶，意味著可以輕鬆獲得資金。

2019 年初，阿拉米達開設了一個場外交易（OTC）平台，由來自 Circle 公司的萊恩・薩拉梅（Ryan Salame）負責。藉由公開名稱，公司期待自己被更多的交易所和客戶熟知。從前一年夏天開始，SBF 已著手拆分 FTX 和阿拉米達，準備建立加密貨幣衍生性商品交易所。該交易所於 2019 年春季首次亮相。

◎ 幣安的成立（2017 年）

2017 年 6 月，趙長鵬與他之前所在新創公司比捷科技（Bijie Tech）的幾名員工一起在上海創立了加密貨幣交易所幣安（Binance，Binary Finance 的縮寫）。幣安專經營山寨幣交易，支援 600 個幣種，交易引擎每秒鐘能夠處理 140 萬個訂單。

趙長鵬是軟體開發人員，他生長於中國江蘇省，十歲時隨家人搬到溫哥華。他曾於蒙特婁的麥基爾大學（McGill University）學習電腦科學，第一份工作是為彭博社（Bloomberg）的交易平台工作。在彭博社的四年裡，他前往東京、紐約、新加坡、香港和上海做交易平台的開發。2005 年，他與人合創了位於上海

的富訊公司（Fusion Systems），這是一家 IT 和商業諮詢公司，專門為券商提供超低延遲（ultra-low-latency）的交易系統。

在上海，趙長鵬是一家私人撲克團體的成員。2013 年，他在這裡認識了剛收購比特幣中國交易所（BTC China）的李啟元（Bobby Lee）。趙長鵬的老朋友、創投公司雲九資本（Sky9 Capital）董事總經理曹大容（Ron Cao）也是這家撲克團體的會員，他力勸趙長鵬進入比特幣領域。2014 年趙長鵬賣掉了上海的房子，將所有資金投資於數位貨幣。[261]

趙長鵬辭去了富訊公司的工作，成為 Blockchain.com 的產品開發主管。與徐明星同為 OKcoin 聯合創始人的何一看到了趙長鵬關於區塊鏈的演講，發現他能用簡單的語言解釋專業的技術，[262] 隨即邀請趙長鵬加入了 OKcoin。2014 年的 OKcoin 當時是中國最大的比特幣交易所，擁有 60％的市占率。趙長鵬於 2014 年成為 OKcoin 的技術長，並在任職期間指導過贊恩‧塔克特（Zane Tackett）。塔克特於 2015 年 3 月轉職到 Bitfinex，後來在 FTX 擔任機構銷售主管。

由於支持衍生性商品交易和質押（staking），OKcoin 變得越來越受歡迎。趙長鵬成為交易所的社群啦啦隊，透過社群媒體引導流量、增強信任。他經常上 Reddit 發文並回答用戶的問題。當客戶指責 OKcoin 人為抬高代幣價格和交易量時，他否認交易所使用交易機器人「哄騙」交易量。然而在他離開 OKcoin 後，他聲稱交易所確實使用機器人。

趙長鵬於 2015 年 2 月離職，在 OKcoin 僅八個月。隨後，徐明星和趙長鵬在社交媒體上發生了爭執，趙長鵬聲稱他的離開是因為交易所「使用了可疑的手段」。[263] 徐明星則反駁趙長鵬「技術不夠強，無法推動交易所發展」。[264]

2014 年 8 月，OKcoin 發布了加密貨幣行業的首份儲備證明審計報告，報告由瑞波（Ripple）的技術長斯特凡‧湯瑪斯（Stefan Thomas）撰寫。當時，還有一家知名公司對 OKcoin 提供的資料庫進行完整性測試（integrity test），列出其資產和負債。完整性測試是一種資產校驗，也稱為雜湊樹（Merkle tree，又稱墨克樹），可以用來驗證交易所的鏈上資產。雖然交易所能提供其資料庫中所有代幣的地址，但確認擁有這些代幣的真實性並不是一件易事，因為它們有可能是從合法所有者那裡借來的。

趙長鵬和徐明星在社交媒體上的爭論逐漸白熱化，趙長鵬在 Reddit 上發文稱，「OKcoin 的審計造假，透過隱藏機器人帳戶隱瞞債務」，因為機器人是利用部分（或是虛擬）資金交易的。[265]OKcoin 回應稱，隱藏機器人是為了避免重複計算借出的代幣。[266]

在沒有外部資本的情況下，趙長鵬於 2015 年 9 月成立了上海比捷網路科技有限公司（Shanghai Bijie Network Technology Co.,）。比捷總部位於上海，是一家基於雲端運算的數位貨幣交易所網路供應商，聲稱為亞洲 30 家交易所提供支援。但有人指出該公司實際上僅服務 9 家交易所，且大多數網站都是由同一家公司註冊的，而這家公司也註冊了比捷科技的網站。[267]

比捷公司的創辦人團隊也是幣安的創始團隊，幣安後來成為全球最大的加密貨幣交易所。羅傑·王（Roger Wang）擔任技術長，曾就職於帕蘭提爾（Palantir）和富訊（Fusion Systems）的詹姆斯·霍夫鮑爾（James Hofbauer）擔任架構長，曾於富訊和彭博社任職的保羅·詹庫納斯（Paul Jankunas）擔任工程副總裁，艾倫·顏（Allan Yan）擔任產品總監，桑尼·李（Sunny Li）擔任營運總監。

OKcoin 聯合創始人何一於 2015 年底離職並加入幣安，擔任了一些其它職位後，成為幣安的營銷總監。何一曾是電視旅遊節目主持人，她與趙長鵬相戀，兩人育有一子，兒子出生於美國。2022 年 8 月，趙長鵬任命何一為 75 億美元創投部門的負責人，兼任行銷總監。

幣安的網域是由比捷科技員工陳光英（Heina）註冊的，因為中國人在當地註冊公司比趙長鵬這樣持加拿大護照的人更容易。陰謀論認為，幣安其實是由這位神秘的陳女士所擁有，而她並未出現在幣安的團隊介紹中。有些人甚至聲稱她是秘密控制幣安的中國政府代表，[268] 而趙長鵬對此予以否認。[269]

在 ICO 風行的牛市時期，Poloniex 交易所率先接受泰達幣，並從山寨幣的暴漲中獲益，它的成功給趙長鵬留下了深刻的印象。「如果你想把法幣兌換成加密貨幣，你必須有一個能接受這筆資金的銀行帳戶，」他評論道，「你必須處理監管的問題，通常你會被限制在一個國家。」[270] 趙長鵬在幣安白皮書（Binance Whitepaper）中總結道，因此，以加密貨幣入金的交易所規模，將比基於法幣的交易所規模大很多倍。[271]

幣安於 2017 年 7 月 1 日推出 ICO，共發行 2 億枚 BNB 代幣，其中的 50％ 分配給 ICO 投資者，40％分配給創始團隊，10％分配給天使投資者。總共籌集了 1,500 萬美元。資金的 50％用於品牌和行銷，30％用於平台建置和生態升級。2017 年 7 月 15 日平台交易開始活躍。幣安季度利潤的 20％用於回購 BNB，以控制供應量。《富比士》雜誌將其與安麗式的多層次行銷相提並論，這種行銷方式能培養用戶忠誠度。[272]

幣安的投資者和顧問包括曹大容和何一，以及 Bloq 聯合創始人馬修・羅斯扎克（Matthew Roszak）、天使投資人羅傑・維爾（Roger Ver）、加密意見領袖寶二爺、比特幣中國聯合創始人楊林科、小蟻（AntShares）創始人達鴻飛、火幣聯合創始人杜軍和人人比特創始人趙東。人人比特曾是中國最大的場外交易經紀商之一。[273]

幣安的用戶數在 45 天就達到了 12.5 萬。與身敗名裂的俄羅斯加密貨幣交易所 BTC-e 一樣，早期在幣安開設帳戶無需身分證明，只要一個電子郵件地址。這讓交易金額在 2017 年第三季達到 10 億美元，2018 年第一季達到 820 億美元。一年之內，幣安的交易量就超過了所有競爭對手。趙長鵬因此對員工表示，幣安可能成為第一家上兆美元規模的企業。

趙長鵬消息靈通，在 2017 年 9 月中國政府禁止加密貨幣交易之前，幣安的伺服器和總部就已從中國遷至日本。[274]2018 年 3 月公司有意遷往馬爾他，一個月後與百慕達政府簽署了合作備忘錄（MOU）。幣安從不涉及法幣交易，所以當中國實施 ICO 禁令並打擊加密貨幣交易所時，幣安不至於受到太大牽連，因為純加密貨幣交易所不會導致資本外流。

幣安的員工大多隸屬於在開曼群島註冊公司的承包商，沒有員工福利。幣安是一家發展迅速的公司，要求新員工快速交付成果，相信感覺，而不是深入的研究或數據分析。他們高度重視保密工作，工作人員被告知不要在領英（LinkedIn）等專業網站上標註幣安，讓駭客難以識別員工身分。也建議員工不要穿任何可能表明他們是幣安員工的衣服，且鼓勵他們使用完全加密的訊息服務 Keybase 並開啟「自動清理訊息」功能。許多員工的工資都是以幣安原生代幣 BNB 支付，不是法幣。

到 2018 年，幣安近 40% 的業務都位於美國，但公司並未在美國證券交易委員會、商品期貨交易委員會或財政部（Department of the Treasury）註冊。雖然比特幣交易大部分不在美國監管管轄範圍內，但向美國居民提供與加密貨幣相關的衍生性商品服務則需要監管的同意。

2019 年 5 月 7 日，幣安透露公司因「大規模安全漏洞」而被駭客偷走 7,000 枚比特幣，價值約 4,000 萬美元。同年 9 月幣安開始提供高達 125 倍槓桿的永續合約產品。2020 年 3 月，又以約 4 億美元的價格收購了 CoinMarketCap，這是一個成立於 2013 年的加密貨幣價格追蹤網站。

2020 年，幣安在全球擁有約 1.2 億用戶，每月處理價值數千億美元的加密貨幣交易。雖然公司後來對認識客戶和洗錢防制程序變得更加嚴格，但早年的營運理念卻是「快速行動，打破常規」。

◎ 幣安在美國的「太極實體」（2019 年至今）

2019 年 6 月 14 日，幣安停止為美國用戶提供服務。隨後在 9 月 24 日，幣安美國平台（Binance.US）上線，BAM Trading Services（BAM）為營運商，同用幣安的錢包和匹配引擎技術。幣安美國一開始就有嚴格且冗長的註冊程序，用戶必須提交身分證明文件才能開設帳戶，至少到 2021 年中期為止。中國開發人員負責監管支援幣安美國錢包的軟體，也把美國註冊的用戶記錄在表單上。[275]

2020 年 10 月 29 日，《富比士》發表文章表示「幣安正在用精心設計的方案逃避監管」。[276] 這篇文章的根據為一份被洩露的內部文件，該文件據稱由火幣在美國的總法律顧問、Koi Trading Systems 的創辦人哈利・周（Harry Zhou）撰寫。Koi Trading Systems 公司以協助中國公司至美國成立分公司而聞名，並在 2018 年 8 月從幣安獲得了 300 萬美元的資金。

根據《富比士》的文章，洩漏的幣安文件概述了一個「太極實體」（tai chi entity），該實體的成立是為了「假裝關注合規，以分散監管機構的注意力」，同時採取措施「以授權費等形式將收入轉移到母公司幣安」。幣安將繼續為幣安美國提供 IT 授權、商標授權、錢包託管和交易所營運諮詢服務。

洩漏文件指出，一家開曼群島控股公司將擁有「太極」運營公司 100％的股份，並將服務費轉嫁給「代理服務公司」，僅建立「合約關係」，以進一步「隔離幣安與美國法律」。之後「代理服務公司」會將公司收益發給離岸幣安實體。

洩漏的文件也明確提到要削弱「洗錢防制和美國執法」發現非法活動的能力。「太極實體」將成為監管調查的磁鐵，吸引美國證券交易委員會、美國商品期貨交易委員會和紐約州金融服務部（NYDFS）的注意，但並不指望獲得批准。最終「太極實體」將在「達到其目的後」被收購。

《富比士》發表這篇文章後不久，幣安對該雜誌提起訴訟，但於 2021 年 2 月 4 日撤訴。隨後，2022 年 10 月 17 日，路透社發表了一篇類似的文章，其中詳細介紹了幣安將自己「隔離」於美國證券交易委員會之外的計畫。[277]

2018 年 9 月 19 日，紐約檢察長辦公室表示，在對幣安、Gate.io 和 Kraken 是否在紐約經營進行調查後，已轉交紐約州金融服務廳。[278] 美國司法部（Department of Justice，DOJ）也對 2018 年幣安遵守美國洗錢防制法律和制裁的情況進行了調查。[279] 美國司法部將信件寄給總部位於開曼群島的幣安控股有限公司（Binance Holdings Ltd.），以及幣安的合規長山謬・林（Samuel Lim）。

同時，幣安的一名員工注意到，幣安網頁上 18％的瀏覽量來自美國 IP 位址。[280] 林在 2019 年 6 月的 Telegram 訊息（幣安不使用 Slack 訊息應用程序，因為它認為這家總部位於加州的公司會遵守美國機構的要求）警告，任何美國的監管訴訟都會產生「核彈級別的後果」。

哈里・周在關於幣安應如何處理其美國業務以及客戶的提議中指出，幣安應只在主交易所上市實用代幣（utility tokens）。如果未在美國提供衍生性商品，則能夠「降低美國證券交易委員會執法的意願」。利用虛擬私人網路也可以「掩蓋交易者的實際所在地」。[281] 於是在 2020 年，幣安學院（Binance Academy）發布了一份使用者指南，指導讀者如何使用虛擬私人網路。

幣安美國的營運商 BAM 於 2019 年在德拉瓦州（Delaware）註冊成立，辦公地址與哈里・周在舊金山的加密貨幣交易公司相同。[282] 在幣安清退其美國用戶時，BAM 在美國財政部（US Treasury）註冊為貨幣服務企業。不久之後，幣安公布了與 BAM 的「合作夥伴關係」。

BAM 似乎已變身為幣安美國。BAM 的第一任執行長凱瑟琳·科利（Catherine Coley）為趙長鵬的屬下，而趙長鵬是幣安美國董事會主席，幣安美國用戶的數位錢包則由幣安的開曼群島控股公司保管。不同實體之間的業務關係相當密切。多年來，幣安在全球設立了至少 73 家公司，其中趙長鵬擁有或部分控股的有 59 家。[283] 但卻從未透露過幣安背後的實體或股東。

2020 年 11 月，科利宣布幣安美國已加入銀門銀行的全部交易網路（Silvergate Exchange Network，即 SEN），允許在其帳戶間轉帳。款項甚至在周末也能到帳，因為其處理方式與銀行內部的帳本系統類似。路透社（Reuters）隨後透露，幣安美國於銀門銀行帳戶中最低餘額為 500 萬美元，資金由交易公司 Merit Peak 存入。[284]

2020 年 12 月 23 日，科利獲報，Merit Peak 從幣安美國帳戶「大額提現」750 萬美元，幣安美國的工作人員確認這是員工從幣安發起的提現。科利致函有權限存取幣安美國 SEN 帳戶的幣安財務主管說「這筆交易很突然」。有鑑於幣安美國 SEN 帳戶的每日提領額度為 1,000 萬美元，現在則需要提額至 2,000 萬美元。她請求說：「我們沒有存取權限，能否請人幫助我們？」

路透社報導，2021 年 1 至 3 月，Merit Peak 收到幣安美國 SEN 帳戶總計 4.04 億美元的轉帳。這些轉帳往往緊跟著 Prime Trust（總部位於內華達州的幣安美國用戶的資金託管公司）向幣安美國帳戶的存款。光是 2021 年第一季度，Prime Trust 就向幣安美國帳戶存入了 6.5 億美元。但到了 2021 年中旬，Merit Peak 在幣安美國上的所有活動都已經停止。

Merit Peak 於 2019 年 1 月在英屬維京群島註冊，並於 2019 年 12 月簽署了價值 100 萬美元的 BAM 股份購買協議。協議中表示 Merit Peak 的「經理」為趙長鵬，但並未公開公司所有人的姓名。幣安轉帳加密貨幣至幣安美國出售給美國用戶，再將收到的美元從幣安美國轉到 Merit Peak。據清楚轉帳情況的人士透露，Merit Peak 隨後會將資金從其 SEN 帳戶轉移至塞席爾一家名為 Key Vision 公司的 SEN 帳戶。[285]2021 年的一份公司文件顯示，趙長鵬是 Key Vision 的董事之一。

幣安可能不願意或無法以其名義開設美國銀行帳戶，因此借用 Key Vision 實體。用戶如果想要將法幣轉入幣安，需要先轉入 Key Vision 的 SEN 帳戶。[286] 直到 2023 年初，幣安一直在使用該公司進行美元銀行轉帳。

2020 年 12 月，美國司法部洗錢和資產返還科（US Department of Justice's Money Laundering and Asset Recovery Section，即 MLARS）致信幣安，要求提供有關趙長鵬和科利等 12 名高管的溝通內容。同月，美國證券交易委員會發出傳票至 BAM，收件者為科利，內容涉及幣安向幣安美國提供服務，並詢問該美國公司的員工是否也同時在為幣安工作。

2021 年 4 月，科利離開幣安美國，並聘請了前美國商品期貨交易委員會執法總監、現任蘇利文‧克倫威爾（Sullivan & Cromwell）律師事務所合夥人的詹姆斯‧麥克唐納（James McDonald）為她的律師。科利的職位由曾任銀行監理員的布萊恩‧布魯克斯（Brian Brooks）接替，布魯克斯入職三個月後便離職了。2021 年 10 月，幣安美國任命布萊恩‧施羅德（Brian Shroder）為新任執行長。施羅德曾在優步（Uber Technologies）工作，他的兄弟在幣安的主交易所工作。

◎ 疲弱的合規讓幣安得以蓬勃發展（2017 年至今）

時至 2018 年中旬，幣安的核心業務已由上海轉移至日本，後來又轉至馬爾他。許多監管機構都高度關切其高槓桿衍生性投資產品，這些產品對散戶來說風險極高。幣安提供 125 倍槓桿，超過其主要競爭對手 BitMEX 的 101 倍槓桿。高槓桿交易跟投機商號一樣，最終會造成本金的損失。最重要的是，如果用戶的槓桿損失高於本金，交易所往往會讓投資人們分擔損失。

幣安也推出了與特斯拉（Tesla）、蘋果（Apple）等股票掛鉤的股票代幣，並於 2021 年 7 月 16 日添加微策略（MicroStrategy）、微軟（Microsoft）、Coinbase 等股票代幣。德國金融監管機構因此發出警告，稱幣安可能違反了證券法。幣安透過與 CM-Equity AG 合作提供這些代幣，CM-Equity AG 是一家總部位於德國的有牌投資公司，後來遷往瑞士。CM-Equity 也與 SBF 的商業帝國有聯繫，FTX 也曾嘗試發行股票代幣。幣安可能會因未公布股票代幣的投資者招股書而受罰。

2020 年，英國金融行為監理局（UK's Financial Conduct Authority，即 FCA）表示，幣安市場有限公司（Binance Markets Limited）「不得在英國從事任何受監管的活動」。[287] 到 2021 年 6 月，當局禁止幣安向英國用戶提供受監管的服務。開曼群島、香港、立陶宛、義大利、波蘭和泰國的金融監管機構也針對幣安採取了警告或執法行動。幣安策略長派翠克・希爾曼（Patrick Hillmann）透露，公司「正在與監管機構共同尋找補救措施」。他補充，幣安的軟體工程師不熟悉賄賂、腐敗、洗錢和經濟制裁的法律和規則。[288]

2018 年 11 月，幣安提醒伊朗用戶提取資金，因為平台「即將」在 11 月 5 日執行美國的制裁政策。首先，交易所提醒認識用戶過程中使用伊朗護照的用戶；接著對連接到伊朗 IP 位址的帳號發出提示。[289] 儘管如此，匯款公司 Wallex 和伊朗一家加密貨幣交易平台 Sarmayex，仍被認定透過幣安轉移了 2,900 萬美元，這給幣安造成了被「二次制裁」的風險。[290] 伊朗一直是加密生態的重要部分，所占的比特幣挖礦算力可觀，有助於確保比特幣區塊鏈網路的安全。伊朗的電價僅為世界主要工業化國家的四分之一，而電費支出是比特幣挖礦的主要成本。

然而，伊朗的交易並非幣安唯一的爭議。2020 年 1 月，Chainalysis 的報告顯示，透過幣安流入的與非法活動相關資金，比其它加密貨幣交易所都來得多。一些評論員甚至稱，暗網販售幣安的用戶帳戶。2022 年 6 月 6 日，路透社發表了一篇文章，記錄幣安成立以來的五年裡，如何變成「為 23.5 億美元非法資金洗錢的渠道」，這些資金的來源包括駭客攻擊、投資欺詐和非法藥物銷售。[291]

其中一次駭客攻擊發生在 2020 年 9 月，當時北韓的拉撒路集團從斯洛伐克加密貨幣交易所 Eterbase 竊取了約 540 萬美元。短短九分鐘內，駭客用加密的電子郵件信箱通過身分驗證，在幣安開設了帳戶。然後將盜用的加密貨幣轉帳至新帳戶。Eterbase 被盜的一小部分資金，是透過當時位於塞席爾的火幣交易所洗錢的。

路透社的消息來自 Crystal Blockchain 提供的分析，這家荷蘭的分析公司專門追蹤加密貨幣的動向。在美國和德國執法機構查封了俄語暗網九頭蛇（Hydra Market）的伺服器後，Crystal 估計，在五年時間裡，「幣安經手了九頭蛇用戶 7.8 億美元的加密貨幣」。[292] 並非所有資金都是直接在九頭蛇用戶和幣安之間轉移的。九頭蛇還是 2016 年 Bitfinex 駭客攻擊事件中洗錢的主要陣地。

2023 年 1 月，美國司法部逮捕了在香港註冊的加密貨幣交易所 Bitzlato 的創始人兼大股東阿納托利·列科季莫夫（Anatoly Legkodymov）。Bitzlato 的營運理念是簡化用戶身分認證程序，特別指出「既不需要自拍，也不需要護照」，而九頭蛇是其匿名加密貨幣交易中最大的交易對手。該交易所直接或間接進行了 7 億美元的非法交易，直到 2022 年 4 月九頭蛇被查封。[293] 美國財政部在法院指令中寫道，幣安在 2018 年 5 月至 2022 年 9 月期間，一直是 Bitzlato 上比特幣的最大接收方。[294] 然而，幣安發言人強調，已向國際執法合作單位「提供了大量協助」以支持調查。

Chainalysis 聲稱幣安已收到 7.7 億美元的非法資金。幣安否認，並指出當拉撒路集團於 2022 年從加密遊戲 Axie Infinity 中竊取了 6.25 億美元並將部分盜竊資金轉至幣安時，幣安隨即凍結了 500 萬美元的非法資金，並協助執法人員調查。

然而，美國全國廣播公司商業頻道審查了社群通訊應用程式 Discord 和 Telegram 群組中的訊息，其中就包括幣安員工和培訓志願者（稱為「幣安天使」）分享規避認識客戶和認證系統的技巧，其中還包括偽造銀行文件的方法。[295] 鑑於幣安的一些產品有國家和用戶層面的限制，一名員工也教導用戶使用虛擬私人網路註冊為台灣居民。

幣安也接受西太平洋島國帛琉（Palau）頒發的區塊鏈數位身分。[296] 帛琉數位居住權可供任何世界公民使用，每年費用為 248 美元，可用於規避幣安在特定國家的限制。[297] 有了這個身分後，用戶就能通過歐洲地區的認識客戶控管，並申請幣安 Visa 金融卡，該卡可在世界任何地方將加密貨幣轉換為法幣。中國大陸用戶還可以在淘寶買到地址證明。

多年來，幣安不斷改進其洗錢防制要求和合規系統，其註冊認證流程已是業界最為嚴格之一。公司也有意擴大媒體影響力。例如在 2022 年 2 月，幣安宣布對《富比士》進行 2 億美元的戰略投資，幣安還在伊隆·馬斯克 440 億美元收購推特（Twitter）的交易中投資了 5 億美元。

隨著時間的推移，越來越多的加密貨幣交易所或失敗、或被駭客攻擊，幣安則獲得更多用戶青睞。交易所推出了積極的聯盟行銷計畫，付費的意見領袖可以終生從招募用戶的交易佣金中獲得高達 50 %的返傭。相比之下，Kraken 的返傭只有 20%，而 Coinbase 只在最初三個月有 50%的返傭。但如果想要持續返傭，意見領袖每季必須招募至少 10 名新用戶，而新用戶需要達到一定的交易量。

2019 年 10 月 21 日的一條推特（現名為 X）顯示，幣安的頭號意見領袖，在計畫推出的兩年間賺取了 1,146 枚比特幣，排名第二和第三的意見領袖分別賺了 643 和 573 枚比特幣。[298]2022 年，幣安的頭號意見領袖[299]是法國企業家歐文·西蒙寧（Owen Simonin），以「Hasheur」一名為人所知，他擁有超過 37 萬推特粉絲；[300] 來自印度的拉維·朗將·辛（Ravi Ranjan Singh）擁有 18 萬 YouTube 訂閱者；[301] 來自科威特的 Q8Three，擁有超過 9.2 萬推特粉絲[302]；來自尼日利亞的斐沙西·佛蘇多（Fisayo Fosudo），擁有 46.7 萬名 YouTube 訂閱人數；[303] 來自土耳其的奇凡·歐茲比吉（Kıvanç Özbilgiç），擁有超過 26.1 萬推特粉絲；[304] 來自葡萄牙的戴維德·貴德（Deivide Guedes）擁有 13.3 萬 YouTube 訂閱人數。[305]

幣安也採取了積極的市場占有率策略。時值加密貨幣熊市，幣安自 2022 年 7 月 8 日起展開比特幣交易零手續費的活動。該公司在 2023 年 3 月 22 日活動停止前，市占率從 50.5%增加到 72%。然而僅僅五天後，幣安就被美國商品期貨交易委員會起訴，因其在美國境外開展活動以規避監管，例如蓄意創建幣安實體來逃避合規要求。[306] 民事起訴書稱，幣安採取了一系列精心策劃的方式，透過指導員工和用戶規避合規制度來最大化利潤，但合規制度卻是防止和偵查恐怖主義融資和洗錢的必要條件。

同時，2023 年 2 月，美國證券交易委員會向區塊鏈公司 Paxos 發出了威爾斯通知（Wells notice，可能採取執法行動的通知），命令其停止發行幣安穩定幣 BUSD，因為它屬於未經註冊的證券。[307] 幣安和 Paxos 於 2019 年合作推出 BUSD，代幣由 Paxos 所有，幣安只是獲得使用該穩定幣的品牌授權。幣安於 1 月 24 日承認自己誤將用戶資金與 BUSD 代幣抵押品混合，隨後宣布從 2 月 8 日起暫停美元銀行轉帳。[308]

◎ QuadrigaCX：消失的 1.9 億美元（2013 至 2019 年）

QuadrigaCX 曾是加拿大最大的加密貨幣交易所，由傑拉德·科頓（Gerald Cotton）和麥可·帕特林（Michael Patryn）於 2013 年 11 月創立。科頓是加密貨幣早期傳播人士，於 2013 年加入溫哥華比特幣集團（Vancouver Bitcoin group），而帕特林實際上則是與線上身分盜竊集團（Shadowcrew.com）有關聯的奧馬爾·達納尼（Omar Dhanani）。達納尼於 2004 年 10 月被判處身分盜竊罪，在美國聯邦監獄服刑了 18 個月。

帕特林於 2008 年 4 月推出數位貨幣交易網站大富翁黃金交易所（Midas Gold Exchange，即 M-Gold），並於 2011 年 6 月開始接收比特幣。他透過西聯匯款（Western Union）為用戶提供電子洗錢服務，收取的手續費為交易額的一成，並透過早期中心化數位貨幣數位黃金（e-gold）帳戶過濾交易。

自由儲備銀行（Liberty Reserve）是一家位於哥斯大黎加的中心化數位貨幣支付服務公司，由亞瑟·布多夫斯基（Arthur Budovsky）和弗拉基米爾·愷茨（Vladimir Kats）創立。自由儲備銀行是「犯罪者的 PayPal」，[309] 在 2013 年 5 月被美國政府關閉前的用戶量達 550 萬。當時公司處理超 60 億美元的資金，其中大部分位於美國。[310]

要在自由儲備銀行入金，用戶必須透過 M-Gold 等第三方交易所。事實上，自由儲備銀行按交易量排名前 500 個帳戶中，約有 342 個與 M-Gold 相關。科頓的電子郵件與帕特林相連，這表示他們一直透過 M-Gold 與自由儲備銀行合作。

在自由儲備銀行關閉後的一個月內，帕特林和科頓在溫哥華推出了 QuadrigaCX。但 2016 年交易所的交易量劇減，所有董事都辭職。雖然科頓留了下來，但 QuadrigaCX 沒有其他員工、辦公室或銀行帳戶。該交易所在 2017 年比特幣上漲期間復甦，當時幣價從 1 千美元上漲到近 2 萬美元，交易所的交易量約為 12 億美元。然而，當 2018 年比特幣價格下跌時，想要提幣的用戶經歷了漫長的等待。

Quadriga 是透過科頓家裡的加密筆記型電腦運作的，沒有正式的會計系統，也沒有銀行帳戶，而是與外部支付處理公司合作。合作的一些公司後來被美國證券交易委員會和其他監管機構起訴，其中一家是麥可·加斯塔爾（Michael Gastauer）經營的 WB21。加斯塔爾因一起 1.65 億美元的詐欺案而被美國證券交易委員會點名。另一家是加密資本公司（Crypto Capital Corporation，即 CCC），該公司在 2018 年的 Bitfinex 的資金遺失事件中虧損了 8.5 億美元。

2019 年 1 月中旬，Quadriga 宣布科頓去世。據科頓的新婚妻子珍妮佛·羅伯森（Jennifer Robertson）說，他是 12 月 9 日在印度旅行時去世的，齋浦爾市政當局於 12 月 10 日簽發了死亡證明。科頓在 11 月 27 日簽署的遺囑裡，將全部價值 800 萬美元的遺產留給羅伯森，並任命她為受託人。

1 月 28 日，Quadriga 進行離線「維護」。沒人知道如何進入交易所的儲備金或錢包。Quadriga 擁有 36.3 萬名註冊用戶，以及 1.9 億美元的用戶資金。這些資產都保存在 Quadriga 筆記型電腦上的冷錢包中，只有科頓擁有存取權限。羅伯森表示她沒有存取密碼，冷錢包也沒有能洩露交易所儲備私鑰的「失能開關」。據安永會計師事務所稱，Quadriga 的錢包從四月開始就已經空空如也了。[311]

有人指控科頓假死，用戶表示在他死前幾個月，就無法從 Quadriga 提取資金。[312]2019 年有人揭露稱，科頓將數百萬美元的加密貨幣從用戶帳戶轉到了其它加密貨幣交易所，用以資助大規模的加密貨幣交易。科頓用化名在加密貨幣交易中虧損了 1.15 億美元，在外部交易所又損失了 2,800 萬美元。他還在日常生活中花費了 2,400 萬美元，用於購買房地產、汽車和其他個人物品。[313] 從印度運回加拿大埋葬的過程中，科頓的屍體從未被確認。

2020 年 6 月，安大略省證券委員會（Ontario Securities Commission）正式總結，Quadriga 屬詐欺和龐氏騙局。[314] 調查人員發現，騙局中活躍的帕特林和科頓，很可能是透過 TalkGold 結識的。TalkGold 曾在 2013 年風靡一時，是個推廣龐氏騙局的高收益投資計畫論壇。兩人也活躍在黑帽世界（BlackHatWorld），這是一個討論行銷策略的論壇，例如可以付費請人在社群媒體上推廣產品。

截至目前，還沒有證據顯示科頓假死。然而 Quadriga 一直與可疑的外部支付服務商合作，而 Quadriga 錢包的金鑰也從未被發現。考量帕特林的盜竊背景，一切依舊疑點重重。

「比特幣是最偉大的社交網路」

（泰勒・溫克萊沃斯，雙子星交易所）

在 2018 年熊市期間的各種醜聞之後，加密貨幣在 2019 年 4 月 1 日突然開始反彈。愚人節當日的一篇文章稱，美國證券交易委員會在上周末召開緊急會議後，即將批准期待已久的比特幣指數股票型基金（ETF）。根據文章，Bitwise Asset Management 和范達投資（VanEck）將在下個月推出比特幣指數股票型基金。

交易員和記者開始爭相尋找比特幣突然飆升的原因。有些人聲稱，一個價值 1 億美元的訂單導致比特幣勢頭突然增強，而另一些人則認為，Bitfinex 上的許多空單已經平倉。一些具前瞻性的交易人也指出，下一次比特幣減半將在 2020 年 5 月進行。為了驗證和維護比特幣區塊鏈，比特幣礦工每產生一個區塊就會獲得固定的比特幣獎勵。這些獎勵每四年減半一次，比特幣價格往往在減半臨近時上漲。

中本聰的想法是每 21 萬個區塊減少 50％ 的區塊獎勵，以控制通貨膨漲。第一次減半時，比特幣只有 11 美元，2012 年 11 月，世界各地首次舉辦了非官方的減半聚會。一年後，比特幣升至 1,100 美元，價格可比一盎司的黃金。

2017 年 3 月，美國證券交易委員會拒絕了加密貨幣公司雙子星（Gemini）的比特幣 ETF 申請，聲稱比特幣基礎市場仍然「過於操縱、波動且難以監控」。[315] 自從溫克萊沃斯兄弟於 2013 年 7 月 1 日提交第一份比特幣 ETF 申請以來，美國證券交易委員會拒絕了所有與實體比特幣掛鉤的 ETF 提案。

溫克萊沃斯兄弟在 2012 年對 Facebook 的訴訟中贏得了 6,500 萬美元的和解費,並於 2013 年主導了 BitInstant 的一輪投資。同年 11 月,他們也用 1,100 萬美元買了 10 萬枚比特幣,占所有流通比特幣的 1%,當時幣價僅 120 美元。2017 年,這對雙胞胎成為首位知名的比特幣億萬富翁。他們在 2015 年推出了加密貨幣交易所雙子星,並於 NFT 市場爆發的兩年前,也就是 2019 年收購了 NFT 交易市場 Nifty Gateway。[316]

2017 年 12 月,卡梅倫・溫克萊沃斯(Cameron Winklevoss)預測比特幣將成為價值數萬億美元的資產。他將比特幣 3,000 億美元的市值與黃金 6 兆美元的市值進行比較,並證明幣價上漲 20 倍的合理性,得出比特幣是「黃金 2.0」的結論。[317] 到了 2018 年 12 月,比特幣已從歷史最高點下跌了 80%,但溫克萊沃斯兄弟鼓勵投資者「忽視加密寒冬」。[318]

2019 年初,幣安舉辦了多次首次交易所發行(IEO),即由加密貨幣交易所審核和執行首次代幣發行。這些 IEO 在幾秒鐘內就被搶購一空,顯示市場情緒樂觀。在 4 月份,比特幣給出了高達 28% 的驚人回報率。

2019 年的 IEO 共籌集了 17 億美元,僅 Bitfinex 的母公司 iFinex 在 5 月就為自己發行的 LEO 代幣籌集了 10 億美元。LEO 代幣是 Bitfinex 在美國當局從 Crypto Capital Corporation(CCC)扣押資金時推出的,Bitfinex 與銀行關係惡化後,把大部分資金都放在了 CCC。iFinex 承諾將每月綜合總收入的 27% 用於回購和「銷毀」LEO 代幣。Bitfinex 還承諾,將使用 CCC 收回資金的 95%,並將 2016 年駭客攻擊中恢復的八成資金用於回購 LEO 代幣。然而,截至 2022 年 10 月,iFinex 僅回購並銷毀了 LEO 總供應量的 7%。

截至 2020 年 4 月,前 15 名的 IEO 中只有 4 家獲得了正回報,投資者的平均損失高達 53%。IEO 比較像是公共關係和行銷工具,而非募資手段。籌集的大部分資金(有時占達 85%)都用於行銷和做市活動以支撐代幣價格。

◎ 阿拉米達知名度提升（2019 年）

透過研究 BitMEX 的訂單簿並監控強平（強制平倉、清算）期間的變化，阿拉米達研究的交易員養成了直覺，能感受到大量強平發生時，市場將受到怎樣的影響。阿拉米達利用未平倉合約和永續合約資金費率的溢價／折價的組合訊號，建立了能夠預測清算的模型。

2019 年春季，阿拉米達需要為其加密貨幣交易所 FTX 吸引交易量。公司發現可以放棄匿名性以達到行銷目的。[319] 阿拉米達的首批交易之一是買入萊特幣，並在美國的 Coinbase 交易所以溢價 30％的價格賣出。

BitMEX 發布了最佳交易者排行榜，兩個阿拉米達帳戶的終身利潤名列前 10，累計收入超過 6,000 萬美元。BitMEX 只展示了贏家，而 Bitfinex 則同時公布輸家。2020 年 2 月 27 日，人人比特的趙東在推特上詢問 SBF 是否挪用了 FTX 用戶的資金做交易，原因是 SBF 在 Bitfinex 上的帳戶顯示虧損 1,400 萬美元，是排名第二的交易者虧損額的兩倍。[320]SBF 回應稱，這是一個獨立的部位，也是「對其它空頭訂單的對沖」。有交易人注意到，SBF 在 BitMEX 上做空，同時在 Bitfinex 上做多。他是在不同交易所的排行榜上博弈。

2023 年，趙東因非法經營罪和外匯交易罪被判處七年有期徒刑。[321] 趙東與其他人合創並運營「天天向上」平台，該平台聚集了 37 萬多個帳戶，用於收集和轉移來自海外賭博網站的泰達幣（USDT）以及「殺豬盤」騙局（通常與網絡約會、社群媒體和加密貨幣有關的詐騙，在東南亞非常普遍）的資金。「天天向上」被指控為 5 億美元的非法支付活動開方便門，平台還在杜拜收集法幣迪拉姆（dirhams，即 AED）將其兌換成 USDT，然後發送到中國，再兌換成人民幣。中國檢察官認定這屬於非法的外幣交易。

◎ 阿拉米達推出 FTX 加密貨幣交易所（2019 年）

2019 年 4 月，阿拉米達正為自己的加密貨幣交易所 FTX 準備 ICO。一些市場參與人士對此表示懷疑，因為就在幾個月前，阿拉米達還試圖透過提供年化 15％甚至 20％的無鎖倉固定利率貸款來籌集資金。加密貨幣對沖基金三箭資本（Three Arrows Capital, 即 3AC）的朱溯（Su Zhu）表示，阿拉米達「即使利率超過兩成，也找不到願意借錢的大傻瓜」。阿拉米達因此萌生了「BitMEX 競賽」的想法，以籌集交易資金。朱溯也譴責市場未能及早發現騙局，因為「排除風險」的投資回報高於「揭露騙局」。[322]

根據 2019 年 4 月 10 日的非正式條款，FTX 為 ICO 發行了 3.5 億枚 FTT 代幣。與幣安的 BNB 代幣一樣，FTT 代幣將成為交易所生態系統的支柱。在鑄造的 3.5 億枚代幣中，50％作為公司代幣分配給 FTX，並約定三年內「解鎖」（即可供交易）。ICO 期間售出的 7,300 萬枚 FTT 代幣在一到三個月後解鎖。在定期解鎖期間，SBF 指示卡洛琳・艾里森提振 FTT 的幣價，他擔心早期投資人會獲利了結。[323]FTT 代幣最早最低的發行價格為 0.1 美元，這意味著 FTX 交易所的市值為 3,500 萬美元。為了製造 FOMO（錯失恐懼症）情緒，後續批次的代幣都以更高價格出售，這進一步推高了代幣的市值。

FTX 衍生性商品交易所原計畫於 2019 年 4 月 15 日推出，網址為 ftexchange.com。經過四個月的編碼，它在五月正式推出，後來更名為 ftx.com。FTX 主打低交易手續費以及使用現金作代幣抵押品的業務。

在 2019 年 6 月 25 日發布的 FTX 代幣白皮書中，FTX 表示將提供期貨合約、槓桿代幣和場外交易服務。[324] 當時平台的日均交易量已達 1 億美元，場外交易量達 3,000 萬美元。其附屬交易公司阿拉米達是 FTX 交易量和流動性的主要來源。根據白皮書，阿拉米達管理 1 億美元資金，同時資助著 FTX。白皮書中並沒有提及兩家公司之間的其他連結。阿拉米達聲稱其每日交易量在 6 億至 10 億美元之間，占全球加密貨幣交易量的 5％。阿拉米達的巨額交易量能傳遞給 FTX，為其吸引風險投資者，並賣出 FTT 代幣。

隨後，BMA 公司（Bitcoin Manipulation Abatement LLC）起訴 FTX，指控 FTX 組織非法代幣銷售，理由是 FTT 代幣是一種未經美國證券交易委員會事先批准就向美國公民出售的證券產品。[325]BMA 在訴訟中稱，代幣銷售的單價為 0.16

美元，遠低於首次發行 5,000 萬枚 FTT 代幣時 0.8 美元的公開銷售價格。BMA 也認為，私募發行的豁免條款不適用於此次銷售，因為它針對的是「有計畫且確實轉售」代幣的美國投資者。

證券代幣發行的揭露和行銷要求與商品不同，後者的監管更為寬鬆。從監管角度來看，這是一個持續存在的問題。2022 年 7 月，美國證券交易委員會將九種代幣歸類為證券，其中就包括瑞波公司的原生代幣瑞波幣（XRP）。在 BMA 案件中，法院最終駁回了訴訟，但 SBF 形式上已從阿拉米達辭職，並專注於 FTX。

BMA 計算得知，FTT 代幣銷售募集了 1,500 萬美元，購買代幣的美國實體和個人包括 Proof of Capital、克里斯·麥肯（Chris McCann）、楊珮珊（Edith Yeung）、共識實驗室（Consensus Lab）、FBG 和 Galois Capital。Galois 是一家總部位於舊金山的加密對沖基金，由凱文·周（Kevin Zhou）於 2018 年創立。周曾在 2015 年停業的美國交易所 Buttercoin 工作過。後來，他成為了 Kraken 的交易長，Google 風投（Google Ventures）和 Y Combinator 都投資該交易所。

周回憶說，Buttercoin 的比特幣買賣價差有時高達 1%，平台只要為 10 萬美元的交易匹配買入和賣出訂單，便能立即賺取 1,000 美元的利潤。隨著時間推移和市場成熟，價差收斂，兩年後的價差僅 40 個基點（但跟傳統市場比起來仍然很高）。

雖然 Galois 最初的資產管理規模（AUM）相對小，但 2020 年 4 月增至 2,000 萬美元，並在 2021 年 4 月躍升至 3,500 萬美元。此時該基金的交易量已增加到 14 億美元，高於 2018 年的 6.71 億美元。這意味著公司大約每十天就能完成一次資金周轉。

Galois 以高頻率交易為其主要交易策略。儘管這是一家專注於量化的對沖基金，但周承認，如機器學習這樣複雜的交易模型和技術，在加密貨幣市場效果往往會大打折扣。[326]

該基金主要提供流動性，以及根據報價匹配資產。這表示訂單的持倉時間不會超過 30 秒。加密貨幣交易所通常都會向流動性提供者付費，以增加交易量，有時還會實施負費率以鼓勵交易量。高交易量吸引散戶交易者和風險資本，以及資助交易所發展計畫的其他投資人。

Galois 於 2019 年 4 月以 0.1 美元的價格購買了 FTT 代幣。周認為加密對沖基金的贖回對市場的影響較小，他預計 2019 年第二季的幣價將觸底。FTT 代幣於 2019 年 5 月 8 日推出，交易價格迅速升至 1.2 美元。當價格在 0.8 至 1.94 美元時，Galois 迅速平了大部分倉位。2021 年，FTT 飆升至約 61 美元，並於 2021 年 9 月 9 日觸及 85 美元的歷史新高。[327]

儘管 Galois 準確預測到 Luna 會在 2022 年崩潰，但那一年末 FTX 的倒閉打了 Galois 一個措手不及。其一半資產滯留在這個破產的加密貨幣交易所，預計需要數年時間才能恢復。[328] 當時該基金管理的資金已從 2 億美元降至約 800 萬美元。周最終關閉了基金，他沒有嘗試透過漫長的法律程序從 FTX 收回資金，而是以約 1.6 折的價格出售了債權人債權。[329]

◎ FTX 自稱提供優越的風險清算系統

FTX 稱自己重建了風險管理方法，降低清算期間發生收益追回的可能性。FTX 的清算系統能透過限價清算、獨特流動性備援供應商（backstop liquidity provider，即 BLP）和 FTX 安定基金的槓桿作用來優化平倉機制，防止用戶損失。所有這些功能都是為了避免投資人分擔虧損。

FTX 也採用了聚合式投資組合保證金，平台可以評估使用者在一個帳戶內的總槓桿風險。只要帳戶擁有任意可以用作抵押品的加密貨幣，用戶便可持有保證金部位。與 BitMEX 的期貨合約相反，FTX 的期貨合約是非反向的，更容易讓交易者理解。

FTX 承諾，交易所產生的所有費用的三分之一將用於 FTT 代幣回購，回購後隨即銷毀，以限制代幣的總流通量。這項策略旨在對 FTT 代幣價格上漲造成壓力，從而減少未來代幣的通膨壓力，增加代幣升值潛力，並鼓勵代幣持有者在 FTX 交易量不斷增加的情況下持有代幣。

◎ FTX 清算引擎的運作原理

由於沒有最低資本要求，也沒有清算公司在交易所和用戶之間擔保順利結算，加密貨幣交易所的資本實力普遍很差，一旦出現違約就無法保證有序結算。2021 年 9 月 7 日的一次市場暴跌，就造成 35 億美元的加密貨幣衍生品合約在短短一小時內被清算，而導火線是資金費率在情緒過度看漲時飆升，持有多頭部位的成本激增。

當時的 FTX 已是首屈一指的交易所，其競爭對手 Bybit 和火幣的清算額分別為 12 億美元和 9 億美元，而 FTX 的清算總額僅為 1.23 億美元。[330] 雖然 FTX 的市場交易價格已經低於用戶的停損線，但用戶訂單卻沒有被強平。交易所的清算引擎似乎不起作用，一些交易者認為這是一個危險信號。

FTX 將其較低的清算額歸於使用了「流動性備援供應商」（BLP）的「特殊流程」。[331] 在清算期間，交易所可以透過演算法執行交易，或將部位移交給願意提供流動性的做市商，從而轉換為對手方的身分。阿拉米達是 FTX 的主要流動性提供者，因此很可能持有這些部位。

9 月 8 日，也就是暴跌後的第二天，用戶開始抱怨 FTX 提現流程緩慢，交易所推出了收益率為 25％的美元借貸產品（穩定幣 USDT 的收益率為 20％）。FTX 似乎需要資金來處理平台的提款需求，[332] 同時提供超高利率吸引更多存款。一些交易者認為，平台正在透過承擔清算風險吸引更多的交易者。

BitMEX 和 Bybit 等交易所常因滾雪球般的連續清算而備受譴責。加密貨幣交易所一般都有自己的交易平台和團隊，用於製造市場波動和及時清算用戶帳戶。但 FTX 聲稱自己採用的是限價單，而非與價格和交易量都毫不相關的市價訂單，可以將用戶部位以相對優惠的價格清算。

阿拉米達等公司是 FTX 的流動性備援供應商（BLP），在槓桿部位被清算前就吸收這些部位。流動性備援供應商同樣是交易所客戶，負責在市場劇烈波動時接管其它用戶的部位，並收取一定費用。但如果交易所沒有清算用戶部位，則是將風險內部化。如果價格繼續下跌並跳空低開，交易所在一次流動性緊縮中就可能破產。

當市場價格在清算期間意外變動時，就會存在差距風險（gap risk）。FTX 用戶條款規定，如果槓桿用戶破產且備用流動性資金不足時，剩餘資金將從所有未實現利潤為正的部位中提取。但無論如何，FTX 都不想重蹈 2018 年 OKEx 的覆轍——因均化交易損失而失去了市場占有率。

2018 年 7 月 31 日，OKEx 曾因一名用戶拒絕平倉或追加保證金導致損失均化。該用戶在 BTC 期貨合約持有 4 億美元的巨額多頭部位。OKEx 注入了 2,500 枚比特幣，約合 1,800 萬美元作為安定基金。但如果安定基金還不夠彌補全部損失，那麼所有空頭部位的投資者就必須彌補虧空，最後出現了 880 萬美元的回補。根據 OKEx 的說法，這筆錢「由所有獲利交易者的已實現和未實現收益按比例分配」。[333] 這讓很多交易者憤而投入其它交易所懷抱。

◎ FTX 推出奇異衍生品（2019 年）

FTX 能迅速上架其它平台流通的代幣合約產品。這也吸引了許多新推出的協定項目，這些項目積極送代幣給 FTX 或阿拉米達，以換取代幣在 FTX 上市，或阿拉米達為代幣提供流動性的機會。這也代表當代幣價格上漲時，FTX 不費吹灰之力就能做無本生意。

交易所有雞生蛋蛋生雞的問題。沒有流動性就沒有散戶，沒有散戶就沒有流動性。因此，為了吸引散戶，交易所付費聘請做市商。結果是相對於整個加密貨幣產業的市值，交易量過度增加。

2019 年 9 月 13 日 FTX 推出了一系列槓桿代幣，可以「讓交易者有效利用資金」。[334] 這種奇異衍生品（exotic derivatives）無需保證金或借款就能使用槓桿投資特定幣種。然而事實上，代幣從未真正達到相應的槓桿率，而且 FTX 在推出這些代幣時並未讓專業做市商全天候更新價格。交易所僅在每天世界協調時間 00：02 重新平衡一次價格。平衡價格的方式是，由 FTX 向相應的永續合約注入資金，即可重新錨定槓桿代幣。例如，如果 TRON（TRX）上漲了 5％，但 TRX 三倍槓桿代幣僅上漲了 7％，FTX 會將代幣價格推高 8％，以與預期 15％的漲幅保持一致。

幣價再平衡需要十分鐘，而且由於衍生性商品的槓桿率往往低於預期，這個過程幾乎總是有利於槓桿代幣的持有者。找出偏離實際槓桿率的代幣也很容易。槓桿代幣背後的公司是位於安地卡島的 LT Baskets Ltd.，現與 FTX 一樣申請了破產保護。[335]

◎ 繼續推出更多的奇異衍生品（2019 年）

FTX 發明了 MOVE 合約，它表示代幣在一段時間內移動金額的絕對值。例如，如果比特幣的每日價格範圍從當天開始到結束為 125 美元，則無論比特幣上漲或下跌，BTC-MOVE 合約都將以 125 美元的價格交割。這種合約是一種被稱為「跨式選擇權」的策略，其執行價格等於到期日第一個小時和最後一個小時的時間加權平均價格（TWAP）。

為 FTX 提供流動性的阿拉米達以窄幅差價為大量的 MOVE 合約報價，試圖吸引交易人的興趣。通常，交易執行後價格將不再變動，因為平台沒有監控所有合約的人力，其系統的自動化程度也較低。這意味資深交易者能利用奇異衍生性商品與市場價格的差值對 FTX 進行套利。

FTX 還有選擇權詢價（request for quote，RFQ）產品，其流暢度和更新程度較低。交易者可以針對其它交易所進行選擇權套利，例如巴拿馬的 Deribit 衍生性商品交易所，該交易所處理 90% 的加密貨幣選擇權交易。

FTX 為做市商提供了極優惠的獎勵措施以增加流動性，包括較低的交易費用、達到一定交易量的月度回饋。一些做市商甚至能藉由提供流動性獲得高達 25,000 美元的報酬。因此，即使阿拉米達藉做市獲利，但為了在 FTX 吸引用戶的開銷也不小，久而久之可能會造成交易所無法挽回的損失。

◎ 阿拉米達和 FTX 被指控涉嫌市場操縱（2019 年）

2019 年 11 月 2 日，FTX Trading Limited、阿拉米達研究、SBF、王子肖、安迪．克羅根（Andy Croghan）、康絲坦絲．王（Constance Wang）、戴倫．王（Darren Wong）和卡洛琳．艾里森受到加州 BMA 公司的訴訟，指控他們操縱比特幣現貨和衍生性商品市場。他們被控非法獲利，且挪用多間加密貨幣交易商共 1.5 億美元。[336]

阿拉米達團隊被指控在 2019 年 9 月 15 日，以市價在兩分鐘內拋售 255 枚比特幣，價值約 260 萬美元。據稱，其目的是人為壓低幣價，觸發連續清算，並引發幣安的用戶資產安全基金（Secure Asset Fund for Users，即 SAFU）。SAFU 是幣安於 2018 年 7 月設立的緊急安定基金，幣安將一定比例的交易費收入投入其中，幫助基金成長，以保護用戶資金的安全。阿拉米達團隊也被指控，選擇在美國東部時間周日晚間 9：00 進行拋售是為了盡量擴大影響的程度，因為這個時間段的市場流動性最低。那時幣安剛推出永續合約交易，流動性還很弱。

這些交易被幣安的市場監控團隊捕獲，同天，幣安執行長趙長鵬在社交媒體上證實價格操縱這件事，並表示「一間（與幣安）交易且幾個月前建立了期貨合約交易所的知名帳戶」曾試圖「攻擊」幣安平台。[337] 幣安使用多項參考價格所組成的指數清算用戶，而非僅依賴某家交易所，以避免在短時間受到價格操縱的影響。因此，要觸發幣安的清算，阿拉米達團隊需要影響多家交易所的價格，而不僅僅是幣安。

◎ 幣安投資 FTT 代幣（2019 年）

幣安和 FTX 之間透過電話解決了關於阿拉米達的問題。阿拉米達聲稱，拋售交易是因為自己的演算法出現了問題。三個月後，也就是 2019 年 12 月，幣安購買了 FTX 5％的股份，並成為 FTT 代幣的長期持有者。交換條件是 FTX 將幫助幣安開發產品和 OTC 業務。9 月，幣安收購了塞席爾註冊的期貨和選擇權交易所 JEX，以增添衍生性商品產品。

儘管幣安成長迅速，但 BitMEX 在 2020 年初依舊是最大的加密貨幣交易所之一。FTX 在 2019 年 8 月 6 日的官方種子輪融資中收到 800 萬美元用於業務發展，但其規模仍然相對較小。因此，許多交易者懷疑 FTX 清算引擎並沒有真正起作用，其衍生性商品定價很容易被套利，為阿拉米達帶來虧損。但到了 2022 年初，所有人都認為 FTX 已經躋身一流交易所之列。

「今日之瘋狂理論：
⋯問題不存在」

（山姆・班克曼－弗里德，FTX）

　　2020 年 3 月 12 日新冠疫情時期暴跌的期間，比特幣價格在幾小時內下跌了 50％。此次下跌是比特幣史上最大的跌幅。由於價格劇烈波動，加密圈稱這一天為「黑色星期四」，與 1987 年 10 月 19 日股市崩盤的「黑色星期一」同名，當時市場單日暴跌 20％。

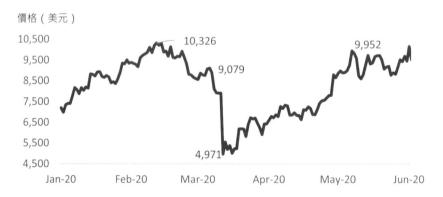

圖 12：黑色星期四市場恐慌時期，比特幣價格暴跌
　　　資料來源：作者提供

1987 年股市崩盤後，大多數主要證券交易所都設立了熔斷機制，即暫時停止交易以抑制恐慌性拋售。美股設有三種熔斷機制，當標準普爾 500 指數（S&P 500）這項基準指數下跌 7％和 13％時，交易將暫停 15 分鐘；或當價格較前一收盤日價下跌 20％時，交易也將暫停。

熔斷後市場再次大幅下跌的情況很少見。第二次重大事件發生在 2010 年 5 月 6 日，當時市場閃崩，導致交易下跌 7％後暫停了 15 分鐘。當股市重新開始交易時，標準普爾 500 指數迅速上漲並出現 V 形反彈。恐慌減倉的交易者遭受了巨大損失，對價格下跌沒做反應的交易者則沒有受到影響。之後在 2020 年 3 月，當股市因新冠病毒的來襲而崩潰時，熔斷機制在四個不同的日子被觸發：3 月 9 日、12 日、16 日和 18 日。

雖然比特幣價格在 2020 年 3 月 12 日下跌了 50％，但一些小型山寨幣的價格的跌幅達 70％。事實上，比特幣在這一天發生了兩次大幅下跌。第一次是在一小時內下跌了 23％，第二次是在三小時內下跌了 33％。

◎ BitMEX 在黑色星期四遭受 DDoS 攻擊（2020 年）

BitMEX 是當時最大的加密貨幣交易所，每天處理數十億美元的交易。該交易所得清算引擎失控，導致了整個加密貨幣行業價格暴跌的連鎖反應。交易者們在 BitMEX 上持有 28 萬枚比特幣，後來補充了 4 萬枚比特幣的保證金，以避免被清算。由於交易量龐大，BitMEX 上的永續合約對其它交易所的比特幣價格發現（price discovery）至關重要。

在比特幣二次下跌期間，BitMEX 遭受了針對性的 DDoS（分散式阻斷服務）攻擊，導致交易無法進行。BitMEX 受到「攻擊」並停止清算引擎後，比特幣價格從 3,900 美元飆升至 5,300 美元。這證明了 BitMEX 對比特幣價格發現的重要性，以及加密貨幣市場如何受到單間交易所左右。用戶在清算引擎接管部位後無法存取自己的交易帳戶。

在比特幣兩次下跌期間，價值 10 億美元的永續合約被清算。BitMEX 提供槓桿交易，任何交易者的損失都不會超過其保證金。如果部位接近清算標準，

自動化系統將接管訂單並以有利的價格清算部位。成交訂單與剩餘保證金之間的差額將計入安定基金。如果部位的清算額低於用戶的保證金，那麼安定基金將扣掉這筆金額，彌補交易所。BitMEX 的安定基金當時約 3 萬枚比特幣，價值 1.5 億美元。[338]

許多人猜測，BitMEX 關閉交易是為了防止安定基金不足時，自動清算更多多頭單的惡性循環。[339] 這會為交易所帶來破產風險。

在暴跌期間，隨著做市商撤回流動性，買賣價差大幅擴大，更有可能引發連續清算。在波動時期，一些做市商擔心蒙受巨額損失，會停止提供流動性，以至於買賣價差連續幾天都較大。當做市商接管部位時，他們投機於價格的均值回歸。因此，當價格一直單邊發展時，他們的部位就會遭受巨大損失。因此，只有資金充足的做市商才能度過這些時期。

市場 50％的跌幅就會清空所有的多頭部位以及借款人的抵押品。許多交易員和加密貨幣公司使用 BitMEX 期貨合約對沖現貨部位，其他人則做空 BitMEX 期貨合約以期從下跌行情獲利。但隨著交易所下線，交易者無法對沖或關閉部位，導致用戶的盈虧預期出現巨大偏差。BitMEX 的自營交易平台很可能從清算引擎接管了大量交易，如果價格繼續下跌，當日的帳面損失可能達到數億美元。

BitMEX 下線，幣安成為最大的加密貨幣交易所。有人認為 BitMEX 並沒有遭受 DDoS 攻擊，而是關閉了清算引擎。這被許多交易者視為不公，並在事發後離開了 BitMEX，交易所 40％的比特幣被撤走，幣安的市場占有率因而提升。在黑色星期四之後，幣安的市場占有率從 10％上升到 25％以上。三箭資本執行長朱溯表示：「在 BitMEX 的清算引擎自動清算了交易者的期貨合約之後，交易者開始對抗清算引擎的運作方式，並開始尋找替代方案。」[340]

到 2020 年 3 月底，民眾越來越期望全球政府採取財政和貨幣刺激措施以緩衝新冠危機的影響，這讓股票和加密貨幣價格回升。各國政府提供刺激經濟的貸款以支持國民和企業。美國的貨幣供給量呈指數級成長，在新冠疫情爆發後的短短兩年內，印製的美元數量相當於曾所印製的美元總量的四成。各國政府繞過央行創造流動性，發放貸款保證以因應經濟衰退。暴跌結束後的回升讓市場呈現 V 型反彈的態勢。

市場暴跌時期，加密貨幣價格劇烈波動。由於流動性不足，跨交易所價差會不可預料地擴大，因此，加密市場做市商要求非清算條款。由於大家普遍認為市場的劇烈波動是暫時性的，加密貨幣的出借人和借款人協商好不互相追加保證金。停損訊號被忽視，因為這些訊號可能觸發連續清算。沒人預料單日30％跌幅，也沒有人願意打壞業務關係，或害他人破產。令人驚訝的是，2020年3月之後，沒有大型交易所或交易公司倒閉。人們正面看待加密貨幣交易所能透過清算引擎管理槓桿敞口，不至爆倉。

黑色星期四之後，每日交易量達 57 億美元的火幣交易所對旗下所有衍生品產品進行了強平熔斷。但其清算引擎並未停止交易，反而「幫助用戶對沖清算風險，提供部分清算並逐漸減少部位，而不是在一次事件中全部清算」。[341] 火幣的新清算引擎似乎與 FTX 類似。

◎ 黑色星期四之後，穩定幣爆發式成長（2020 年）

在市場暴跌時，投資人只有兩種選擇來保護自己的資產：在 BitMEX 等衍生性商品交易所做空期貨合約，或將其加密貨幣部位轉換成穩定幣。對某些人來說，將資金從加密貨幣轉移到法幣的成本很高，而對於沒有美元帳戶的人來說則難以做到。因此，2020 年 3 月的暴跌後，市場開始增加對穩定幣的需求。

隨著投資者開始追求穩定性，資金大量湧入穩定幣。Circle 的穩定幣為 USDC，其市值從 2020 年 2 到 3 月增長了 57％，而相較於比特幣，穩定幣的市值在 3 月的前兩周翻了一番，從 3.5％增加到 7.0％。USDC 主要在 Coinbase 上流通，但也開始用作 MakerDAO 和其他去中心化金融（DeFi）應用程式的抵押品。

除了以太幣和注意力代幣（Basic Attention Token，即 BAT），MakerDAO 決定添加 USDC 作為抵押品，原因是自己的穩定幣 DAI 的價值在 2020 年 3 月 12 日的匯率漲超過錨定匯率的水準。匯率的上漲由大規模 MakerDAO 抵押品清算引起。同時，以太坊上發行的泰達幣從 3 月 10 日的 6.6 億美元增加到 3 月 22 日的 37 億美元。泰達幣的市值在後來的兩年內升至 830 億美元，為加密貨幣價格的上漲增添了所需的流動性。

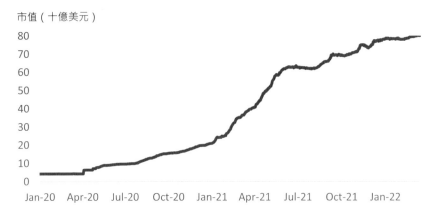

市值（十億美元）

圖 13：2020 年 3 月市場暴跌後 USDT 的市值呈現爆炸性成長

資料來源：作者提供

◎ 經濟刺激與封鎖期的投機（2020 年）

社交距離突然讓 DeFi 變得更具吸引力，人與人之間接觸的減少已逐漸成為常態。新冠危機引發了 2020 年的 DeFi 之夏，這種類似銀行發行的金融產品，在沒有中介機構的情況下變得非常受歡迎。同時，疫情的真相常常被掩蓋，人們對專家和機構的信任度降至最低。當時，點對點交易越來越受歡迎，大部分都透過以太坊網路進行。

美國政府宣布了三輪刺激措施，透過補貼政策支持美國經濟。符合資格的納稅人最多可獲得 1,200 美元的支票，而符合資格的 16 歲以下受扶養人每人可獲得 500 美元。第一批刺激支票已於 2020 年 4 月 11 至 12 日周末到帳。[342] 民眾對這些支票的預期心理，導致股票和加密貨幣價格開始上漲。

第二筆刺激支票於 2020 年 12 月 29 日至 2021 年 1 月 15 日期間發放，包括 600 美元以及針對有兒童家屬的額外補助。幾乎在一瞬間，零售迷因股出現爆炸性成長，破產的遊戲驛站公司（GameStop Corporation）的股票在幾天內上漲了 2,166％。這是一個街頭小人物向當權者挑戰的時代。[343] 加密貨幣在許多方面都體現了金融民主化的概念，這一理念也適用於這些「迷因股票」，因為押注

GameStop 破產的對沖基金被「YOLO」（you only live once，你只能活一次）的群眾心理所淹沒。這一切都變成一場遊戲了。

在 2021 年 1 月的遊戲驛站軋空事件中，加布里埃爾・普洛金（Gabriel Plotkin）的對沖基金梅爾文資本（Melvin Capital）虧損了 53％，相當於 68 億美元。遊戲驛站的股價在短短一周內從 50 美元漲至 350 美元[註]，因為小型散戶交易者們聯合起來，迫使做空股票的基金以巨額虧損回購股票。

普洛金曾任職肯・格里芬（Ken Griffin）的城堡對沖基金（Citadel）和史蒂夫・科恩（Steve Cohen）的 SAC 資本顧問（SAC Capital Advisors），是明星交易員。他被社交媒體平台 Reddit 及 Reddit 的華爾街賭場版（r/ WallStreetBets）使用者大軍淹沒，他們認為透過做空經濟並利用人們的失業獲利是一種不道德的行為。散戶聯合起來，買進遊戲驛站的短期買權。[344] 在此之前，普洛金一直是頂級的多空頭對沖基金經理人，甚至曾達到 67％的報酬率，其中大部分來自做空股票。但 2022 年 5 月，他宣布關閉自己的基金。華爾街賭場人群獲勝了。

免費的疫情紓困款項為每個人提供了額外的資金進行投機買賣。當時，「至死求富」風氣盛行。社群媒體網站上常見的「FOMO」現象加劇了投機熱潮。年輕人在 Instagram 上展示自己的財富，吸引更多的新人交易者，意見領袖開始推銷細價股和未知的加密項目。2021 年 11 月股市重返歷史高價，而加密貨幣市場在比特幣、以太幣和柴犬幣這樣的迷因幣的推動下，達到了三萬億美元的市值。

註：GameStop 股票於 2022 年 7 月 18 日拆股（4:1）。

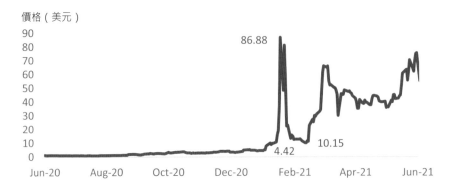

圖 14：2021 年遊戲驛站的股價在幾天內漲了 20 倍

資料來源：作者提供

　　同時，股市變成了一個模擬電玩遊戲，在 Robinhood 交易應用程式中，買股票像買彩券一樣。全球最大對沖基金英仕曼（Man Group）的董事總經理彼得·凡杜伊韋特（Peter van Dooijeweert）說；「感覺就像糖果傳奇（Candy Crush）遊戲。」[345]

　　社交活動受限的居家時期，人們在家就可以透過線上平台交易股票。投資人的風險承受力激增，股票買權交易量（押注價格上漲）從每天 1 千萬份的合約量增加了三倍至 3 千萬份。另一位看跌的對沖基金經理人羅素·克拉克（Russell Clark）也關閉了自己的基金。華爾街賭場人群再次獲勝。

　　當美國總統拜登於 2021 年 3 月 11 日簽署了 1.9 兆美元的美國救援計畫時，遊戲驛站的股價上漲了 130％，第三次政府救濟為符合條件的納稅人提供了高達 1,400 美元的支票。接連幾輪的刺激措施不僅提振了股市，也結合各國央行的寬鬆貨幣政策，以及社交隔離規則對重建金融體系的需求，而引發了下一次的加密貨幣牛市。

CH.4

第四次
加密貨幣牛市
2021 年

說明去中心化金融如何開始發展，以及新冠病毒來襲所引發的投機狂潮。儘管爭議纏身，幣安仍成功取代 BitMEX，一躍成為最大的加密貨幣交易所。阿拉米達和三箭資本這兩間加密貨幣交易公司也成為加密牛市中市值達數十億美元的要角。

「我知道我不是唯一」

（海登・亞當斯，Uniswap）

2020 年 6 月 15 日，借貸協定 Compound 正式從公司監控，變成由去中心化代幣持有者所有，[346] 這意味去中心化金融（DeFi）的盛夏正式展開序幕。Compound 透過發行 COMP 代幣，將專案所有權分配給其社群，令持有者可以「辯論、提議和投票決定 Compound 的一切變更」。這是「DAO 社群治理」的開始，也就是由 DAO（去中心化自治組織）掌管該協定的職權。這是 DeFi 的分水嶺。

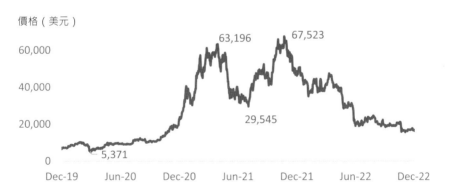

圖 15：第四次加密貨幣牛市在 2021 年 11 月到高峰

資料來源：作者提供

從 2020 年 4 月開始，COMP 代幣根據用戶在 Compound 生態系統中的鏈上活動進行分配，用戶會在四年間獲得代幣。用戶在 Compound 的借貸活動越多，獲得的代幣越多。總數共分發了 1 億 COMP 代幣，一半給用戶，另一半給協定的創始人、團隊成員和投資人。

Compound 最初在 2018 年 9 月 27 日在以太坊區塊鏈上以貨幣市場之姿推出，用戶可以在沒有與交易對手協商貸款和借款利率的情況下，賺取或借入加密資產的利息。[347] 所有權的分發極度影響了借貸協定，並引發了 DeFi 夏季流動性挖礦（yield-farming）狂潮。Compound 的總鎖倉值（TVL）從 2020 年 6 月的 0.7 億美元增加到 2021 年 5 月的 120 億美元。同期 COMP 代幣價格從 70 美元飆升至 855 美元。

事實上，Compound 並不是第一個提供代幣獎勵的去中心化專案，Synthetix 率先提供了以太坊區塊鏈上合成資產發行的代幣獎勵。一周後，Balancer 也使用類似方法，它是一個自動做市商（Automated Market Maker，即 AMM），允許用戶創建流動性池。憑藉這一舉措，該項目的總鎖倉值從 5,000 萬美元增長到 36 億美元，而其 BAL 代幣的價格從 15 美元漲到 70 美元。

2020 年 9 月 16 日，Uniswap 這個去中心化交易所也開始去中心化程序。所有先前與 Uniswap 協定進行過互動的用戶都透過空投（airdrop）收到了 400 枚 UNI 代幣（新加密項目通常利用空投的方式發送免費代幣到錢包，以吸引社區成員）。這些代幣價值超過 1,000 美元。還有 1.5 億個 UNI 治理代幣被分發了出去。到 2021 年 5 月，UNI 代幣從 3 美元飆升至 43 美元，市值幾乎達到 230 億美元。

去中心化交易所是點對點兌換代幣的網路。2021 年 5 月的巔峰時期，去中心化交易所的交易額達到 2,110 億美元，光是 Uniswap 就占 820 億美元。Uniswap 的第一版本是海登・亞當斯（Hayden Adams）在 2018 年開發的，當時這位紐約人年僅 27 歲，剛從西門子公司（Siemens）工程師的工作被解僱。亞當斯是透過維塔利克・布特林於 2016 年發布在 Reddit 的一篇文章接觸到自動做市商（AMM）。當時他在以太坊基金會工作的朋友卡爾・弗洛爾施（Karl Floersch）將文章轉發給他。

弗洛爾施告訴亞當斯，以太坊需要更多的合約開發者，所以亞當斯開始學習 JavaScript 和 Solidity 這兩種程式語言。他也到首爾參加一個區塊鏈會議，在那裡遇到了布特林。之後在以太坊基金會 65 萬美元的資助下，他構建了一個類似 Bancor 的自動做市商，並在 2017 年的首次代幣發行中募集了 1.5 億美元。布特林建議亞當斯將自動做市商的名字從 Unipeg 改為 Uniswap，於 2018 年 11 月全新推出。

Uniswap 是開源的，任何人都可以建立複製或修改的版本。當 SushiSwap 這名匿名競爭對手出現，並向 Uniswap 的用戶送出代幣獎勵，以吸引流動性轉移到自己的自動做市商時，亞當斯發布了 UNI 代幣，來應對這種「吸血挖礦」的攻擊。不久後，Uniswap 的交易量就超過了美國最大的中心化交易所 Coinbase。

和 eBay 一樣，任何人都可以在 Uniswap 上線代幣，而將代幣放入可以兌換代幣的流動性池後，用戶可以收到每筆交易的一小部分作為獎勵。但是這個過程沒有洗錢防制的安全保障，也沒有認識客戶表格需要填寫。所以不意外的，KuCoin 交易所在 2021 年發生 2.81 億美元被盜事件時，盜取的部分資金是透過 Uniswap 所轉移。Uniswap 沒有中心化的伺服器，無法干涉被盜代幣的交易。儘管亞當斯帶領團隊開發了 Uniswap，但他已經將協定的治理權移交給廣大的用戶社區，讓他們對政策變更進行投票。

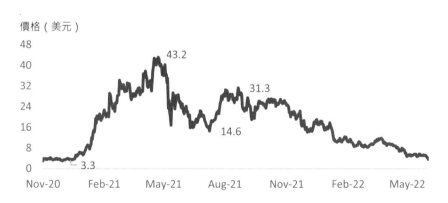

圖 16：Uniswap 的 UNI 代幣是早期的 DeFi 盛夏的代幣之一
資料來源：作者提供

2021 年 5 月高峰時，Uniswap 一個月產生的費用總額已超過整個比特幣挖礦網路。該月記錄了 850 億美元的成交量，UNI 治理代幣價值 330 億美元。Uniswap 團隊持有 21％的代幣，該協定資金庫更有 140 億美元。並且在當月，Uniswap 的 300 萬用戶在交易所上鎖定了近 100 億美元資金，Uniswap 光透過收取代幣兌換的 0.3％的手續費，就獲利 2.5 億美元。

自亞當斯首次編程 Uniswap 的 4 年之後，也就是 2022 年，該協定背後的公司以 16.5 億美元的估值從風險投資公司獲得了 1.65 億美元的融資。

除了 Uniswap，還有許多新協定發行代幣，除了代幣獎勵之外，用戶還可以透過抵押這些代幣獲得更多收益。這些抵押代幣不同於交易所的借貸資產，而是一種資產證明。

新專案一般透過提供質押挖礦的免費收入，來吸引其他社區成員加入自己的社區。有些提供高達 1,000％的年化報酬率以吸引用戶。這稀釋了代幣的價值。但如果越來越多的用戶買入代幣，代幣價格迅速上漲，高年化收益則會提供高報酬。因此常見新項目透過社群媒體大量宣傳。然而，如果新項目稍有斬獲，收益便會迅速下降。這意味著想要獲得高收益和更多免費的代幣，用戶需要一直尋找新項目，並快速轉移代幣。

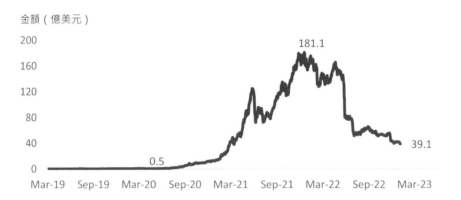

圖 17：總鎖倉值從 2020 年 6 月至 2022 年 1 月增長了 362 倍
資料來源：作者提供

以前的加密周期牛市從未持續超過 18 個月，因為欺詐氾濫，政府法規最終讓價格轉向。在巨量報酬承諾，和包裝專業協定的迷惑下，社區對協議賦予信任和資金，但項目開發人員有時僅追求一筆快錢。一些 DeFi 團隊甚至保持匿名，聲稱如此團隊才能專注於建立項目。這也導致許多「跑路詐騙」的出現。

「跑路詐騙」或「拉高出貨」（rug pulls）是一種利用誤導資訊抬高新代幣的價格，然後拿錢跑路的騙局，投資者把錢投入毫無價值的資產。例如，用戶用以太幣兌換 SakeSwap 代幣，結果只能持有這些無價值的代幣。但在同一時間，開發人員將收到的以太幣發送到混幣協定 Tornado Cash，在那裡，身分和以太坊最終存入的地址都是完全匿名的。

「跑路詐騙」在 DeFi 中比較常見，因為大多協定都是開源的。這在去中心化交易所的仿製版本中尤甚，開發人員可以簡單修改程式碼並輕鬆推出新專案。例如 SakeSwap、KwikSwap 和 PancakeSwap 都是 SushiSwap 的複製，而 SushiSwap 本身就是 Uniswap 的仿造品。

SushiSwap 儘管是 Uniswap 的分叉或仿造版本，但其市值還是從 2020 年 11 月的 5,000 萬美元增長到 2021 年 5 月的 36 億美元。代幣在沒有任何價值時分發給專案創始人，之後少量代幣被出售給用戶，所得資金用於行銷以吸引更多用戶。CryptoCoin.News 的定向郵件行銷活動收費在 3 至 7.5 萬美元之間，郵箱清單中有 450 萬加密投資者。YouTube 和 Instagram 上的意見領袖們也大量參與拉高出貨的項目中。

◎ 如何拉高出貨

山姆·班克曼－弗里德（SBF）在接受彭博社的《碎股》（*Odd Lots*）採訪時，詳細描述經典拉高出貨騙局的運作方式。[348] 他在訪談中承認，對他的公司來說，流動性挖礦帶來的收益高於交易。當他描述流動性挖礦過程時，他似乎意識到自己在詳細描述一個典型的龐氏騙局，投資者受誘惑而來，向比自己早來的投資者支付利息。

SBF 淡然地描述了一間公司是「偽裝可以改變生活、顛覆世界的協定的盒子，這個盒子可以在 38 天內取代所有大銀行」。他冷漠的描述態度讓聽眾明白他並不真的相信 DeFi。他試圖讓聽眾忽略這個公司或盒子將要做什麼，而將重點放在這個盒子能接受以太幣等形式的資金，還可以發行藉據（IOU）。用戶可以用這個藉據兌換該協定發行的代幣，從而提取資金。

SBF 繼續敷敷衍衍地描述這個過程，說明只要盒子有任何有趣的事情發生，最終都會有益於參與治理投票的代幣持有人。然後協定會鑄造更多代幣並空投給用戶，如果故事足夠可信，就能激勵社區繼續持有代幣。

由於這些代幣的流通量很小，市值輕而易舉就能達到很高的水準，即使是按市值計價的估值，也會由於流通量小而難以立即兌現。如果盒子給予代幣持有者投資回報，他們就有動力繼續持有代幣以獲得高收益，而新用戶也會被吸引買入代幣。隨著代幣和盒子裡的資金估值開始上漲，其他用戶可能會信心倍增，將更多錢放入盒子。而向盒子中投入的錢越多，這個概念就得到越多驗證，向用戶分紅也就越容易。

事實上，SBF 的加密交易所 FTX 也發行了自己的 FTT 代幣。代幣價值成長，公司也可以抵押代幣。交易所的代幣幾乎沒有內在價值，就類似他所描述的盒子。儘管如此，可交易代幣的小浮動使得抵押品的價值可以被操縱，給人一種真實價值的印象。

回到 SBF 的比喻，盒子吸引的資金越多，團隊背後的人就越容易從創投公司獲得融資。這進一步提升了盒子和代幣的價值。盒子的競爭對手也可能會因對方不斷壯大的業務，以及越來越多風投資金支持而退縮。他們可能最終會放棄，讓擁有盒子的公司獲得實際業務。據 SBF 所言，這似乎是「新創公司現階段標準的操作程序」。他最後總結道，這與我們談論的一些「（協定）在某些方面非常像」。

將幣價虛高的代幣貨幣化的一個有趣方法是，將它們放入一個「借貸」協定，而此協定接受該代幣為抵押品。通常代幣總值的三分之二用於借入像以太幣這樣較為穩定的加密貨幣。如果代幣價格下跌 50% 以上，該協定會解鎖剩餘代幣。但由於這是一個自動化協定，它無法取回已離開生態系統的金額。因此，

用戶會在代幣價格虛高的時候，兌換品質更高、波動性更小的加密貨幣。這正是加密交易員阿夫拉罕·艾森伯格（Avraham Eisenberg）在 2022 年 10 月從 DeFi 交易平台芒果市場（Mango Markets）提取 1.16 億美元時所做的。

◎ 如何產生代幣飛輪效應

像 IBC Group 這類的公司專門經營專案和代幣諮詢服務，以「社會工程運動」的形式抬升代幣價格。[349] 它們使用精心過濾的電子郵件清單進行大規模行銷，同時利用 Discord、Twitter、Instagram 和 YouTube 等社交媒體管道進行宣傳。

這些顧問公司策劃空投活動，規模成長越大，獨特的病毒式行銷禮物就越受到宣傳。其目的是快速應用行銷策略，為專案製造熱度，並在各種管道迅速擴大真實、活躍又忠實的粉絲群。這些公司還承諾「社群參與度將大幅提高，也為未來活動積累大量電子郵件地址」，並提供客製化的代幣設計建議，使項目比競爭對手更具有吸引力。[350] 根據 IBC Group 的說法，推特（現為 X）是每個項目的虛擬店面，大多數病毒式行銷都從這裡開始。

在透過有影響力的人進行行銷和加密貨幣交易所發布「評述文章」抬高價格之後，代幣飛輪開始全面啟動。由於自由流通量小，代幣價格上漲，協定可以在資產負債表上標記收益，並向投資者展示。虛高的估值可以讓公司透過出售公司股份或貸款來籌集現金，因為公司的估值會讓貸款人充滿信心。這些舉措反過來又會進一步提高價格。

在阿拉米達、坎伯蘭、Jump Crypto 和 Wintermute 等知名做市商的幫助下，代幣價格會被抬高，因為做市商往往會收到免費代幣來提供流動性。這也促使做市商在流動性和價格最高時拋售代幣。做市商也會和交易所合作上市代幣並向更多用戶推廣。

這時，協定可記錄下這些額外的「收益」，並向知名創投公司尋求大量資金。一些創投公司會發表關於他們資助過的公司的詳細文章，並試圖透過展示他們的投資來蓄積影響力。這也可以看作是推動代幣飛輪運轉，增加專案的可信度。

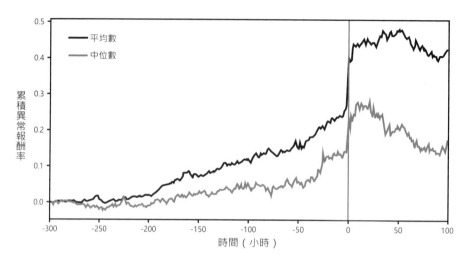

圖 18：在交易所上市前的幣價走勢
資料來源：作者提供

　　但隨著價格上漲，代幣持有人的積極度開始降低，因為如果協定沒有產生收入，就必須降低分給代幣持有人的收益。由於流入的資金開始減少，協定的資金儲備慢慢耗盡，為做市商發放免費代幣的成本也變得高昂。最終，專案會在自身無法承受的重壓下崩潰。最先注意到這一點的會是代幣的內部利害關係人，最後才輪到消息不靈通的散戶投資者。

　　在這個過程中，錢賺最多的時候就是新代幣在 Coinbase、幣安和 FTX 等熱門加密貨幣交易所上市之前。在上市之前，代幣價格往往會上漲，雖然「搶先交易」（內線交易）是非法的，但還是監測到了許多此類交易。雪梨科技大學（University of Technology Sydney）研究人員的一項研究估計，在 2018 年 9 月至 2022 年 5 月期間，Coinbase 新上市加密資產中有 10% 到 25% 存在內線交易。[351]

　　2022 年 7 月，美國司法部（US Department of Justice）指控 Coinbase 的產品經理伊山・瓦希（Ishan Wahi）涉嫌內線交易。瓦希被指控與其兄弟尼基爾・瓦希（Nikhil Wahi）和朋友薩米爾・拉馬尼（Sameer Ramani）分享內幕消息。在 2021 年 6 月至 2022 年 4 月期間，至少 14 次向他們通風報信，告知即將上市的代幣，然後他們在上市之前獲得這些代幣後出售，獲利超過 150 萬美元。尼基爾於 2022 年 9 月承認了一項電信詐欺指控，並被判處 10 個月監禁，而伊山

則於 2023 年 2 月 7 日承認了兩項共謀電信詐欺指控。

　　類似的情況也發生在線上市場 OpenSea 上。OpenSea 是一個非託管平台，用戶可以在此購買、出售和創建非同質化代幣（NFT）。在這起有史以來的首例數位資產內線交易案中，該公司負責挑選 NFT 上傳到平台首頁的員工內特‧查斯坦（Nate Chastain）被指控在上市前進行內線交易。查斯坦抗辯自己是無辜的，因為該指控必須符合「存在證券或商品交易」，而目前證券或商品交易並不包括 NFT。然而，法官駁回了抗議，查斯坦正等待審判。[352]

◎ 做市商和交易所合作的飛輪效應

　　如果交易者可以投資一個項目、獲得代幣回報、提供做市服務並藉此獲得更多免費代幣，然後在關係交易所上市這些代幣，如果整個過程還能完全由自己控制，包括準確的時間安排，那麼幾乎可以保證取得報酬。這正是創投基金阿拉米達創投（Alameda Ventures），和後來的 FTX 創投的情況，它們都有高動機拉抬代幣價格、傳播消息並向其他用戶出售代幣。

　　阿拉米達／FTX 創投公司會投資一個還鮮為人知的項目，並獲得代幣作為回報。他們會要求代幣的財務部門將代幣存入 FTX 交易所，只提取必要的餘額用於代幣的營運開支。然後，FTX 會將資金餘額回饋給阿拉米達／FTX 創投，這樣他們就可以在代幣項目不知情的情況下投資更多項目。如此一來，FTX 仍控制著資產，但在參與代幣投資時，顯示出來的實際投資金額流出卻較小。

　　作為回報，阿拉米達／FTX 創投提供做市服務。免費獲得更多代幣，或借用這些代幣，並承諾以 USDT 償還代幣貸款。然後，FTX 在交易所上市該代幣，並向其用戶群開放，SBF 也會在推特上推廣代幣。這為阿拉米達／FTX 創投提供了一種代幣變現、將其轉換為 USDT 並償還貸款的通道。

　　流程中的每一步都透過阿拉米達／FTX 的品牌名稱使協定正當化，從而最大限度地提高公司的議價能力，以獲得最具吸引力的定價。這個操作的關鍵，就是要找到浮動金額小、易於操縱的協定。任何上漲都成為阿拉米達／FTX 創投公司的收益，因為資金是以穩定幣償還的。

阿拉米達／FTX 累積了由 474 家公司組成的投資組合，其中大部分是代幣認股權證。2022 年底，該投資組合的估值為 53 億美元，而在 2021 年牛市高峰期，也就是大多數山寨幣下跌 80％或更多之前，這個估值無疑還更高，可能達到 400 億美元。對於兩個成立不到四年的公司來說，這是驚人的數字。每年有 150 筆投資簽約，平均每周就有兩到三筆。

◎ 阿拉米達內線交易的十八種不同代幣（2021 至 2022 年）

　　根據加密合規公司 Argus 的分析，2021 年 2 月至 2022 年 3 月期間，阿拉米達持有價值 6,000 萬美元的 18 種代幣，這些代幣最終在 FTX 上市。[353] 這十八種資產分別是 IndiGG、LooksRare、Guild of Guardians、Render Token、Boba Token、Gala、Immutable X、Gods Unchained、BitDAO、Spell Token、Eden、RAMP、Orbs、DODO、Convergence、SBA、Linear 和 RAMP。阿拉米達幾乎都是在這些代幣上市前一個月買入。

　　例如，在 Eden 代幣開放 FTX 交易的三周前，阿拉米達從 Eden 網路的私募錢包中收到了 250 萬枚代幣。這些代幣被轉移到 SushiSwap 去中心化交易所的流動性池中，阿拉米達在這三周所獲得的收益將代幣量增加到了 580 萬枚。在上市當天，阿拉米達將 480 萬枚代幣送到 FTX，其餘的 100 萬枚代幣被送到另一個錢包，慢慢清空了 FTX 上的部位。上市後，Eden 宣布從 Multicoin Capital 融資 1,700 萬美元，阿拉米達和 Jump Crypto 也參與其中，代幣價值因此上漲了 170％，至 9.27 美元。

　　在 BitDAO 事件中，阿拉米達在 2021 年 10 月 17 日累積了 37.7 萬枚 BIT 代幣，並在第二天轉到 FTX 開始交易。這些 BIT 代幣因與 FTT 代幣互換引發了不少爭議。一年後，當 FTX 交易所發生內爆時，BIT 代幣暴跌 20％。BitDAO 社群隨即向阿拉米達索取資金證明，因為他們擔心阿拉米達拋售 BIT 代幣，以換取抵禦 FTX 的流動性緊縮的資金。

◎ Serum：操縱代幣估值達數十億美元（2020 至 2022 年）

2020 年，SBF 創建了 Serum，這是一個基於 Solana 平台的去中心化交易所（DEX），與以太坊等區塊鏈相比，該平台以速度快而聞名。據 Solana 聯合創始人安納托利‧雅科文科（Anatoly Yokovenko）稱，DeFi 1.0 一直專注於貨幣市場的創新，包括借貸產品。而 DeFi 2.0 將帶來「高速的交易和衍生品」。[354]

Serum 的目標是與 Uniswap、SushiSwap 和 Bancor 等自動做市商競爭。該專案背後有 11 位商業顧問，包括 SBF、Compound 協議創始人羅伯特‧萊什納（Robert Leshner）和 TomoChain 的創始人兼執行長龍武（Long Vuong）。

Serum 公司透過六輪融資籌集了 2,000 萬美元的創投。募集資金分批進行，因此後到的投資者需要支付的價格會更高。Serum 的實用代幣 SRM 為持幣者提供交易手續費高達 50％的折扣，同時持幣者可以投票並參與平台的管理機制。90％的 Serum 代幣被長期鎖定，包括所有種子代幣和團隊代幣。種子代幣只有在七年後才能解鎖，而團隊代幣則主要留給 Serum 創始人，包括 SBF。

FTX 在 Serum / Solana 生態推出了多個項目，如 Oxygen Protocol 以及 FIDA 和 MAPS 代幣。SBF 甚至在推文中寫道：「MAPS 將成為加密貨幣中擁有最大用戶群的產品。」[355] 所有這些項目的商業模式都是一樣的：幾乎零成本發行大量代幣，憑空創造價值後出售一些代幣為開發和營銷提供資金，然後再從公開市場買回，提升整體持有價值上升，並用於抵押和多輪融資。

在 2022 年 11 月 FTX 申請破產前，FTX 持有 22 億美元的 Serum 代幣。交易所倒閉後，Serum 協定停止在主網上運行。由於 FTX 擁有平台更新的權限，其它協定出於安全性原因拒絕與該 DeFi 協定合作。

在此之前，關於 SBF 淨財富不斷增長的消息已廣為流傳。起初除了加密貨幣領域之外，幾乎沒有人聽過他。之後彭博社（Bloomberg）開始報導他身價百億美元的消息，這位天才少年是史丹佛大學兩位教授的兒子，他睡在辦公室裡，24 小時不間斷工作，似乎只關心如何提供優質的用戶體驗，並最終把所有錢都捐給了慈善機構。他是媒體寵兒，或者說，在人們知道他花錢收買媒體以前，媒體似乎都很喜歡他。

SBF 向埃茲拉·克萊因（Ezra Klein）、梅麗莎·貝爾（Melissa Bell）和馬修·伊格萊西亞斯（Matthew Yglesias）創辦的進步派新聞網站 Vox 提供了資金。他還向美國左翼新聞網站 The Intercept 提供了 325 萬美元的資助，同時還透過阿拉米達向加密新聞網站 The Block 的執行長麥可·麥卡弗里（Michael McCaffrey）提供了 2,700 萬美元的貸款。有了這些媒體單位的支持，SBF 的奇才形象也就水到渠成了。

同時，FTX 募集到的大量資金鞏固 SBF 在創投和金融界的地位。SBF 明白，要成為主流，就必須投入大量行銷費用。參考伊隆·馬斯克如何影響狗狗幣（Dogecoin）的價格——他幾乎每周都要上電視並在會議上發表言論。

「Doge 反過來拼就是 e-god」

（維塔利克・布特林，以太坊）

2020 年 4 月，傳奇對沖基金經理人保羅・都鐸・瓊斯（Paul Tudor Jones）警告，美國中央銀行過度印鈔，再加上美國政府發放的刺激經濟支票，通貨膨脹的後果即將來臨。[356] 他聲稱，華爾街可能正在見證歷史性的「價值儲存的誕生」，比特幣將在下一個惡性通貨膨漲周期中成為「最快的馬」。

瓊斯說，政府應對新冠疫情的初步措施是「透過量化寬鬆政策神奇地創造了」3.9 兆美元，其支持力度之大令他無言以對。他承認，需求的不足將在短期內遏制通膨上升，但他警告，此後通膨可能會大幅上升。他將比特幣描述為他首選的通膨對沖工具，並認同比特幣可以作為機構投資者的一種資產類別。

然而，比特幣並不是通貨膨脹的對沖工具，它實際上是印鈔票機和美元購買力偏差的對沖工具。因此，當聯準會表示打算在 2021 年 12 月升息並收斂過剩的流動性時，加密資產價格開始有意義地下跌。

瓊斯對比特幣的支持得到了其他主流金融家的認可。2020 年 11 月，瓊斯的朋友、同為億萬富翁的對沖基金經理人史丹利・德魯肯米勒（Stanley Druckenmiller）在接受美國全國廣播公司商業頻道採訪時表示，比特幣的表現可能超過黃金。[357] 一個月後，億萬富翁喬治・索羅斯（George Soros）的家族辦公室證實公司持有比特幣，而投資巨頭貝萊德公司（BlackRock）固定收益投資長里克・里德（Rick Rieder）則告訴投資人：「比特幣和加密貨幣將持續存在。」[358] 里德還表示，比特幣可能「取代黃金的地位」。

根據所有這些億萬富翁的言論，比特幣可能取代黃金成為通貨膨脹的對沖工具。在這種情況下，比特幣可能將其 1 兆美元的市值增加 3 倍，因為黃金私人投資的占比估計為三兆美元。

◎ 微策略公司將比特幣當作儲備資產投資推廣（2020 年）

2020 年 8 月 11 日，總部位於維吉尼亞州的商業和智慧軟體公司微策略（MicroStrategy）購買了價值 2.5 億美元的比特幣（21,454 枚比特幣），當作儲備金中資本分配策略的一部分。[359] 這家在納斯達克上市的公司後來又購買了 13 萬枚比特幣，總價值 39.8 億美元，平均購買價格為每枚比特幣 30,639 美元。微策略公司買入比特幣的資金來自於 2021 年和 2022 年初發行擔保票據和出售普通股，額外收益在 2022 年第二季和第三季也用於購買更多的比特幣。[360]

微策略公司的財務長馮樂（Phong Le）提出公司應該開始買入比特幣的三個原因。首先，隨著 2020 年 3 月全球進入封鎖狀態，微策略公司用於銷售和行銷的資金降至零，公司現金流大幅增加。其次，由於新冠疫情趨於結束，美國利率將降至零，這意味著公司持有的 5.5 億美元短期公債的利息為零。第三，由於美國央行為刺激經濟而增印了 25% 的美元鈔票，導致這些美元的購買力貶值。馮將微策略公司的處境概括為擁有更多的現金流，但這些現金流沒有利息，價值也降低了 25%。

微策略公司的創始人兼執行長麥可・賽勒（Michael Saylor）鼓勵其它公司的財務部門也購買比特幣。賽勒曾就讀麻省理工學院（Massachusetts Institute of Technology，即 MIT），在 1989 年創建微策略之前曾擔任埃克森美孚（Exxon）和杜邦（DuPont）等公司的顧問。但隨著比特幣價格在 2023 年 1 月降至 1.7 萬美元，微策略持有的比特幣帳面虧損已達 13 億美元。

◎ 疫情期間經濟刺激支票引發的投資熱潮（2020 年）

隨著 COVID 衰退的到來，將近 18 兆美元的負收益債務迫使投資者躲進能

夠戰勝通膨預期的資產中。對殖利率的需求如此強烈，以至於容易發生通膨和違約的新興市場以低於 4％ 的年利率籌集了 7,300 億美元的新資金。長達十年的近零利率將投資者推向風險曲線之外，科技公司投資等長期資產的吸引力最高。人們認為投資矽谷最有前途的新創公司能帶來最高的報酬。

疫情與經濟衰退相伴而來，近 18 兆美元的負收益債務迫使投資人紛紛尋求戰勝通膨的投資工具。投資者對殖利率的太過強烈，以至於容易發生通膨和違約的新興市場，用不到 4％ 的年化利率籌集了 7,300 億美元的新資本。長達十年零利率政策，將投資者推出了風險曲線，投資期間較長的高科技公司吸引了最多的興趣。能投資矽谷前途光明的新創企業，被認為能帶來最高的報酬。

到 2020 年 11 月，動物精神（animal spirits）在整個華爾街肆盛行。特殊目的收購公司（SPACs）在 2020 年籌集資金，為空白支票公司購買它們想要的任何東西，籌得的資金超過 600 億美元，比之前十年的總和還要多。同時，首次公開募股（IPO）籌集了 1,750 億美元，IPO 首日回報率平均達到 40％，達到本世紀以來最高。

Facebook 和 Uber 的私有時間很長，導致投資者擔心錯失重大報酬（FOMO）。投資者更關切誰主導了幾輪融資，因為高淨值人士可以獲得上市前優先配股的機會，領投下一輪的融資，從而確保公司規模符合首次公開募股的條件。

正如股票市場出現的 FOMO 一樣，創投界也出現了 FOMO，每個人都想成為最熱門市值表（顯示公司股權資本化的表格）中的一員。創投公司獲得了前所未有的資金，一些非矽谷的超級大公司，如軟銀（Softbank）和老虎全球管理（Tiger Global），紛紛進入市場，投入了大量資金。這是一個賣方市場，創辦人可以決定哪家創投公司有資格加入投資。

疫情封鎖和旅行限制阻礙許多創投跟團隊面對面交流，也難以對投資項目盡職調查（due diligence）。結果，加密貨幣交易所 FTX 沒犧牲任何董事會席位，也未經過盡職調查，就成功募集了 40 億美元的創投資金。如果經過盡職調查，就可能會發現利益衝突以及缺乏足夠會計協議的問題。這些問題直到 FTX 申請破產才被揭露。

科技股成為股票市場最重要的板塊。伊隆·馬斯克創立的特斯拉公司（Tesla）被視為科技公司，因此估值比其它汽車公司高得多。特斯拉設計和製造電動車、電池儲能和太陽能板，同時也是綠色未來的倡導者。它的市值為 5,550 億美元，而第二大汽車製造商日本豐田公司（Toyota）的市值為 1,960 億美元，德國福斯汽車（Volkswagen）的市值為 940 億美元。馬斯克的淨資產在 2021 年 11 月達到高峰時為 3,400 億美元。

◎ 特斯拉買入比特幣（2021 年）

在 2021 年 2 月 8 日提交給美國證券交易委員會的文件中，特斯拉宣布已購買了 15 億美元的比特幣。這項消息引發比特幣價格暴漲，加密貨幣的支持者預計其它公司也將效仿特斯拉，將比特幣納入其資產負債表。特斯拉在幣價 3.6 萬至 3.8 萬美元之間時買入，在幣價上漲後賣出了價值 2.72 億美元的比特幣，以「證明流動性」。

1 月 2 日，一位名為「特斯拉內幕」（TSLAinsider）的用戶在 Reddit 上發文，自稱是「在加州特斯拉研發部工作的軟體開發人員」，透露「我們公司剛剛購買了價值 8 億美元的比特幣」。各大新聞媒體紛紛報導了這起「內幕外洩」事件，但事實證明，該貼文是一名來自德國的 24 歲政治科學學生所寫，當時他正嗑著藥。[361]

4 月 26 日，特斯拉的一份報告顯示其比特幣投資對公司的獲利能力產生了 1 千萬美元的「正面影響」。到 2022 年第二季度，特斯拉出售所持有比特幣的 75％，當時比特幣的交易價格約為 2.9 萬美元。

2021 年，特斯拉在比特幣投資上出現了 1.01 億美元的減損損失，但在 3 月份出售部分持股測試比特幣的流動性後，實現了 1.28 億美元的收益。2022 年，特斯拉發布 1.7 億美元的減損損失，導致其比特幣投資淨虧損 4,000 萬美元。不過這很可能是一筆行銷費用。

◎ 馬斯克將狗狗幣推上月球（2020 年）

傑克森‧帕爾默（Jackson Palmer）和比利‧馬可斯（Billy Markus）於 2013 年創建狗狗幣（Dogecoin），這是第一個對比比特幣等傳統加密貨幣的非傳統迷因幣。比特幣的設計初衷是稀缺，而狗狗幣則不同，它是有意設計成大量供給的，每分鐘都能挖出一萬枚新幣，而且沒有供應上限。

狗狗幣迷因通常包括一張柴犬的圖片，配上彩色文字表達某種內心獨白，文字故意用蹩腳的英語寫成。2020 整年至 2021 年的前幾個月，馬斯克關於狗狗幣的幽默推文經常導致其價格飆升。

2019 年 4 月 2 日，狗狗幣曾在推特（X 的前身）上進行了一項社區調查，49％的受訪者表示，他們更希望馬斯克擔任狗狗幣的執行長，排名在以太幣的維塔利克‧布特林、萊特幣的李啟威和 Metal Pay 的馬歇爾‧海納（Marshall Hayner）之前。馬斯克回應：「狗狗幣可能是我最喜歡的加密貨幣。它很酷！」[362]

馬斯克常似是而非地假設狗狗幣會與大公司整合。例如，他說 SpaceX 和特斯拉一樣，很快就會接受狗狗幣作為付款方式。他還說，「如果麥當勞接受用狗狗幣支付，」他會「上電視吃一頓快樂兒童餐」。他還提出了推特將允許使用狗狗幣作為交易方案的想法。[363]

2020 年 7 月 18 日，馬斯克開始影響狗狗幣的價格，當時他在推特上說狗狗幣是「必然發生的」。[364] 狗狗幣的死忠粉絲團狗狗軍團（Dogecoin Army）曾表示，他們的目標是讓幣價「飛越月球（over the moon）」（例如漲至 1 美元以上），而當時的幣價僅為 0.003 美元。因此，「登月（to the moon）」一詞在加密貨幣社群大受歡迎。

馬斯克的看漲言論讓狗狗幣的價格頻頻飆升。做空的交易者經常被強平，這使得價格漲勢更猛。加密貨幣交易團隊開始特別關注馬斯克，因為他對幣價和散戶社群產生重大影響。當他在推特上發布有關狗狗幣的消息時，交易員們就買入，之後價格往往會飆升。馬斯克被認為是在與體制對抗，與小人物坐在一起。儘管他擁有巨額財富，但人們仍將他視為老百姓。

阿拉米達的加密貨幣交易團隊以前只專注於低風險的套利交易，突然之間，他們對方向性押注變得非常有信心，並開始押注馬斯克的推文對市場的影響。阿拉米達的交易員山姆・特拉布科（Sam Trabucco）將其歸功於公司對市場資訊的即時消化。了解市場結構，尤其是如何處理未平倉合約和合約清算，是阿拉米達在前幾年暴跌期間的主要工作。但現在遊戲規則改變了。

加密貨幣正處於新一輪多頭市場，許多小型加密貨幣投資者都追蹤意見領袖的交易訊號。大家跟風意見領袖，試圖跑贏大盤。隨著 DeFi 盛夏牛市的到來，加密貨幣交易變成在賭方向。套利交易的收益與找到熱門協定所能獲得的回報相比，簡直望塵莫及。有些加密代幣漲了 10 倍，有些甚至漲了 100 倍。交易團隊專找預期收益最大的項目並投入巨額資金。特拉布科總結說：「當有機會做正確的決定，在遊戲初期就下重注是非常重要的，但當成功率較低時，賭注則應該要小。」[365]

2020 年 12 月 20 日，馬斯克在推特上寫：「一個字：Doge」，[366] 狗狗幣的交易量隨即在幾分鐘內增加了 125 倍。他顯然可以左右價格，並產生數十億美元的影響。

2021 年 1 月 14 日，馬斯克在推特上發文，稱特斯拉將開始接受狗狗幣為付款方式，導致狗狗幣的價格在四小時內上漲了 300%。[367] 在隨後的幾個小時裡，價格回落至新高的近一半。馬斯克的每一則推文都會引起價格的大幅波動。

1 月 26 日，馬斯克在推特上發布了關於遊戲驛站股價的字「Gamestonk」，[368]「stonks」這一流行語便在 YOLO（你只能活一次）散戶群體中流行起來（編按：「stonk」為故意拼錯「股票」（stock）的玩笑用法），這些散戶主要交易一些沒有價值、瀕臨破產的迷因股。第二天，遊戲驛站創下 347.51 美元的收盤新高，但幾天後又跌回 50 美元。

隨著多頭市場的發展，關注馬斯克推特帳號的投資者很有利可圖。1 月 29 日，馬斯克在自己的推特簡介中加入了「# bitcoin」，這讓比特幣價格上漲了 14%。在接下來的兩周內，狗狗幣的市值也從 10 億美元增加到 100 億美元。

幾天後的 2 月 4 日，馬斯克在推特上寫道：「狗狗幣是人民的加密貨幣，而我成了迷因，空頭的毀滅者」，並配上了一張用自己頭像替換的，電影《獅

子王》中彩面狒狒拉飛奇（Rafiki）抱著柴犬而不是辛巴的照片。[369] 狗狗幣因此漲幅超過 60％。

　　2 月 10 日，馬斯克宣布為兒子買了狗狗幣，這樣「他就可以成為一個蹣跚學步的持幣者（toddler hodler）」。[370]「hodler」是對加密術語「hodl」的引用，是「hold on for dear life」的縮寫。這個字源自於 2013 年網路上的一個文，貼文中有人把「hold」拼錯了，意思是即使價格下跌也絕不賣出比特幣。

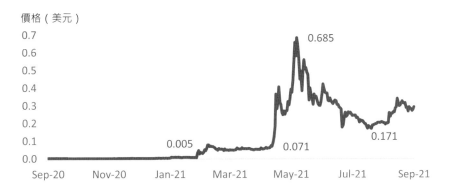

圖 19：狗狗幣主要受到馬斯克言論的影響

資料來源：作者提供

4月15日，當狗狗幣的市值達到100億美元時，馬斯克又發布了一則推文：「狗狗幣對月亮叫（Doge Barking at the Moon）」。[371] 幾天後的4月25日，《周六夜現場》（Saturday Night Live，美國綜藝節目）宣布馬斯克將參加5月8日的節目。在節目播出前，狗狗幣的市值從350億美元漲到880億美元以上。在四個月內，狗狗幣的漲幅達到了8,800%。

人們預期馬斯克會在國家電視台上對狗狗幣發表正面評價。但事實卻讓觀眾失望。許多投資者在馬斯克參加《周六夜現場》之前就買入了狗狗幣，但這場演出卻成了「買謠言，賣新聞」的事件，因為馬斯克的劇本並非他自己寫的。[372] 節目播出期間，狗狗幣下跌了30%，股票交易平台Robinhood在節目播出期間遭遇了加密貨幣交易熔斷。在馬斯克參加《周六夜現場》兩年後，狗狗幣的跌幅超過了90%。

雖然這並不是DeFi盛夏牛市的終結，但比特幣價格在5月末崩潰了。5月12日，馬斯克宣布，特斯拉將不再接受比特幣，因為比特幣生產過程使用大量化石燃料。他寫道：「我們擔憂比特幣挖礦和交易中化石燃料使用量的快速增長。」[373]「過去幾個月的能源使用趨勢是瘋狂的。」根據計算，比特幣工作證明網路（proof-of-work）消耗的能源比荷蘭這個國家還要多。比特幣價格因馬斯克的言論下跌了17%。

5月18日，中國開始禁止金融和支付機構提供與加密貨幣交易相關的服務。中國也警告投資者不要進行投機性加密貨幣交易。[374] 6月4日，馬斯克在推特上發布了「#Bitcoin」、一個心碎的表情符，還有一張一對情侶討論分手的圖片。[375] 比特幣因此跌幅超過7%。馬斯克的推文確實娛樂性十足，但這場「派對」上遲來的人卻虧錢了。

然而在7月21日，當比特幣價格從6.3萬美元的歷史高點跌回3萬美元時，馬斯克收回他對比特幣環境影響的評論，稱特斯拉可能會重新開始接受比特幣付款。[376] 加密貨幣交易商做空，在6月23日，永續合約的清算量再次飆升，預示著下跌趨勢將結束。市場只需要一些好消息就能再次扭轉。未平倉合約數量減少，顯示即使是看跌的交易者也不願意在價格下跌時大舉押注。阿拉米達研究的山姆·特拉布科預測市場會反彈。他默默地思考著如何讓阿拉米達成為單邊做多的基金。

◎ Coinbase 股票上市（2021 年）

第一家在股市上市的大型加密貨幣公司是 Coinbase。該公司由布萊恩·阿姆斯壯（Brian Armstrong）創立於 2012 年，是美國最受歡迎的加密貨幣交易所之一。Coinbase 於 2021 年在紐約證券交易所開始交易時，已擁有 5,600 萬用戶。在 2018 年最後一輪私募融資中，投資人對該公司的估值為 80 億美元。

阿姆斯壯曾是 IBM 的開發人員和勤業眾信會計事務所的顧問。在與佛瑞德·爾薩姆（Fred Ehrsam）創辦 Coinbase 之前，他還曾在民宿出租網站 Airbnb 擔任軟體工程師，後來創辦了加密貨幣投資公司 Paradigm。

Coinbase 並沒有採用標準的首次公開發行方式，而是採用了直接上市的方法。在首次公開募股中，公司會聘請一家投資銀行來管理整個過程，最終向公眾出售股票。但如果是直接上市，是公司內部人員、早期投資者或股東希望賣出股份。因此，在上市過程中，公司一致努力推高加密貨幣的估值，間接地，也推高 Coinbase 的估值，以盡可能為內部人員謀取最大價值。

美國全國廣播公司商業頻道股票評論員吉姆·克萊默（Jim Cramer）告訴觀眾以開盤價買入股票，他說，任何低於每股 475 美元的價格都可以買入，因為「Coinbase 是真正的好東西，數據令人難以置信……如果你和我一樣，（是）加密貨幣的忠實信徒……你會想要長期持有 Coinbase」。[377] 其他評論人甚至認為，Coinbase 將成為加密貨幣領域的高盛（Goldman Sachs）由於高盛的市值約為 1,200 億美元，Coinbase 股價的上漲空間更大。

媒體的炒作帶來了大量的買入量，預期價格也水漲船高。在 Coinbase 提供了每股 250 美元的上市參考價後，許多散戶投資者紛紛「以市價」購買。公開交易開始後股價飆升，超過了初始參考價格，開盤價為每股 380 美元。盤中最高價為 429 美元，收盤價為 328 美元，公司價值達 858 億美元。Coinbase 的估值幾乎是其 2020 年收入的 53 倍，相較之下紐約證券交易所的母公司洲際交易所（Intercontinental Exchange，即 ICE）的估值也只有其收入的 11 倍。

與流通量較小的代幣項目一樣，Coinbase 的內部人士和早期投資者透過直接上市出售了約 50 億美元的股票。Coinbase 上市時也採用了雙層股權結構（dual-class share structure），給予內部人士超過 60% 的投票控制權，足以讓他

們直接管理公司。

在拋售價值 50 億美元的 Coinbase 股票中，創投家佛瑞德・威爾森（Fred Wilson）賣出了近 20 億美元，而他的創投公司合廣投資（Union Square Ventures）又賣出了 20 億美元。馬克・安德森（Marc Andreessen）和他的風險投資公司（名 Andreessen Horowitz，又名 a16z）賣出了 4.5 億美元，Coinbase 執行長阿姆斯壯賣出了近 3 億美元，Coinbase 財務長艾莉莎・哈斯（Alesia Haas）賣了 1 億美元。阿姆斯壯用這筆錢買下了洛杉磯昂貴的獨棟別墅：位於貝萊爾（Bel Air）的一處價值 1.33 億美元的房產。

2021 年 4 月 14 日，美國證券交易委員會核准 Coinbase 在納斯達克上市，在此之前，Coinbase 一直避免上市代幣，以避免監管。5 月 3 日，在獲得批准後不到一個月，Coinbase 上架泰達幣[378]，而狗狗幣則在 6 月 3 日上架。[379]之後，上架的代幣數量呈指數級增長。2017 年只有四種加密貨幣在 Coinbase 上交易，第二年增加到 14 種，2019 年增加到 21 種，2020 年增加到 42 種。到 2021 年底，這個數字已經上升到 139 種。[380]

儘管沒有藉由直接上市籌集到更多資金，但 Coinbase 的員工人數也增加了近 200%，從 2020 年的 1,249 人增加到 2021 年的 3,730 人。而 2022 年第四次加密貨幣熊市開始時，Coinbase 的員工人數達到了 4,510 人。公司營收也短期爆炸性成長，從 2020 年的 12 億美元成長到 2021 年的 78 億美元，讓 Coinbase 的管理團隊對牛市成長機會的可持續性充滿信心。但 2022 年，公司收入迅速回落。相較之下，儘管高盛在納斯達克上市時的市值與 Coinbase 相近，但其收入仍保持在近 600 億美元的水平。

◎ 明星開始為 FTX 和 SBF 代言（2021 年）

隨著加密市場情緒異常高漲，媒體對 Coinbase 上市的報導也達到了歷史最高點，在 FTX 與美國國家橄欖球聯盟（National Football League，即 NFL）傳奇四分衛湯姆·布雷迪（Tom Brady）及其妻子、前超模吉賽兒·邦臣（Gisele Bündchen）簽訂代言協議後，投資人紛至杳來。2021 年 5 月，在接近加密貨幣牛市的頂峰時，布雷迪將自己的推特個人主頁換成了一張紅色雷射眼的照片，表示他看好比特幣（藍色雷射眼的照片則表示看好比特幣的競爭對手以太幣）。

FTX 還與華盛頓巫師隊（Washington Wizards）和金州勇士隊（Golden State Warriors）達成交易，並與史蒂芬·柯瑞（Steph Curry）等球員簽約。此外，FTX 也同意在 19 年內支付 1.35 億美元，以獲得邁阿密熱火隊（Miami Heat）籃球館的命名權。

2021 年 6 月，FTX 宣布與美國職棒大聯盟（Major League Baseball）達成協議，將其標誌印在所有裁判的制服上。同月，它還以 2.1 億美元的價格獲得了美國電競俱樂部（Team SoloMid，即 TSM）的命名權。TSM 成立於 2009 年，是世界上價值最高的電競組織，隊員參加了《英雄聯盟》（League of Legends）和《要塞英雄》（Fortnite）等遊戲的比賽。FTX 還與一級方程式賽車（Formula One）梅賽德斯車隊（Mercedes）簽訂了贊助協議，並斥資 3,000 萬美元在 2022 年超級盃（Super Bowl）期間播放了喜劇演員賴瑞·大衛（Larry David）的廣告。

2021 年 7 月，FTX 又從創投公司和避險基金籌集了 9 億美元，用於擴大業務。著名投資者包括軟銀（SoftBank）、紅杉資本（Sequoia Capital）和避險基金巨頭 Third Point。FTX 繼續在合作和代言上花錢，直到 2022 年 11 月發生內爆為止。

早在此之前，凱文·奧利里（Kevin O'Leary）就已成為 SBF 的最大支持者之一。奧利里曾在電視節目《創智贏家》（Shark Tank）中以天使投資人的身分一舉成名，這個節目的主題是讓有抱負的創業家提出自己的創業想法，奧利里曾在 2019 年將比特幣稱為「垃圾」、「毫無價值」。[381] 但在與 FTX 簽訂了一份價值 1,500 美元的代言協議之後（該協議在 FTX 破產前一直保密），他成為 FTX 和 SBF 的主要推廣者。奧利里聲稱自己之所以改變初衷，是因為加拿大批准了首個實物結算比特幣 ETF，這是美國證券交易委員會已阻止數年之事。

目的投資公司（Purpose Investments Inc.）的比特幣 ETF 於 2021 年 2 月 18 日在多倫多證券交易所開始交易。比特幣 ETF 的推出恰逢價值 260 億美元的封閉式基金——灰階比特幣信託（Grayscale Bitcoin Trust，即 GBTC）以其資產淨值（NAV）的折扣價格交易，但要支付 GBTC 每年 2 %的管理費。除此之外，投資人現在多了一個更省錢的選擇。與封閉式基金不同，ETF 可以根據投資者的需求創建和贖回股票，因此 ETF 的價格往往會緊密跟隨其基礎資產的淨值。

奧利里想要投資加密貨幣產業的基礎設施，而除了 Coinbase 之外，美國並沒有可投資的大型加密貨幣交易所。即便在 2022 年 11 月中旬，SBF 已被揭露利用用戶資金進行大規模詐欺之後，奧利里仍然為他辯護，認可 SBF 是一名優秀的企業家，直到奧利里收受 FTX 佣金一事曝光。

16

「好久不見。
剛買了更多的比特幣」

（傑西・鮑威爾，Kraken）

2021 年 5 月 21 日，「出於對金融風險的擔憂」，中國國務院金融穩定發展委員會打擊比特幣挖礦和交易活動。[382] 中國國家廣播公司中央電視台也對加密貨幣交易的「系統性風險」發出警告，稱比特幣是一種投機工具。由於比特幣礦工們一般用人民幣支付電費，再售出比特幣獲得美元，因此，中國政府擔心加密貨幣成為資金轉移出中國的管道。這是影響力十足的中國國務院首次明確表示將管制加密貨幣挖礦活動。消息一出，比特幣價格大幅下跌，15 億美元的比特幣部位被平倉。

一個月後，比特幣雜湊率從每秒 176 兆雜湊（TH/s）下降到每秒 58 TH/s。在比特幣採礦禁令之前，70% 的比特幣礦工都在中國。

為了因應比特幣採礦禁令，中國礦工將礦機轉移到附近的哈薩克或美國，美國成為比特幣採礦雜湊率最高的國家。由於美國股市仍處於多頭市場，首次公開發行熱潮如火如荼，許多比特幣礦業公司在美國和加拿大申請首次公開發行，隨後利用籌集到的資金擴大挖礦業務。但是，最新的比特幣礦機需要一年的等待才能到貨，幾家新上市的礦機公司沒有足夠的設備來部署資金。他們也從公開市場上以高於挖礦成本的價格購買比特幣，這使他們在 2022 年比特幣價格暴跌時面臨巨額虧損和破產訴訟。

◎ 香港要求加密貨幣交易所必須具有執照（2021 年）

在中國國務院發布公告的同一天，香港宣布加密貨幣交易所必須獲得香港證券及期貨事務監察委員會（Hong Kong Securities and Futures Commission，即 HK SFC）的許可，並且只允許向專業投資者提供服務。[383] 根據香港法律，個人必須擁有至少 800 萬港幣（約 103 萬美元）的流動投資組合，才有資格成為專業投資者。

當時的預期是，SFC 的公告將在 2021 至 2022 年立法會議期間正式生效（2021 年 10 月開始）。隨著加密貨幣交易所授權制度開始受到重視，FTX 開始轉移到監管更為寬鬆的巴哈馬。

2021 年 7 月，SFC 宣布禁止幣安在香港進行受規管活動，並明確提到了股票代幣交易，根據《證券及期貨條例》（Securities and Futures Ordinance），股票代幣很可能被視為證券。幣安立即停止支援特斯拉、Coinbase 和蘋果等公司的股票代幣。

7 月 23 日，《紐約時報》（*New York Times*）一篇評述高風險加密貨幣交易的文章暗示，高槓桿保證金交易也將受到監管審查。[384] 因此，幣安和 FTX 等交易所開始將用戶的期貨合約槓桿從 100 倍降至 20 倍。雖然 100 倍槓桿是吸引人注意的一大特點，但交易者很少使用最大槓桿。以 FTX 為例，根據 SBF，使用最大槓桿倍數的交易量不到 1％，平均槓桿倍數約為 2 倍。[385]

6 月 9 日，總部位於美國的加密貨幣交易所 Kraken 通知其用戶，將不再為不符合特定條件的美國投資者提供保證金交易。[386] 交易所引用了槓桿數位資產交易監管指南為政策變化的依據。

Kraken 於 2013 年在舊金山正式上線，其聯合創始人傑西·鮑威爾（Jesse Powell）在 2011 年 6 月 Mt. Gox 安全漏洞發生後，就立即開始開發新交易所。鮑威爾在 2013 年開始籌集創投資金，卻在隔年 1 月才完成了第一輪融資。後來，他呼籲矽谷創投人做出更多承諾。Kraken 的第一位投資者是位於比利時的 Hummingbird 創投，隨後又獲得了貝瑞·西爾伯特（Barry Silbert）和區塊鏈資本（Blockchain Capital）的投資。鮑威爾在為 Kraken 尋找銀行合作關係時也遇到困難，先後遭到 30 家銀行的拒絕，最後終於與總部位於柏林的 Fidor 銀行合作。

雖然 Kraken 最初的業務在紐約展開，但在 2015 年紐約金融服務部（NYDFS）推出 BitLicense 之後便離開了。BitLicense 要求所有持有用戶資金的加密貨幣企業註冊為匯款機構，旨在保護用戶免受欺詐，防止洗錢和資金流向恐怖主義組織。它有 20 頁的規章制度，要求公司披露其營運資訊，並執行認識客戶要求。[387] 雖然 BitLicense 本身的費用在 5,000 美元左右，然而紐約的交易所 Coinsetter 申請費卻高達 5 萬美元，其中包含大量的文書工作和法務費用；而 Bitstamp 的 BitLicense 則花了 10 萬美元。[388] 自此，Bitfinex、Bitquick、BTCGuild、Genesis Mining、GoCoin、Paxful、Poloniex 和 ShapeShift 等公司也都離開了紐約。

鮑威爾認為，為了遵守 BitLicense 的所有規定，Kraken 不得不「向紐約州披露我們全球用戶的所有資訊」，而根據其它國家的隱私保護法，這「可能是非法的」。[389] 在 2018 年的一次小組討論中，鮑威爾引用日本的《虛擬貨幣法》（Virtual Currency Act）為更合理的監管方案。

鮑威爾曾參加舊金山的加密貨幣會議，Mt.Gox（和瑞波實驗室）的傑德·麥卡萊布和 Coinbase 的布萊恩·阿姆斯壯也經常參加。鮑威爾也是早期比特幣愛好者羅傑·維爾的高中同學，他們曾在 Mt.Gox 的前身 —— *Magic: The Gathering Online* 上交易過卡牌。維爾在美國監獄服刑十個月後搬到了日本，2011 年安全漏洞事件發生時，他的居所就跟 Mt. Gox 在同一條街上。鮑威爾和維爾幫助 Mt. Gox 走出困境，兩人都開始認真研究比特幣。

當 Kraken 停止為美國用戶提供保證金交易時，許多美國的加密貨幣交易者將他們的保證金交易帳戶轉移到了 FTX，FTX 於 2021 年 8 月 31 日收購了已獲美國許可的衍生品交易所 LedgerX。雖然保證金交易本身並不違法，但它受到嚴格管控，加密貨幣交易所需要在美國商品期貨交易委員會註冊。

就在 Kraken 發布保證金交易公告的同一天，薩爾瓦多通過了比特幣採用法案，在國會的 84 票中獲得了 62 票的絕大多數票。但到了第二年 5 月，推動 DeFi 盛夏的代幣價格已經全部見頂，然而第四輪加密貨幣牛市並未結束，因為非同質化代幣（NFT）的熱潮強勢來襲。

「認知需要時間」

（維尼希·桑達雷桑，NFT 投資基金 Metapurse）

在 2020 年 5 月啟動 DeFi（去中心化金融）之夏的代幣，如 Compound 和 Aave，再也沒有回到 2021 年 5 月的價格高峰。雖然第四次加密貨幣牛市又持續了幾個月，但市場情緒已從 DeFi 轉向 NFT（非同質化代幣），並成為關鍵驅動力。NFT 是一種記錄在區塊鏈上，無法複製、替代或細分的唯一數位識別代碼，用於認證數位資產的真實性和所有權。支持者表示，NFT 之間無法等價交換，因此具有稀缺性和價值。NFT 被視為等同於稀有交易卡牌和藝術品等實體收藏品。

2021 年 7 月，以太幣「巨鯨」（編按：巨鯨泛指擁有大量加密貨幣的大戶）花費 600 萬美元購買了限量版加密龐克（CryptoPunks，24×24 像素風格的圖片）[390]，NFT 狂潮自此席捲而來。2017 年，加密龐克的創作者馬特·霍爾（Matt Hall）和約翰·沃特金森（John Watkinson）曾經免費發放這些圖片，但突然之間，它們的價格高達 5 萬美元以上。2021 年 8 月底，加密龐克出現了巨額成交量，來到 2,800 筆，頂級加密龐克的售價超過 250 萬美元，支付公司 Visa 以 15 萬美元的價格購買了一款加密龐克。

目前還不完全清楚是什麼讓人突然追捧 NFT，因為 75％的市場交易都小於 1 萬美元。[391]NFT 集中在少數巨鯨手中，36 萬個用戶持有 270 萬個 NFT，但該市場的 80％的量集中存在於 32,400 個錢包地址中。此外，市場很可能因洗盤交易而熱烈盛事。NFT 也被視為一種社會資本，就像勞力士錶或藍寶堅尼跑車一樣，是身分的象徵。

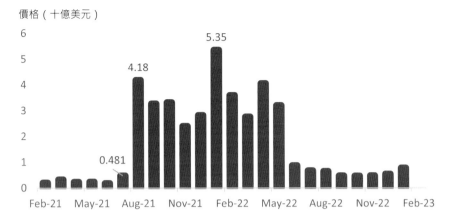

價格（十億美元）

圖 20：NFT 交易額成長了近 10 倍

資料來源：作者提供

◎ NBA Top Shot 藏品掀起 NFT 熱潮（2020 年）

2020 年，達拉斯小牛隊（Dallas Mavericks）的老闆馬克‧庫班（Mark Cuban）成為 NFT 的大力支持者，他參與了 NBA Top Shot 市場，這是一個基於區塊鏈的交易系統，用戶可以買賣美國職籃（NBA）的「歷史時刻」（Top Shot）。該平台由 NBA 和區塊鏈公司 Dapper Labs 合作開發，總銷售額超過 10 億美元，賣方對每筆交易收取 5％的費用。50％的交易發生於 2021 年第一季，此後價格下跌了 94％。[392]

Dapper Labs 由史丹佛大學畢業生羅漢姆‧加雷戈茲盧（Roham Gharegozlou）於 2018 年 3 月創辦，並於 2020 年推出 NBA Top Shot 系列。2021 年 3 月公司融資 3.05 億美元，同年稍後又以 76 億美元的估值融資 2.5 億美元。

NBA Top Shot 的熱銷與人們在疫情封控期間對數位所有權的需求不謀而合。為了滿足激增的需求並減緩等候時間，Top Shot 大幅增加了市場供應。隨著平台的技術能力達到極限，轉售商需要等待數周甚至數月才能提領。供過於求和交易問題，導致持有 NBA「歷史時刻」的人蒙受損失。

◎ Beeple NFT 售價 6,900 萬美元（2021 年）

2021 年 2 月 16 日，別名為 Beeple 的數位藝術家麥克・溫科爾曼（Mike Winkelmann）在佳士得（Christie's）拍賣會上以 6,900 萬美元的價格拍出了一組 NFT 作品。這件名為《每一天：前 5,000 天》（*Everydays : The First 5,000 Days*）的作品在經歷了兩周的競標之後找到了新主人。買家得到的只是一個數位文件和極不明確的圖像展示權。與大多數位藝術 NFT 一樣，新的所有人不擁有版權。

六個月前，Beeple 的藝術作品售價僅 100 美元。之後在 2020 年 10 月，其中一件作品以 6.6 萬美元的價格售出，12 月又以 350 萬美元的價格轉售。2021 年 1 月的一件作品售價已漲至 660 萬美元。

在《每一天》的拍賣會上，買方新加坡 Metapurse 加密投資公司創辦人維尼希・桑達雷桑（Vignesh Sundaresan）和賣方溫科爾曼都是抬高價格的既得利益者，因為這也推高了桑達雷桑擁有的其他 20 件 Beeple NFT 藝術品的價格。隨著《每一天》的出售，所有 Beeple 藝術品的價格都達到了巔峰，隨後暴跌。

路透社曾撰文稱，桑達雷桑「代表新一代的投資者，這些人在金融監管機構的視線之外創造了財富」。[393]2013 年 5 月，桑達雷桑辭去了印度一家報社開發人員的工作，創辦了名為 Coins-e 的線上加密貨幣交易所。他一邊為交易所工作，一邊在加拿大攻讀碩士學位。但一年後，交易者抱怨存入 Coins-e 的資金無法提取，大約有 50 人在公開論壇上討論這個話題。一年後，桑達雷桑以 315 枚比特幣（約 18 萬美元）的價格出售了 Coins-e。交易所擁有用戶資產共 456 枚比特幣，新東家聲稱桑達雷桑「兌付了用戶的所有交易」。[394]

隨後，桑達雷桑與其他兩位創辦人一起創辦了 Bitaccess 公司。公司業務是生產比特幣自動櫃員機，於 2014 年開始流行。Bitaccess 第一位用戶是以太坊的共同創辦人之一安東尼・迪・伊奧里奧（Anthony Di Iorio），當時以太坊正在透過 ICO 籌集資金。桑達雷桑在 ICO 期間購買了 2 萬枚以太幣。

2017 年 12 月，桑達雷桑試圖為他在新加坡成立的 Lendroid 公司籌集 300 萬美元，該公司將提供點對點借貸服務，也就是 DeFi 協定的早期版本。2018 年 2 月募資啟動時正值 ICO 的火熱時期，他在短短 2 天內籌集了 5 萬枚以太

幣，當時價值 4,800 萬美元。路透社發現，ICO 募集的大部分以太幣都被出售或轉移給不知名的實體，人們看不到專案的任何進展便紛紛離去。到 2019 年底，公司帳上只剩下 650 枚以太幣。Lendroid 的共同創辦人保羅·馬騰斯（Paul Martens）向加拿大安大略證券委員會（Ontario Securities Commission）舉報，指控桑達雷桑欺詐。

2019 年，桑達雷桑開始購買 NFT。2020 年 12 月，他用價值 220 萬美元的以太幣購買了 Beeple 的 20 件藝術品。他還在自己的虛擬藝廊舉辦了 Metapalooza 派對活動，與會者可以購買一種名為 B20 的數位代幣，以獲得他的 Beeple 收藏品的股份。1,000 萬枚 B20 代幣最初定價為每枚 0.36 美元，為了將流通量保持在較低的水平，只有 250 萬枚代幣進行了公開銷售。桑達雷桑透過他的公司 Metapurse 持有代幣的 59%，溫科爾曼持有 2%。這實際上使 Beeple 成為了桑達雷桑的商業夥伴。

在《每一天》的拍賣會上，B20 代幣的價格達到了 29 美元，早期 B20 購買者獲得了 80 倍的回報。兩個月後，價格降至 1.2 美元，兩年後降至 0.04 美元，遠低於最初的發行價。

在此期間，大量藝術價值未定的作品也在被炒的火熱的 NFT 拍賣會上售出。據稱，有些藝術家的作品被盜，在 NFT 拍賣會上被當作真品拍賣。

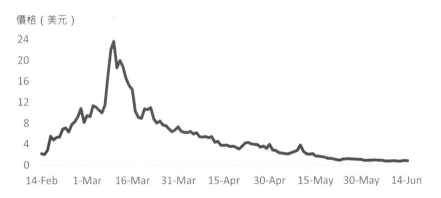

圖 21：B20－USD 幣價在《每一天》拍賣會時期的情況（2021 年）
資料來源：作者提供

◎ Yuga Labs 推出無聊猿遊艇俱樂部（2021 年）

2021 年 4 月 28 日，成立於 2020 年底的 Yuga Labs 公司推出了無聊猿遊艇俱樂部（Bored Ape Yacht Club，即 BAYC）。BAYC 系列由一萬個獨特的 NFT 組成，這些 NFT 來自 172 個有猿猴影像的獨立資產。它是由四位化名為賈不妙（Gargamel）、Gordon Goner、No Sass 和 EmperorTomatoKetchup 的朋友創建的。2022 年 2 月，賈不妙和 Gordon Goner 的身分被揭露，他們分別是格雷格·索拉諾（Greg Solano）和威利·阿羅諾（Wylie Aronow）。

BAYC 與 CryptoPunks 一起引領了 NFT 熱潮。BAYC 的鑄造價格最初僅為 0.08 以太幣（相當於 210 美元）地板價（floor price），最高時則達到了 150 以太幣（45 萬美元），增長了 1,875 倍。地板價的意思是特定藏品中所有 NFT 的最低價。

無聊猿成為了擁有者的身分象徵，他們經常將無聊猿當作社交媒體的頭像。許多購買者的另一個理由是，在擁有無聊猿的智慧財產權後，他們可以開展潛在的行銷和品牌推廣專案。例如，運動服飾公司愛迪達在 2021 年 9 月購買了一隻無聊猿，而《滾石》（Rolling Stone）雜誌則在隔年 11 月發布了無聊猿的封面專題。許多名人追捧無聊猿，特別出名的有阿姆（Eminem）、內馬爾（Neymar）、史努比狗狗（Snoop Dogg）、馬克·庫班（Mark Cuban）、波茲·馬龍（Post Malone）、史蒂芬·柯瑞（Steph Curry）和小威廉斯（Serena Williams）。

隨後，Yuga Labs 推出了名為「突變猿遊艇俱樂部」（Mutant Ape Yacht Club）的 BAYC 延伸版，市值達到 14 億美元。BAYC 本身的市值達到了 36.5 億美元，加密龐克的估值仍為 24 億美元。

2022 年 3 月 13 日，Yuga Labs 收購了 4,300 多個 CryptoPunks 以及 Meebits 系列的智慧財產權。公司宣布，這些 NFT 的持有者很快就會擁有與 BAYC 所有者相同的商業權利，BAYC 的地板價因此短暫上漲了 25％。

四天後的 3 月 17 日，BAYC 向自己的 NFT 持有者空投了 BAYC 治理和實用代幣 APECoin（APE）。有些人抱怨分配不公，因為 NFT 持有者只分得了 15％ 的代幣，而 37％ 的代幣分給了 BAYC 合作夥伴（包括創投公司）、Yuga Labs 和 Yuga Labs 的創始人，剩餘的 47％ 則流向了 APECoin DAO（去中心化自

治組織）金庫，這個金庫是為 APE 代幣的生態而建的。

當月稍晚，Yuga Labs 宣布獲得創投公司 4.5 億美元的融資，估值達 40 億美元。史努比狗狗（Snoop Dogg）、提姆巴蘭（Timbaland）和史蒂夫・青木（Steve Aoki）等知名藝人也參與了此輪融資，他們隨後推廣了 Yuga Labs 的 NFT。4 月底，APE 代幣的市值已增至 70 億美元。所有價值都是由一家在 2022 年初還只有 11 名員工的公司透過空投憑空創造的。

Yuga Labs 生態成為 Web3 的主導力量，占以太坊 NFT 全部市值的 43％。但 2022 年 10 月有報告指出，美國證券交易委員會正在對 Yuga Labs 進行調查，因為疑慮其 NFT 是未註冊的證券發行。[395]

洩漏的數據顯示，Yuga Labs 從其 NFT 作品中賺取了 1.37 億美元，2021 年淨收入 84％，利潤率為 95.5％，預計 2022 年的利潤率將升至 98.8％。該公司還籌集了 1,590 萬美元用於社群建設，2,820 萬美元用於遊戲開發。此外，該公司還出售了價值超過 3 億美元的元宇宙土地（the Otherside），其創建和出售成本僅為 460 萬美元。[396]

2021 年 11 月 21 日，支付公司 MoonPay 以 34 億美元的估值（比該公司近 20 億美元的交易金額還多一倍）融資 5.55 億美元。MoonPay 支援將法定貨幣兌換成 90 種不同的加密貨幣，也開發了 NFT 市場的結算解決方案。有好萊塢重量級人物收到價值不菲的 NFT，並在不透露代言關係的情況下為該公司宣傳。據傳藝人波茲・馬龍（Post Malone）播放一段 3 秒鐘的音樂影片，藉此收到了價值 75 萬美元的以太幣和 NFT 贊助費。影片中他使用 MoonPay 應用程式購買了一款無聊猿 NFT。[397] 深夜節目主持人吉米・法倫（Jimmy Fallon）、瑪丹娜（Madonna）、小賈斯汀（Justin Bieber）、運動員小威廉斯（Serena Williams）和史蒂芬・柯瑞（Stephen Curry）、演員凱文・哈特（Kevin Hart）和葛妮絲・派特羅（Gwyneth Palthrow）都推薦過 MoonPay 的 VIP 服務。也有人指責 MoonPay 和 Yuga Labs 誇大了 NFT 的價值。據悉，MoonPay 還投資了 Yuga Labs。籌集的 5.55 億美元資金中，有 1.5 億美元流向了 MoonPay 的高階主管，主要是創辦人艾文・索托－賴特（Ivan Soto-Wright），他在一個月後買下了價值 3,800 萬美元的邁阿密豪宅。

曾為擔任瑪丹娜經紀人的蓋・奧塞利（Guy Oseary）被指控策劃了 Yuga Labs 和 MoonPay 聯手推廣無聊猿的方案。奧塞利與演員艾希頓・庫奇（Ashton Kutcher）共同創辦了風險投資公司 Sound Ventures，而該公司也投資了 MoonPay 和 Yuga Labs。

◎ OpenSea 成為最大的 NFT 交易平台（2021 年）

在 NFT 市場中，OpenSea 是占主導地位的交易平台，市占率達 80％。[398] OpenSea 公司於 2018 年由史丹佛大學（Stanford University）電腦科學系畢業的亞歷克斯・阿塔拉（Alex Atallah）和德文・芬澤（Devin Finzer）創立，於 2021 年 7 月 20 日以 15 億美元的估值融資 1 億美元。[399]

OpenSea 平台有 25 萬活躍用戶。2022 年 1 月的月交易額飆升至 50 億美元，超過了 2021 年 8 月 30 億美元的高峰值，平台以 2.5％的交易費淨賺 1.25 億美元。同月，OpenSea 以 133 億美元的估值融資 3 億美元。

2022 年 5 月 1 日，OpenSea 的每日交易量達到創紀錄的 27 億美元，但四個月後，交易量下降了 99％。事實證明，早期購買 NFT 的人獲利頗高，而創造 NFT 的人是最大的受益者。

18

「我們的風險框架包含了交易對手的分析」

（扎克‧普林斯，BlockFi）

2021 年 3 月，灰階比特幣信託（Grayscale Bitcoin Trust，即 GBTC）的市值達到了 346 億美元的高峰。對於許多機構投資者和高淨值人士來說，GBTC 是在證券帳戶中購買比特幣最簡單的方式。

雖然美國財政部金融犯罪執法局（US Department of the Treasury's Financial Crimes Enforcement Network，即 FinCEN）在 2013 年發布的綜合討論文件讓比特幣交易的重心往海外移向亞洲，[400] 但灰階投資公司（Grayscale Investments）還是發行了一款被動式投資信託，在 2013 年的多頭市場中獲得了投資者的青睞。

灰階投資公司由貝瑞‧西爾伯特（Barry Silbert）創辦，西爾伯特是早期加密貨幣投資者，曾任 Restricted Stock Partners 公司的執行長，後來成立了數位貨幣集團（Digital Currency Group，即 DCG），為區塊鏈新創公司提供種子資金。他同時擁有並經營灰階和 Genesis Global Trading 兩家公司，後者是一家提供加密貨幣公司借貸和交易服務的公司。西爾伯特也是 Coinbase 和瑞波實驗室的早期投資者。

2013 年 9 月 25 日，比特幣信託 GBTC 首次亮相，其定位是向受信投資人以私募的方式發行，[401] 後來獲得了美國金融業監管局（Financial Industry Regulatory Authority，即 FINRA）的批准，符合條件的股份得以公開交易。這意

味著投資者可以買賣 GBTC 的股票，股票代號為 GBTC。GBTC 的交易價格與其資產淨值（NAV）相比大幅溢價，原因是 GBTC 要發行新股，只能向受信投資人私募，且新股在發行六個月後才能交易。

由於當時還沒有比特幣 ETF，GBTC 提供了便捷的方式讓人投資比特幣。該信託於 2015 年 5 月 5 日在場外交易市場 OTCQX 公開交易。[402] 根據另類報告標準（Alternative Reporting Standard），發行方無需在美國證券交易委員會註冊公司即可融資。GBTC 的股票可以透過經紀公司、個人退休帳戶（individual retirement accounts，即 IRA）和 401（k）退休福利計畫等帳戶買賣。雖然投資者可以認購 GBTC 的股票，但根據 1940 年頒布的《投資公司法》（the Investment Company Act）中規定的監管和消費者保護條例，這些股票不屬於普通股。

在 2018 年的大部分時間裡，GBTC 以高達 60％的溢價交易，因為透過券商帳戶場外交易的方式買比特幣信託基金的股票，比自行尋求比特幣的購買管道，難度跟門檻都降低了。然而近年越來越多投資人建立專門進行加密貨幣交易的帳戶，一些機構投資人也開始對溢價進行套利，讓溢價逐年縮小。2019 年的溢價縮減到 20％，2020 年又縮減到 15％。

在 2021 的搶購期間，許多傳統金融投資人急於快速布局比特幣，他們可以輕易地透過 OTCQX 這個場外交易市場購買 GBTC 的股票。相較之下，專業投資平台的認識客戶流程十分費時，設立加密貨幣交易帳戶有時需要耗費數月時間。但不同的是，GBTC 屬於信託股票，因此只能創建而無法銷毀或兌換比特幣。這意味著流通股的數量不會減少，當投資人想把它們換回法幣時，只能在 OTCQX 市場上把它們賣給另一個買家。

Coinbase 的大量上市行銷活動，吸引了投資者在加密貨幣交易所設立交易帳戶。因此，2021 年 3 月 2 日，GBTC 股票的交易價格開始低於其資產淨值。這對加密貨幣產業產生了巨大影響，負溢價交易持續了一年之久。

◎ BlockFi：利用 GBTC 交易（2020 至 2021 年）

2020 年，GBTC 的平均溢價率為 15％至 20％。受信投資人可以申購 GBTC 股票，持有六個月後就可以在 OTCQX 市場出售。為了對沖比特幣的潛在風險，機構投資者可以從加密貨幣借貸平台借入比特幣，支付為期六個月 3％至 5％左右的年化利率，並在加密貨幣市場賣出比特幣。在六個月的閉鎖期結束後，出售 GBTC 股票並回購比特幣，結清貸款。只要 GBTC 的交易價格高於借入比特幣的成本，這個策略就能獲得至少 20％至 30％的年化收益。

截至 2020 年底，加密貸款公司 BlockFi 持有 GBTC 5％的股份，客戶將股份作為抵押品，這有助於增加公司的貸款額度。正如 BlockFi 執行長扎克・普林斯（Zac Prince）所說：「除了與該產品相關的投資機會外，還有借貸市場的機會，我們的大量參與能為客戶增值。」[403]

新加坡的投資公司三箭資本是 BlockFi 最重要的客戶，並在 2020 年 4 月成為其策略投資夥伴。作為回報，BlockFi 提供了 6 至 8 的槓桿為三箭資本提供借款。Genesis Global Trading 的子公司 Genesis 亞太有限公司（Genesis Asia Pacific Ltd.）向三箭資本出借 24 億美元。

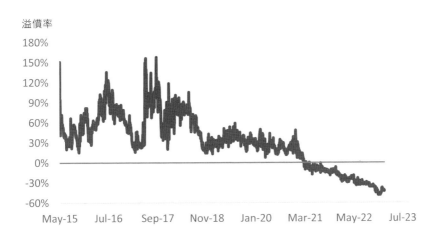

圖 22：2021 年 3 月以前的 GBTC 基本上都處於溢價交易狀態
資料來源：作者提供

由於 Genesis（前 CEO 為麥可・莫羅，Michael Moro）和灰度（CEO 為麥可・索南辛，Michael Sonnenshein）都是 DCG 的子公司，因此三箭資本非常樂意從 Genesis 借入更多的資金，並認購灰階 GBTC 的股份——這將增加灰階 GBTC 2% 年管理費的收入，最終使 DCG 的子公司受益，因為收取管理費的流通股數不會減少。

◎ 三箭資本：從 0 到 100 億美元再負債 30 億美元（2021 至 2022 年）

三箭資本（3AC）是 GBTC 最大股東。公司揭露了 12 億美元的持股，占所有流通股份的 6%，到 2021 年第一季末，持股預估會增加到 20 億美元。

三箭資本由朱溯（Su Zhu）和凱爾・戴維斯（Kyle Davies）於 2012 年 5 月 3 日創立。朱溯和戴維斯最初相識於馬薩諸塞州位於安多弗的一間預科學校，也就是著名的菲利普斯學院（Phillips Academy），該校每年每位學生的學費高達 7 萬美元。他們都就讀於哥倫比亞大學（Columbia University），之後在瑞士信貸集團（Credit Suisse）短暫工作。成立之初，三箭資本聚焦於新興市場貨幣衍生品的套利機會，試圖利用做市商和銀行之間的錯誤定價獲利。

雖然創始人經常聲稱他們沒有外部投資者，但他們從不同的交易對手那裡獲得了巨額貸款。截至 2022 年 4 月，三箭資本管理價值 30 億美元的加密貨幣，並透過與加密借貸平台的貸款支配 100 億美元的資產。

2022 年 7 月，三箭資本過度槓桿化加密對沖基金，在熊市中因虧損而申請破產，當時加密貸款機構 Voyager Digital 也因其 6.5 億的欠款被迫申請破產保護。Genesis Global Trading 和最早的加密貨幣公司之一，Blockchain.com 也分別有三箭資本 24 億美元和 2.7 億美元的未償還貸款。

加密貨幣借貸機構在提供貸款時通常不要求任何形式的抵押。例如，BlockFi 的 18 億美元貸款中有三分之一是無擔保的。加密借貸平台透過借出加密貨幣和現金以賺取利息收益，而無抵押要求的貸款可以要求更高的利率。這種無抵押貸款的做法在產業中已成為普遍現象。加密放款單位本質上為銀行，

他們以較高個位數的收益率吸引散戶，再把存款以更高的利率借給三箭資本、阿拉米達等交易公司。由於加密借貸機構不受監管，它們無需持有資本或流動性緩衝部位。但如果遭遇用戶擠兌，即可能會崩潰。

加密貨幣經紀公司 Voyager Digital 的加密貨幣貸款額從 2021 年 3 月的 3.8 億美元增長到 2022 年 3 月的約 20 億美元，而其中僅 11% 的資金提供了抵押。[404] 當三箭資本因無法償還 6.5 億美元貸款而申請破產時，Voyager 也隨之倒閉。

2021 年 5 月，DeFi 借貸協定 Maple Finance 在市場最火熱的時期推出，其商業模式不需要存入加密貨幣抵押（一旦違約，抵押品可能會被沒收或迅速清算）。平台僅根據信用度評估借款人的償付能力。（截至 2022 年底，Maple 貸款池 66% 的未償還總額都歸類為違約或不良負債。）[405]

Maple 推出後，受到提供流動性的交易公司和做市商的青睞。存款人包括散戶投資者和尋求持幣收益的機構投資者。到 2022 年 5 月，該協定的貸款金額已達 9 億美元，原生的 MPL 代幣估值達到 3 億美元。

無抵押貸款的規模約介於 200 億到 500 億美元之間。如果 Voyager 貸款金額的成長是整個產業的縮影，就能解釋為什麼加密貨幣基金在 2021 年 11 月槓桿率呈指數級增長時，能夠部署如此大量的資金。由於各國央行利率維持在趨近於零，而加密公司卻願意以年化 10% 至 15% 的利率借錢，讓許多機構都趨之若鶩，願意提供資金。

三箭資本還擁有巴拿馬加密貨幣衍生品交易所 Deribit 17% 的股份，Deribit 處理大多數加密貨幣選擇權交易。三箭資本可以從 Deribit 借入比特幣等加密資產，年利率僅 2.5%。

三箭資本可能從吸收散戶存款的其它公司借了 100 億美元，支付 10% 至 14% 的費用，而這些公司的散戶存款人只能拿到 6% 至 8% 左右利息。三箭資本的聯合創始人朱溯按照自己的「超級周期」（supercycle）理論進行交易，認為「隨著機構和主流資本進入該領域，熊市的機率將大大降低」。[406] 令人遺憾的是，「超級周期價格理論是錯的」。[407]

朱溯的理論是基於 1997 年出版的《主權個人》（*The Sovereign Individual*）一書，作者在書中預測了網路經濟、非國有的數位貨幣、客製化媒體的出現，以及公眾對既有機構的不信任達到新高。[408] 書中的核心訊息是，動機引導人類行動，因此，如果我們了解動機，就能預測人類的活動。書中也描述了暴力的邏輯，以及在整個人類歷史中，索取比創造更容易。只有在財產受到保護的情況下，努力工作才有意義。

◎ 山姆・特拉布科：阿拉米達的交易員及未來的聯合執行長（2019 至 2022 年）

山姆・特拉布科於 2019 年 3 月加入阿拉米達研究並擔任交易員。在此之前，他曾在海納國際集團擔任兩年債券交易所交易基金（bond ETF）的交易員。與 SBF 一樣，他也畢業於麻省理工學院，擁數學和電腦科學學位。

特拉布科的雙親分別是威爾斯利學院（Wellesley College）校警和幼兒園教師，他曾就讀羅克斯伯利拉丁學校（Roxbury Latin School），這是一間私立男子高中。他曾在學校參加數學競賽，有時與就讀於波士頓牛頓北方高中（Newton North High School）的卡洛琳・艾里森（Caroline Ellison）一較高下。他在兩個暑假裡，都參與了一個參加門檻極高的數學夏令營，而王子肖（Gary Wang），也就是後來 FTX 的技術長，也在這個夏令營中。特拉布科第一次見到 SBF 是在 2010 年，該年的數學夏令營在曼荷蓮學院（Mount Holyoke College）舉行。

特拉布科在麻省理工學院與王子肖同班，兩人都比 SBF 晚一年畢業。但特拉布科對有效利他主義並不感興趣，似乎也無法融入 SBF 的核心圈。他後來被任命為阿拉米達公司的聯合執行長（co-CEO），主要是因為他願意承擔風險並為公司謀利。

2017 年，特拉布科離開海納國際集團並移居舊金山，最後加入了阿拉米達。2020 年，他花 50 萬美元在緬因州（Maine）買了一間四房住宅；2021 年，他花近 900 萬美元在舊金山買了一間可以俯瞰金門大橋的豪寓。他還買了一艘 52 英尺長的船，並取名為「Soak My Deck」。[409]

19

「好吧，加密貨幣的確跌了不少」

（山姆·特拉布科，阿拉米達研究）

2019 年 3 月，當山姆·特拉布科（Sam Trabucco）加入阿拉米達研究時，比特幣價格已從 2017 年 12 月的近 2 萬美元跌至僅 4,000 美元。這家加密貨幣交易公司剛從舊金山搬遷到香港，在韓國「泡菜溢價」幾乎完全消失的熊市階段探索其它獲利模式。

2019 年 6 月，中國封鎖所有國內外加密貨幣交易所和首次代幣發行網站的存取權限，加密貨幣交易活動轉往地下。該年香港反政府抗議活動期間，比特幣在香港的交易價格比國際交易所高出 4％，泰達幣也經常以兩到三個百分點的溢價出售，阿拉米達利用這些價差獲利。

特拉布科將比特幣賣出換取美元，然後將美元匯入泰達公司在巴哈馬的 Deltec 銀行帳戶，以 0.1％ 的手續費鑄造 USDT 代幣；除去一些執行成本後，再以 2％ 至 3％ 的溢價出售 USDT 並換回比特幣。特拉布科不斷重複這個過程，每當 USDT 的交易價格高於 0.2％ 的鑄幣和執行成本時，就可以透過價差套利。

一開始他反覆試錯。他太保守，而泰達幣的鑄造和贖回速度比他預期的要快，而且鑄幣過程中鎖定資本的成本也比預期低。但情況瞬息萬變，且阿拉米達非常積極地回收資本。2014 年到 2021 年間鑄造的泰達幣價值達 1,085 億美元，其中阿拉米達和坎伯蘭至少占了 600 億美元（55％），光在 2020 年就創造了泰達幣總供應量的 60％。

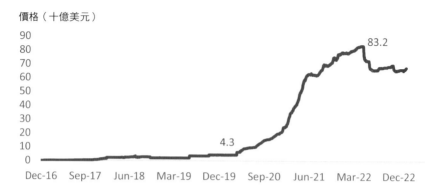

圖 23：泰達幣的市值

資料來源：作者提供

◎ 機構資金開始流入加密貨幣市場（2020 年）

加密貨幣市場在 2020 年感恩節（11 月 26 日）前後反彈，並受到槓桿多頭合約買盤的擠壓而進一步走高。市場情緒高度看漲，被強平的空頭也促進價格上漲。以套利策略為主導的熊市突然轉牛，主動交易策略最有利可圖。

小型山寨幣也開始反彈。因為一旦比特幣的漲幅停滯，交易者就會立刻尋找其它能夠跟上比特幣的幣種。跟隨比特幣反彈的山寨幣是偏美國的高素質加密貨幣，如解決比特幣可擴展性問題的 Nano（XRB），以及在美國成立的跨境交易協定恆星幣（Stellar，即 XLM）。

但這類交易僅偶爾獲利。阿拉米達透過在第一時間分析比特幣買家的身分，以獲得市場先機，因為這影響比特幣對其它幣種可能產生的溢出效應。感恩節期間比特幣的漲勢是由美國機構買家推動的，而非來自以太幣等其它加密貨幣的資金轉移。傳統投資者進軍加密產業，而這改變了市場的遊戲規則。

在阿拉米達的交易系統中，清算的影響尤其劇烈。由於市場上存在大量山寨幣空頭部位，當這些部位被清算時，通常會整夜接連不斷地觸發強制平倉警報。加密貨幣交易者群體行動，一個部位被清算，極易導致其它類似部位的跟風交易者出現連鎖清算。這些清算警報警示阿拉米達團隊注意可能出現大規模

訂單清算的風險。

在流動性較低的感恩節周末，瑞波幣等山寨幣出現了 10% 的反彈，引發大量的清算。加密貨幣市場有一個共同特徵，就是在交易活動低迷的假日和周末，部位會被有意推向某一方向並觸發強制平倉。加密貨幣交易所通常擁有自營交易團隊，他們能看到用戶的停損點和清算價格。清算模型無法根據周末時期的低交易量進行調整，同時，在平靜且流動性較弱的感恩假期，許多交易者建立了空頭槓桿部位。根據歷史數據，這時未平倉合約量處於高位，代表這些投機性空頭部位面臨清算風險。

比特幣的反彈將市場變成多頭主導。當最後一個買家入場而無新買家跟進時，價格會突然下挫，清算短線交易者的部位，最終引發崩盤。由於許多交易者使用的是 20 倍槓桿，光是 4% 的下跌就可能引發大規模的連續清算。在周末這樣流動性較弱時期，比特幣的價格容易出現單邊行情，交易所的自營團隊就可以利用這一點操縱散戶訂單。

美國機構自發性購買比特幣引發了次級效應，那就是藍籌山寨幣隨後價格上揚。然而一旦買盤停止，這些幣種都會再次拋售，由於高槓桿和清算的連鎖效應，這樣的模式會不斷重複。加密貨幣交易所日益增長的影響力也進一步加劇了行情的大起大落。

清算結束後，市場價格往往會快速回歸均值，這使得大型做市商可以透過提供流動性以及反向交易獲利。然而如果價格未如預期反轉，阿拉米達就會面臨持續性虧損。儘管阿拉米達的交易方式是以量驅動，最初採市場中立、未帶方向性的觀點，但該公司意識到，只有深入解析加密貨幣價格的驅動因素才能抓住市場機會。隨著機構資金持續流入，阿拉米達開始透過預測資金流入時間和分析填補部位所需的時間來賺取收益。因此，阿拉米達必須取得交易所的流量數據。

阿拉米達的員工在社群媒體上與其他交易員互動，鼓勵他們分享最新的市場動向，這也有助於自己判斷市場行情。而阿拉米達本身也從純粹實行市場中性策略、無方向的交易公司，轉變為進行方向性交易的機構。

◎ 圍繞美國證券交易委員會瑞波訴訟案的方向性押注（2020 年）

當美國證券交易委員會正在調查瑞波實驗室（Ripple Labs）的這項傳言流出，瑞波的原生代幣 XRP 隨即做出負面反應。在 2018 年多頭市場的高峰期，XRP 的市值曾達 1,200 億美元，韓國散戶交易量最為龐大。但到了 2020 年 11 月，XRP 的市值在 120 億美元停滯了 18 個月。隨後在 2020 年 12 月，隨著機構交易者的湧入，XRP 的價格翻了一倍，但在同月底美國證券交易委員會對瑞波實驗室提起訴訟後，XRP 的價格在短短幾天內下跌了 50%。

瑞波實驗室成立的目的是為金融機構提供低成本、更快速的跨國轉帳結算服務，交易使用 XRP 代幣在 RippleNet 網路上進行結算。但由於瑞波也曾使用 XRP 代幣募資，美國證券交易委員會指控其向美國（及其它地方）的投資者發行「未註冊的證券」，而這需要獲得美國證券交易委員會的批准才能進行。[410]

山姆・特拉布科判斷，未平倉合約量已高到足以引發連續清算的程度。他列出了其它一些可能出現並對加密貨幣價格造成破壞性打擊的消息，而每次這些不利新聞出現時，行情的下跌也確實印證了他的預測。這樣賺錢太簡單了。

瑞波訴訟引發了大規模的次級效應，交易所宣布下架 XRP 代幣，場外交易平台宣布停止為 XRP 做市，投資基金也清算了所持有的 XRP。自 2020 年 12 月 28 日起，Coinbase 只允許有限額地交易 XRP，並在 2021 年 1 月 19 日將該代幣完全下架。[411]

◎ 透過 FTX 商品交易美國大選（2020 年）

2020 年 2 月，FTX 上架了可以押注 11 月美國總統大選結果的期貨合約商品。阿拉米達作為該交易所主要的流動性提供者，也為這個衍生性商品合約做市。結果宣布喬・拜登（Joe Biden）在大選中獲勝，雖然市場擔心川普（Trump）不會在 2021 年 1 月 20 日拜登就職後搬離白宮，但是特拉布科堅信川普會讓步。期貨合約顯示川普在輸掉大選後仍留任的機率在 15% 至 20% 之間，而這一機率很可能進一步被壓縮至 0 或 1%。

對特拉布科來說，這就像白花花的鈔票。他了解自身優勢，並選擇最佳時機賣出最多的合約以最大化損益結果（profit and loss，即 PnL）。但後來，當阿拉米達開始直接參與協定，爭議也隨之而來。

◎ 比特幣突破 2017 年高點（2020 年）

到了 2020 年 12 月，也就是比特幣價格在震盪區間交易近三年後，又回到 2017 年的高點。許多交易者預計比特幣無法達到前高，因為這些價格被視為阻力點位。但在短暫的波動後，價格出現了爆炸性上漲。特拉布科研究美國機構投資者的交易流量後，對市場價格上漲胸有成竹。新的牛市即將到來。

比特幣價格自 2017 年以來首次突破 2 萬美元大關時，被強平的訂單持續推高了價格而讓漲勢持續。特拉布科在此期間極力做多，當比特幣接近 3 萬美元時，他不確定價格會不會更高了，因為此時的幣價已經遠遠超過歷史最高點。但在 2021 年頭 4 個月裡，在特斯拉購入價值 15 億美元比特幣，以及 Coinbase 成功上市的刺激下，比特幣價格突破 6 萬美元。

◎ 阿拉米達為求利益而操縱協議（2021 年）

2021 年 3 月 8 日，區塊鏈公司 Reef Finance 與阿拉米達達成協議，以 20％ 的折扣發售價值 2,000 萬美元的首批 Reef 代幣，以便與 Serum 去中心化交易所（DEX）和 Solana 區塊鏈形成長期綜效。[412]Reef 協定旨在讓「10 億新一代用戶觸及 Web3 區塊鏈」。[413] 但阿拉米達立即出售了這些代幣，迅速獲利 400 萬美元。

阿拉米達聲稱，雙方是在沒有任何背書或合作的情況下達成 8,000 萬美元 Reef 代幣的交易。但後來，當 Reef 拒絕發送剩餘的 6000 萬美元的代幣時（Reef 已售出這些代幣而獲利），特拉布科便威脅 Reef。阿拉米達及其旗下交易所 FTX 早已擬定了應對計畫，FTX 在官方推特上發起了投票，詢問社群是否應該將這些「拉地毯」（編按：rug pull，指項目方帶著用戶投資代幣或 NFT 項目資金突然消失並放棄運作的騙局）代幣下架，其中明確點名了 Reef。

Reef 公司執行長登科‧曼切斯基（Denko Mancheski）後來稱這種行為是共謀和市場操縱。[414] 許多交易者表示贊同，認為特拉布科在香港交易時間操縱市場，而那時正是美國交易者的睡覺時間，流動性較低，價格因此更容易被操控。

◎ 阿拉米達抬高幣價，FTX 上架代幣（2021 年）

加密項目通常只向市場分配極小部分代幣，大部分都會分給創辦人和早期投資者。這些代幣將在數月甚至數年內保持鎖定狀態，就像傳統公司不斷向市場發行股票一樣，最終現有代幣持有者的所有權將被稀釋。

流通量低的代幣價格很容易被操縱。阿拉米達主動向專案方提供這種「幫助」，以此換取免費或折價的代幣配售。阿拉米達會在推特或 Discord（網路即時通訊軟體）上大肆吹捧項目，當代幣在 FTX 上市後價格常會暴漲。這時阿拉米達就可以利用流動性，拋售代幣，獲得豐厚利潤。這就是所謂的「敲詐散戶（dumping on retail）」。[415]

阿拉米達成了這些虛高估值代幣的典型代表。被業內人士稱為「山姆幣」（S[c]am coins），因為 SBF 親自參與的代幣都有相同的套路：交易量稀少，流通量小，容易被操縱，可以用作抵押貸款借入穩定幣，然後再轉換成其它主流加密貨幣。

阿拉米達曾大力推廣的代幣計畫之一 Serum（SRM），是在 2020 年 8 月由 Solana 基金會、FTX 和阿拉米達合夥發起的。當時 Serum 的市值約 1.05 億美元，完全稀釋後的估值（fully diluted valuation，編按：價格 × 包含未來會發行的最大發行量）僅有 300 萬美元。其流通量為 3.72 億枚，但未來解鎖釋放的代幣總數高達 102 億枚。這樣做的目的是為了提高知名度，「拉高」代幣價格，並在代幣逐步解鎖後繼續賣幣賺錢。如果加密用戶忽視了這個解鎖機制，當供應量激增時，手中的代幣價格勢必貶值。

在《富比士》雜誌於 2021 年 1 月將 SBF 列入億萬富豪榜後，他定期向該雜誌發送自己持幣詳情的表單。他標註自己的財富為 2,900 億美元，其中阿拉米達所管理的資金為 86 億美元，這兩個數字都包括了他留給自己的未解鎖代幣。

SBF 對自己 FTX 股份的估值為 159 億美元，FTX.US 為 42 億美元，FTT 代幣為 46 億美元，SRM 代幣為 24 億美元，Solana 代幣為 17 億美元。

幾個月後，SBF 給了《富比士》最新消息。這次，他對自己的財富估值為 470 億美元，管理下的阿拉米達基金為 370 億美元。最有趣的是，他持有的 SRM 價值增加到了 220 億美元，他還賣了 Solana 代幣 SOL 並買入了更多的 FTT 代幣。[416] 證據是，2022 年 11 月 FTX 破產後，SBF 和阿拉米達以 FTT 和 SRM 代幣作為抵押，借款數十億美元。

◎ 迎接牛市（2021 年）

卡洛琳・艾里森讀過以傳奇股票交易員傑西・李佛摩（Jessy Livermore）的生平為原型所著的經典小說《股票作手回憶錄》（*Reminiscences of a Stock Operator*）之後，[417] 對特拉布科的觀點表示贊同，即「為了微薄利潤頻繁交易就是浪費時間」。[418] 他們都意識到，加密市場變化莫測，與其高頻交易，不如深入研究市場消息，並據此判斷行情。他們押注價格繼續上漲，以期從牛市中獲利。

凱利公式（Kelly criterion）是一個機率模型，用於計算理論上最佳的賭注規模。例如，如果馬斯克發布狗狗幣（Dogecoin）的相關內容時，狗狗幣下跌 75％ 的機率為 90％，上漲 10 倍的機率為 10％，那麼其預期價值就是 32.5％——公式為（$0.1 \times 1000\%$）（$0.9 \times 75\%$）。這意味著該事件值得下注，因為儘管獲勝機率很低，但上漲空間遠大於下跌空間。凱利公式向年輕人吹捧加密貨幣的高風險高回報是他們的最佳投資方式——要嘛大富大貴，要嘛一無所有。這也是華爾街賭場（WallStreetBets）群組所宣揚的精神。

然而，DeFi 生態需要更多市場洞察而非投資分析。加密交易者需要關注哪些協定可以提供最高的年化收益率（APY），然後快速投資新推出的高收益協定。這裡不需要運行量化模型，也無暇考慮長線投資策略。目標就是享受 DeFi 協定初推出時的高收益，然後棄舊圖新。

阿拉米達的每日交易量高達 50 億美元，部分交易資金來自 DeFi 借貸協定。[419] 該公司從無抵押借貸平台 TrueFi 借了 7.5 億美元，並在 2021 年 8 月 TrueFi 的母公司 TrustToken 融資時投入了 1,250 萬美元。阿拉米達還從 Maple Finance 等其它 DeFi 協定和個人貸款人那裡獲得了資金。

TrueFi 是一家以機構為導向的 DeFi 借貸公司，成立於 2020 年 11 月，提供總額高達 12.6 億美元的無抵押貸款。阿拉米達主要透過 DeFi 平台交易，而來自 TrueFi 的貸款也占了其資產負債表的一大部分。[420] 阿拉米達向 TrueFi 借入穩定幣的年化利息為 7.5％，而 FTX 向用戶收取的年化利息則是 8.5％，利差高達一個百分點。

在某些情況下，加密交易商可以透過對同一資產進行多次貸款來實現遞歸借款（recursive borrowing），從而追求更高收益。正如 OKX 董事萊尼克斯・賴（Lennix Lai）解釋的：「就年化收益率而言，這對普通投資者極具吸引力，是看似沒有風險的理財產品。」[421] 在多頭市場中，槓桿效應發揮得很好。但 DeFi 借貸市場還是從 2022 年初的 1,500 億美元下跌到了一年後的 500 億美元。[422]

◎ 為超級周期做準備（2021 年）

2021 年 6 月，市場開始擔心灰階比特幣信託（GBTC）的負資產淨值（NAV）問題。投資者不再購買無溢價的信託基金。新資金是否流入，取決於美國證券交易委員會是否批准 GBTC 轉換為指數股票型基金。新發行的股票有 6 個月鎖定期，而在 3 月其資產淨值已呈現負值。先前發行的股票只能在二級市場出售。當時 GBTC 將持有價值 240 億美元的比特幣。有人預測，因持有者拋售部位預期會增加，7 月 19 日前可能會出現 6 萬枚比特幣（約價值 6.27 億美元）的賣出大單。因此，比特幣價格在夏天持續走低。

但 7 月 23 日，亞馬遜支付團隊發布招募廣告，欲尋找數位貨幣和區塊鏈專家。[423] 這顯示亞馬遜正考慮開放加密貨幣支付，市場重拾看漲預期。幾天後，一項限制加密貨幣聯邦監管力度的兩黨基建法案修正案推出，這好消息同樣有利於推升加密貨幣價格。[424]

然後在 9 月 8 日，比特幣在沒有任何具體原因的情況下突然下跌了 17%。由於市場過熱，比特幣永續合約相對現貨價格出現了大幅溢價。在交易量較弱的市場，提供高槓桿的交易所資金流入量最大，弱勢的多單更容易被清算。由於下跌沒有實質性原因，特拉布科總結說：「最棒，且可料想到最好的事就是要買入——現在是抄底的大好時機。」[425]

◎ 阿拉米達挪用 FTX 用戶資金，哄抬幣價（2021）

根據 Coin Metrics 的分析，在 2021 年 9 月、10 月和 11 月的市場高峰期前，阿拉米達額外部署了 220 億美元。其錢包地址向 DeFi 借貸協定發送了 78 億美元，向流動性挖礦協定發送了 46 億美元，向 FTX 以外的加密貨幣交易所發送了 44 億美元。跨鏈資金外流達 95 億美元，其中以太坊外流最多的是 Avalanche、Fantom 和 Polygon 區塊鏈平台。

鏈上流量顯示，在 8 月 30 日那一周，阿拉米達從 FTX 收到了 40 億美元，一個月後又收到了 40 億美元，而以太幣價格當時約為 3,500 美元。SBF 後來聲稱，FTX 只是將資金借給了阿拉米達，但 FTX 的用戶條款明確表示，沒有用戶同意，不會出借用戶資金。

阿拉米達將從 FTX 獲得的資金投入高風險的協定中，一旦熊市來臨，這些協定的價值就會下跌。該公司也積極投資風險較大的跨鏈橋，例如在 2022 年 2 月被駭客攻擊的蟲洞橋（Wormhole Bridge），該計畫損失達 3.25 億美元。

阿拉米達獲取的是穩定幣形式的貸款，但投資的卻是即將於 2022 年崩盤的非流動性資產。2022 年 4 月，以太幣回落至 2,700 美元，與阿拉米達從 FTX 收到 80 億美元時的水準相比，低了約 20%。2021 年 12 月之後，阿拉米達錢包的活躍度開始急遽下降。持倉可能已經虧損，而團隊期待市場反彈。定向做多策略似乎已經受挫。

2022 年 11 月底，FTX 破產管理人向德拉瓦州地方法院提交的文件顯示，阿拉米達和 FTX 在 2021 年的合併報稅表中公布了 37 億美元的營業淨虧損。[426]阿拉米達很可能在 2022 年 5 月 UST 幣／LUNA 幣脫鉤之前就已經破產。

CH.5

加密貨幣熊市
2022 年

探討 2022 年的熊市階段，加密貨幣如何從數兆美元的估值中轟然崩塌，以及 Terra 穩定幣的內爆事件如何導致 600 億美元於短短數天內化為烏有。

20

「一位老朋友」

（尚‧查洛賓，Deltec 銀行）

2021 年 11 月 30 日，美國聯準會主席鮑威爾（Jerome Powell）在描述通貨膨脹時避免使用「暫時性」一詞。聯準會官員先前一直向民眾保證，相較於去年同期通膨數據的上升僅是由於供應鏈瓶頸所致，是暫時性的。現在看來，聯準會似乎不認為通膨是短期問題，這代表聯準會需要升息以對抗通膨。

鮑威爾也提出聯準會將停止資產購買計畫，該計畫主要為了在疫情期間提振市場。而當時正是疫情爆發之後兩年，聯準會正讓市場做好準備，迎接即將限制流動性的鷹派央行。當時以太幣的交易價格為 4,500 美元，比特幣為 6 萬美元。

2022 年 1 月初公布 2021 年 12 月中旬聯邦公開市場委員會（Federal Open Market Committee，即 FOMC）的會議紀要證實，央行行長們曾有過「通膨將在更長時間內保持較高水準」的觀點，[427] 其中幾位聯準會成員主張加快升息步伐以對抗通膨。

3 月 9 日，聯準會進行了最後一次公開市場購買，結束了始於 2020 年 3 月的第四次量化寬鬆（QE）計畫。聯準會透過購買國債、不動產抵押證券（Mortgage-backed security, MBS）和機構債務實施量化寬鬆，兩年來向市場注入了近六兆美元。在第四次量化寬鬆計畫期間，股市每年上漲 22％，遠多於過去 100 年股市平均每年 8％的漲幅。

2022 年，加密貨幣市場先後經歷了 UST ／ LUNA 和 FTX 的暴雷衝擊。當聯準會對抗通膨採取鷹派政策時，加密市場往往下挫；而當聯準會戰術轉鴿以平穩過渡時，加密市場會隨之反彈。儘管 DeFi 協定曾提供 7％至 10％甚至更高的收益率，但只要聯準會升息，傳統金融市場收益隨之上調，DeFi 的收益優勢就不再明顯。對於可以進場國債的機構，如果沒有足夠激勵，他們不會優先投資 DeFi。隨著傳統金融收益的大幅提升，DeFi 收益持續走低，最後激勵機制崩潰，市場對 DeFi 的需求逐漸消失。

泰達幣（USDT）的持有者只有將穩定幣用於借貸協定才能獲得收益。相較之下，穩定幣的發行方泰達公司卻能將近 800 億美元的未償還 USDT 存入收益率為 4％的國債。泰達公司過去一直在努力接觸傳統銀行。在巴哈馬，它與擁有約 150 億美元儲備金的 Deltec 銀行建立了合作關係，也與名為資本聯合銀行（Capital Union Bank）的精品投資銀行合作，該銀行在 2020 年底的資產規模為 10 億美元。資本聯合銀行的董事長是龍尼・豪威爾（Lonnie Howell），他曾與他人共同創辦了瑞士上市銀行 EFG International。但此時，大多數老牌加密貨幣公司都是透過加州的銀門銀行（Silvergate Bank）為美元和法幣出入金。

◎ 拜登的經濟刺激政策遇阻（2022 年）

央行不僅在 2022 年限制流動性，財政刺激政策也宣告結束。2 月 3 日，搖擺選民、來自西維吉尼亞州的民主黨參議員喬・曼欽（Joe Manchin）宣布，拜登總統的「重建美好未來」（Build Back Better，即 BBB）計畫「已死」。[428] BBB 計畫是耗資 17 億美元的一組措施，旨在資助各種社會投資。但曼欽認為，該計畫成本過高，在利率不斷上升的情況下，將為國債帶來重負。利率上升導致流動性收緊，寬鬆貨幣政策的逆轉會導致低品質科技投資以及加密貨幣的資金的逐步撤出。

◎ 加密貨幣價格高峰（2021 年）

儘管中國 80％的挖礦活動已轉移至以哈薩克斯坦和美國等海外地區，但

2021 年 11 月 10 日中國國家發展和改革委員會（發改委）再次宣布「將重點清理涉及虛擬貨幣和比特幣挖礦的國有單位，重申所有與虛擬貨幣相關的活動都是非法的。虛擬貨幣不具有與法定貨幣相同的法律地位」。[429] 規定任何濫用電力補貼進行加密挖礦的機構，都將面臨電費價格的大幅上調。

在發改委會議之前，比特幣的交易價格接近 6.8 萬美元，會議後價格下跌了 7％，不久又跌破 6 萬美元。儘管中國在 2021 年 5 月取締了比特幣挖礦活動，但全球比特幣挖礦雜湊率仍有兩成來自中國。中國交易者可使用虛擬私人網路翻牆，據估計，2021 年 6 月至 2022 年 7 月間，中國的加密貨幣交易總額為 2,200 億美元。

2021 年 11 月後的市場情緒看漲，但美國證券交易委員會於 12 月 2 日拒絕了另一項關於比特幣現貨 ETF 的提案。這次，ETF 供應商 WisdomTree 曾預期能為散戶提供便利的比特幣投資管道。正如 2017 年 12 月比特幣期貨在芝加哥商品交易所上市一樣，許多交易者預期比特幣 ETF 將獲得批准而買入了比特幣。

12 月 4 日，比特幣在流動性不足的周末觸發止損，突然下跌了 20％。一連串的清算顯示槓桿過高，而市場預期未來利率走高的心理，也戳破了這個泡沫。此時，比特幣價格已跌破 5 萬美元，大額比特幣持有者，也就是所謂的巨鯨，正在將比特幣轉移到加密貨幣交易所，這表明他們想要拋售比特幣。

12 月 8 日，六位加密貨幣高管出席了美國眾議院金融服務委員會（US House Financial Services Committee）聽證會，議員們探討監管該產業最妥善的方法。這是加密貨幣產業高層首次針對風險和監管問題直接面對立法者的質疑。[430] Coinbase、Paxos、Bitfury、Stellar、FTX 和 Circle 的高層都呼籲採取溫和的監管措施，他們認為過於嚴苛的監管會讓創新產業外移。[431]

在 2018 年眾議院舉行的加密貨幣相關聽證會上，一些國會議員對數位貨幣表達高度懷疑，他們警告散戶投資人，加密貨幣泡沫破滅時將血本無歸。[432] 該小組委員會曾要求在 3 月 14 日舉行聽證會討論首次代幣發行的事宜，因為美國證券交易委員會已經開始監管此類活動。但直到 2021 年，相關規定仍遠落後於加密貨幣的用戶採用量。散戶的市場參與度很高，同時，隨著加密貨幣價格上漲，機構也積極參與，這為早期採用者帶來更高價值。

◎ FTX 遷至巴哈馬（2021 年）

2021 年 12 月在委員會作證的 FTX 高層是 SBF，他支持對加密貨幣產業進行監管。在聽證會上，SBF 解釋 FTX 主要受美國和其他司法管轄區的監管。[433] 當時 SBF 剛從巴哈馬飛回美國。由於香港的金融監管單位曾表示，加密貨幣交易所將受到更嚴格的監管，所以交易所將總部從香港遷到了巴哈馬。

SBF 也批評了香港的疫情隔離政策讓旅行變得非常麻煩。香港對加密貨幣公司的監管越來越嚴格，其它司法管轄區則提供較為優惠的條件。例如，巴哈馬的《數位資產和註冊交易所法案》（Digital Assets and Registered Exchanges，即 DARE）已於 2020 年 12 月 14 日生效。該法案為對轄區內數位資產的發行、銷售和交易制訂規章。

十七世紀，巴哈馬群島成為加勒比海盜活動的重要基地。在 1920 至 30 年代禁酒令期間，美國禁止酒精飲料的生產和銷售，但巴哈馬當地的「灣街男孩」（Bay Street Boys）會走私蘭姆酒到美國。在 1933 至 1939 年的羅斯福新政時期（Franklin D. Roosevelt's New Deal），為了幫助美國富豪逃漏稅，巴哈馬成立了保險公司。在 1950 年代，菲德爾·卡斯楚（Fidel Castro）的革命蓄勢待發，著名的黑手黨會計師邁爾·蘭斯基（Meyer Lansky）將自己的賭場業務從古巴轉移到巴哈馬，並與當地灣街男孩之一、前華爾街投機者華萊士·格羅夫斯（Wallace Groves）建立了密切關係。[434] 蘭斯基和同伴開設的賭場為巴哈馬群島帶來了財富，也讓犯罪集團日益猖獗。

從 1980 年代起，巴哈馬一直是外國公民可以存放資金和逃漏稅的地方。經濟合作暨發展組織（The Organization for Economic Co-operation and Development，即 OECD）曾批評巴哈馬政府拒絕合作和分享資訊。但巴哈馬總能獨樹一幟而滿足特定人群的需求。2020 年，巴哈馬通過了《DARE 法案》（DARE Act），FTX 成為第一家在巴哈馬註冊的知名加密公司。其它加密公司和加密對沖基金也很快就跟進。

巴哈馬距離邁阿密只有四十五分鐘的飛行航程，但卻屬於美國證券交易委員會的管轄範圍之外。FTX 需要與美國當局保持一定距離，因為根據美國法規，它不能為美國用戶提供加密貨幣衍生品。在巴哈馬註冊的 FTX 子公司名為 FTX Digital Markets，由萊恩·薩拉梅（Ryan Salame）負責運營，他曾是阿拉米達研究的場外交易主管。

Deltec 銀行的董事長尚·查洛賓（Jean Chalopin）曾協助巴哈馬政府起草該國的加密貨幣法規。Deltec 的母公司是位於開曼群島的 Deltec 國際集團（Deltec International Group）。Deltec 國際集團曾計畫在美國上市。2021 年 10 月，該公司接受了由 Norton Hall Ltd. 提供的 5,000 萬美元貸款，該公司為薩拉梅管理。[435]

此時，SBF 已疏遠與阿拉米達之間的關係，因為他越來越受到媒體和美國監管機構的關注。2021 年 8 月，他表面上將權力下放給兩名副手，分別是山姆·特拉布科和卡洛琳·艾里森。阿拉米達公司仍在香港註冊，但公司人員在巴哈馬進行的交易越來越多。在 2022 年 8 月特拉布科無預警辭職之前，特拉布科和艾里森一直是聯合執行長，艾里森負責監督交易系統，而特拉布科則領導交易策略。

◎ 銀門銀行成為所有加密公司的首選（2013 至 2023 年）

總部位於美國的銀門銀行（Silvergate Bank）最初是房地產貸款企業。它 30 年來專為南加州地區的房地產交易提供小額社區貸款。該銀行的資產不到 10 億美元，並且一直竭力增加存款量。

但在 2013 年底，銀門銀行的執行長艾倫·連恩（Alan Lane）注意到，沒有貸款人願意與 Coinbase 這樣的公司打交道，於是他開始讓公司參與加密貨幣業務。萊恩向舊金山聯邦儲備銀行（Federal Reserve Bank of San Francisco）提出申請，要求允許銀門銀行為加密貨幣公司提供服務。核准後，銀門銀行與 Xapo、Paxos 和 Bitfury 等加密貨幣公司建立了合作關係。多年來，隨著該銀行越來越專注於加密貨幣行業，加密客戶成長至兩千多家，而其房地產業務的規模則逐漸縮小。

2017年，銀門銀行推出了銀門交易網路（Silvergate Exchange Network，即SEN）平台，如果發送者和接收者都在銀門開立帳戶，加密貨幣投資者就可以全天候地將美元從銀行帳戶轉移到加密貨幣交易所。SEN平台使該銀行成為加密貨幣公司實質上的票據交換所。

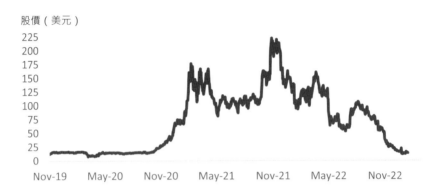

圖24：銀門銀行是少數為加密貨幣產業提供服務的銀行之一

資料來源：作者提供

到了 2019 年，銀門銀行已經與 1,600 家加密貨幣公司建立了合作關係，並為加密貨幣對沖基金、借貸機構和交易所等提供出入金管道。2019 年中旬，該銀行出售了其小型企業貸款部門「以便更專注經營數位貨幣業務和特色貸款業務」。[436]

銀門銀行的存款量從 2020 年的 20 億美元激增到 2021 年的 100 多億美元。2019 年底，銀門以每股 12 美元的價格在紐約證券交易所上市。到 2022 年初，公司淨利從 760 萬美元增至 7,550 萬美元，股價漲至 220 美元以上。然而年底的股價卻下跌了 90%。

最初，當 FTX 用戶想要匯款時，需要先將資金電匯轉入名為 Alameda Research Ltd. 的帳戶。與 FTX 不同的是，阿拉米達與銀門有業務合作關係。阿拉米達與 FTX 在用戶資金問題上的串通舞弊是造成銀門最終失敗的主要原因。

2022 年 12 月 14 日，銀門銀行因與 FTX 牽連，擔任 FTX 和阿拉米達之間資金流通的管道而遭到集體訴訟。根據起訴書，FTX 涉嫌透過兩種方式挪用用戶資金：第一，銀門允許阿拉米達無限獲取信貸；第二，銀門要求 FTX 用戶將法幣資金存入阿拉米達的名下帳戶。這讓銀門銀行成為 FTX 和阿拉米達的共犯。

銀門將 FTX 用戶本用於交易的資金存入了阿拉米達帳戶，其內部監控系統本應提示合規和風險管理人員注意，因為這種混合資金可能嚴重影響其洗錢防制（AML）程序。2022 年，銀門總資產中約 10% 屬於 FTX。FTX 當時在該行開設了 20 個不同帳戶。FTX 倒閉後，有關濫用銀行漏洞的指控愈演愈烈。

2023 年 2 月 2 日，美國聯邦檢察官開始調查銀門資本公司及其與 FTX 和阿拉米達的交易，這引發了擠兌行為。銀行資本和流動率持續惡化。為了處理大量提款請求，銀門被迫清算在疫情結束後利率飆升而面臨虧損的債券。3 月 4 日，銀門關閉了為加密公司和交易所提供全天候交易服務的 SEN 平台。數日後，銀門進入清算程序。

◎ 阿拉米達利用月光石打入銀行體系（2022 年）

銀門倒閉後，FTX 曾透過阿拉米達試圖收購華盛頓州一家名為月光石（Moonstone）的小型鄉村銀行的股權，實現業務的多元化發展。該行擁有者、Deltec 銀行董事長尚・查洛賓最先向 FTX 和阿拉米達提出了投資月光石銀行的想法。他希望把這家銀行改造成美國的加密貨幣法幣服務提供者。許多人懷疑此投資的真實目的是為了繞過銀行牌照的監管要求。

2022 年 1 月，阿拉米達投資 1,150 萬美元購買了月光石母公司 FBH 10％的股份，並於 3 月 7 日公開了這筆交易。根據聯邦存款保險公司（Federal Deposit Insurance Corporation，即 FDIC）的數據，這筆投資是該銀行淨資產的兩倍多。購買美國持牌銀行的股份通常需要獲得聯邦監管機構的批准。

FTX 創投對月光石的投資由拉姆尼克・阿羅拉（Ramnik Arora）領導。阿羅拉也負責 FTX 從矽谷紅杉資本（Sequoia Capital）等創投公司獲得的多輪融資。事實上，在該投資發生的前一周，銀行的名字才從法明頓州立銀行（Farmington State Bank）改為月光石，以突顯其作為「新金融革命」的兩個主旨：加密貨幣暴漲（moon 代表 to the moon）和瘋狂著迷（stone 暗指毒品的效果）。當時該銀行的客戶存款僅有 1,000 萬美元，2022 年初也僅有三名員工。[437]

根據 FDIC 的數據，2022 年第三季度，月光石銀行的客戶存款增加了600％，從 1,300 萬美元增長到 8,400 萬美元，但這一增長僅來自四個帳戶。2023 年 1 月，檢察官從該銀行的 FTX Digital Markets 帳戶扣押了近 5,000 萬美元。

尚・查洛賓是月光石母公司 FBH 的董事長，他的兒子詹維爾・查洛賓（Janvier Chalopin）擔任月光石的數位長。詹維爾後來解釋：「我們（向阿拉米達）展示了路線圖（roadmap）。」[438] 其想法是取代銀門銀行，成為法幣的主要出入金通道。FTX 和阿拉米達長期以來一直是泰達公司最大的交易夥伴之一，鑄造了數十億的穩定幣，因此一家合規的美國銀行可以為他們提供發行穩定幣的管道。

據信，FTX 監管長丹尼爾‧弗里德伯格（Daniel Friedberg）策劃了月光石投資一事。2022 年底，他與美國檢察官一起指控 SBF。弗里德伯格與史都華‧霍格納（Stuart Hoegner）關係密切，後者是 Bitfinex 和泰達公司總法律顧問，並曾任在線撲克網站 Ultimate Bet 母公司 Excapsa Software 的合規負責人。據稱該網站的高層可以看到其他玩家的牌。

有傳言稱，阿拉米達支付的實際金額大於投資金額，因而可能持有不止 10％的月光石的股份。但 SBF 有更大目標，那就是收購一家持牌的美國銀行，並透過 Robinhood 吸引更多散戶。月光石投資後不久，SBF 買進 Robinhood 股份的消息也流傳開來。

SBF 也曾與天使投資人凱文‧奧利里（Kevin O'Leary）和波場創始人孫宇晨討論創建一個無需鏈上結算的二層網路二級支付系統（Layer 2 secondary payment system）。這實際上是為中心化結算貨幣建立流動池的想法。它將為中央銀行數位貨幣（central bank digital currencies，即 CBDCs）創建一個支援國際結算的銀行，並成立跨數個司法管轄區的穩定幣系統。

然而事與願違，Terra 穩定幣的斷崖式崩盤讓阿拉米達措手不及。隨著 FTX 用戶清算 Terra 和 LUNA 部位，阿拉米達持有的大量代幣迅速變得毫無價值。

「正在投入更多資金，穩住，夥伴們」

（Do Kwon，Terraform Labs）

　　權道亨（Kwon Do-Hyung，即 Do Kwon）是韓國一位醫藥和醫療設備經銷商的兒子，畢業於史丹佛大學的電腦科學系，在加拿大生活多年。Do Kwon 在微軟擔任軟體工程師，並於 2016 年憑藉天使投資人和韓國政府提供的一百萬美元資助金，創辦了自己的第一家公司 Anyfi。該公司利用網狀網路（mesh network）為無法上網的用戶提供支援。

　　Do Kwon 與他的大學好友尼可拉斯・普拉蒂亞斯（Nicholas Platias）一起撰寫了一份白皮書，計畫建立一個普通人也能使用的去中心化支付系統。他的想法是創建一種與法幣掛鉤的穩定幣。當 Do Kwon 遇到丹尼爾・申（Daniel Shin）時，一切都加速進展了。申是韓國的傳奇企業家，曾創辦電子商務網站 Ticket Monster，也與他人共同創辦了 Fast Track Asia。

◎ Terraform Labs 的宏大願景（2018 年）

　　2018 年，Terraform 實驗室（Terraform Labs）成立，旨在開發一個名為 Chai 的新興電子商務平台。與 Stripe 支付不同，Chai 完全使用加密技術建構。它就像一個新型銀行，消費者可以連接現有帳戶，包括金融卡、信用卡、數位

錢包、電匯和 PayPal 帳戶，讓線上購物過程更為簡易。Chai 的理念是幫助商家快速結算，而無需支付傳統信用卡的服務費。

丹尼爾·申擁有電子商務領域的人脈，在 Terraform 融資時，已有 15 家知名企業正使用其支付系統。該公司向中國領先的數位支付系統「支付寶」看齊，並標榜自己為區塊鏈的支付寶。[439] 到 2018 年底，Terraform 已從幣安、OKEx、Huobi、TechCrunch 創始人麥可·阿靈頓（Michael Arrington）等人籌集到 3,200 萬美元，其中幣安的持股市值最終高達 16 億美元。後來，Chai 從 Terra 中分拆出來，但兩個實體仍有合作。

2019 年 4 月，Do Kwon 和幾個合作夥伴共同發布了 Terra 白皮書，其中闡述了創建演算法穩定幣 Terra Money 的計畫，與美元掛鉤後將成為 Terra 幣（UST）。2020 年 9 月，Do Kwon 宣布 UST 在加密貨幣交易所 Bittrex Global 正式上線。UST 演算法穩定幣的特徵在於能夠保證與另一個數位資產 LUNA 代幣之間的可交換性，也可調控供應量。

理解 Terra 經濟最直觀的方式是把整個生態系統想像成一個池。池水的總量由 UST 的總供應決定。如果有更多人想要持有 UST，水位會上升，反之亦然。水位的高低代表了每枚 UST 的價值。如果水位上升，可以透過擴大 UST 的供應將水位調整至 1 美元，以維持價格穩定。

當 Terra 經濟成長時，UST 的需求會增加，水位會上漲，那麼就需要透過出售 UST 和購買 LUNA 來擴大水池的規模，以降低水位。隨著 LUNA 變得稀缺，幣價會上漲，而 UST 的成本維持在與美元掛鉤的 1 美元。當 UST 的需求下降導致其價格低於 1 美元時，UST 的持有者會進行套利，並以 UST 交換等值 1 美元的 LUNA（這會增加 LUNA 的發行量）。

2020 年 6 月發布的白皮書總結道：「在（Terra 生態系統）擴張期間，LUNA 的持有者會看到價值上漲，如果他們選擇質押，則可以收到 UST 形式的手續費收益。在 UST 需求較低時，Terra 的演算法會自動提高交易費用，以確保驗證節點獲得穩定的 UST 現金流。」[440]

後續，Terra 推出了 Anchor 協定（Anchor Protocol）。這是一個 DeFi 借貸平台，為 UST 持有者提供被動收益。Terraform 實驗室的研究主管尼可拉斯·普

拉蒂亞斯將其稱為「區塊鏈上被動收入的黃金標準」。之後，更多與 Terra 生態系統相關的協定陸續被引入，Terraform 透過建構和連結一系列使用場景來激勵穩定幣的大規模採用。每一個與 Terra 相關的協定都促進整個 Terra 生態系統的發展。

用戶可以透過 Transak 或 KuCoin、Coinbase、Uniswap、Terraswap 直接從 Anchor 協定購買 UST。交易員也可以在大多數交易所用其它加密貨幣購買 LUNA，或者透過法幣入金後發送 LUNA 到 Terra 錢包並兌換 UST。

◎ UST 掛鉤與 LUNA 的關係

在 Terra 生態系統中，UST 是穩定幣，LUNA 是治理代幣。LUNA 的價值取決於 UST 在一段時間內的費用成本，而 UST 是完全無抵押的，並透過激勵機制進行演算法錨定。要鑄造 UST，用戶必須先存入 LUNA，LUNA 隨後會被銷毀以減少整體供應量，並提高代幣價值。這種機制下的 UST 使用率呈現拋物線成長。

2021 年 12 月，流通 LUNA 代幣總額的 5％（3.8 億枚）被銷毀。UST 有 90％的使用需求來自 Terra 的貨幣市場 Anchor 協定。這使得 UST 穩定幣和 LUNA 代幣的關係高度依賴一個激勵性質的流動性挖礦協定，而非實際採用量。

在平衡的情況下，Anchor 協定向借款人收取費用，並將費用支付給存款人。但在 2021 年的大部分時間裡，由於市場對 UST 的需求低迷，Anchor 鼓勵借貸。隨後，大量 LUNA 代幣被銷毀，供應量的下降導致 LUNA 代幣大漲。由於抵押項目變得更有價值，借款人可以放大槓桿，利用上漲的幣價擴大借款規模。

18.5％的高年化收益率吸引了借款人，但由於用戶只對高收益感興趣，隨著時間的推移，Anchor 的儲備金幾乎耗盡。Anchor 亟需降低存款利率，或設法彌補借款和貸款之間的差距。到 2022 年 1 月初，Anchor 的儲備金只能維持後續 80 天的營運。協定需要降低其質押收益率。

但是，降低質押殖利率將面臨儲戶流失的風險。他們可能會開始提取資金，

轉投其它利率更高的 DeFi 平台。這種情況一旦發生，用戶會出售 UST，就需要鑄造 LUNA 代幣。LUNA 供應量的增加可能導致代幣價格跌到清算借款人的水平，而抵押項目價值下降則會觸發停損。借款人的減少也意味著更少的資金來源。這就是眾所皆知，UST 與 LUNA 之間關係終究會面臨的風險。

當用戶借款 UST 時，他們會存入經由 Lido 質押系統的「bLUNA」。由於幣間掛鉤的不可定性，bLUNA 與 LUNA 的價格比就是重要訊號了，如果 LUNA 價格跌破 55 美元，有鑑於 Anchor 的槓桿和最大貸款價值門檻，LUNA 系統將面臨強行重新結算的風險。

為了抑制交易者一次大量交換 UST、LUNA，UST 和 LUNA 之間的兌換上限被設定為 1 億美元，價差為 0.5％。當然更大規模的贖回很可能發生，價差會進一步擴大。

在 2021 年 5 月的下跌期間，也就是 Terra 生態在 2022 年 5 月崩潰的一年前，UST-LUNA 兌換量達到 8,000 萬美元的高峰值，於是制定了 2,000 萬美元的贖回上限。[441] 2021 年 5 月 19 日，隨著比特幣價格下跌，UST 短暫脫鉤，跌至 0.85 美元。第二天，UST 恢復到 0.96-0.99 美元，之後 5 月 25 日回到 1：1 掛鉤。做市商透過購買暫時脫鉤的代幣大賺了一筆。

據報導，芝加哥加密流動性提供商 Jump Crypto 在 2021 年 5 月投入 6,200 萬美元幫助穩定 UST 的掛鉤。作為回報，該公司獲得了大量折價的 LUNA 代幣，並在重新建立掛錨定後出售，獲利達 12.8 億美元。[442] 根據 Jump 公司和非營利組織 Luna Foundation Guard（LFG）之間的協議，代幣轉讓價格僅為 0.4 美元，而當時 LUNA 的交易價格高達 90 美元。根據美國證券交易委員會報告，Jump Trading 早在 2019 年 11 月就開始與 LFG 合作，但直到 2021 年 9 月，才首次公開揭露 Jump Crypto 是量化交易公司 Jump Trading Group 的子公司。

Jump Crypto 的總裁是卡納夫・卡里亞（Kanav Kariya），他也是 LFG 董事會的成員。卡里亞原籍印度孟買，他於 2017 年在 Jump Trading 實習並在第二年正式入職。短短五年間，他就晉升為負責人，領導 170 多名員工。

當市場波動加劇時，尤其是在拋售期間，隨著人們開始對部位進行風險管控，LUNA 價格往往會下跌，並導致 Anchor 的清算量上升。因為在抵押品價值

下降時，貸款價值比（loan-to-value，即 LTV）會跌破關鍵門檻。當贖回量超過 1 億美元的兌換上限且價差大幅擴大時，錨定會暫時中斷。

交易者始終可以以 1：1 的比率在 LUNA 和 UST 之間兌換。如果 LUNA 交易價格為 50 美元，交易者可以用 50 美元兌換 50 枚 UST。同樣地，1 美元 LUNA 可以兌換 1 枚 UST。為了造成通貨緊縮，LUNA 會被銷毀並創造出更多 UST。需要銷毀的 LUNA 數量取決於 UST 的需求，而銷毀 LUNA 則能減少供應 並推高 LUNA 的價格。這種飛輪效應不斷增加了 Terra 生態，尤其是 LUNA 的 價值。

透過使用現有的 UST 作抵押，交易者借入 UST 可以獲得利潤，因此能夠 借入更多，並將額外獲得的代幣加入原有持股。以這樣手法取得的年化收益可 以達到 30%。

2020 年 12 月，Terraform 推出了反映美國公司股票價格的「mAssets」證券。 然而在 2021 年 9 月，就在 Do Kwon 準備在 Messari 數位研究公司在紐約舉辦的 Mainnet（主網）大會上發言之前，收到了美國證券交易委員會的傳票，這張傳 票早在 5 月就透過電子郵件發給了他。[443] 身為韓國公民，Do Kwon 認為美國監 管機構沒有管轄權。

◎ Col-5 升級促進 UST ／ LUNA 的爆炸性成長（2021 年）

2021 年 9 月 29 日，Terra 生態在 Columbus-5（Col-5）版本被部署到主網 上時取得了最重大升級，該版本使 Terra 能夠與跨鏈通訊協定 Inter Blockchain Communication（IBC）整合。這一跨鏈通訊協定橋接了 Cosmos、Solana 和 Polkadot 生態，並將 Terra 與超過 250 個去中心化應用（dApps）連接。此升級 也透過蟲洞橋（wormhole bridge，讓數位資產可在區塊鏈間進行交換）將 UST 無縫連接到 Solana 生態。

升級後，Terra 的總鎖倉價值（Total Value Locked）開始急遽成長，LUNA 的市值也出現了爆發式成長。到 2021 年 11 月，市場對 UST 的需求極大，市 值在兩個月內從 25 億美元飆升至 100 億美元，LUNA 的價格從 40 美元被推高

至 103 美元。12 月，槓桿流動性挖礦協定 Abracadabra Degenbox 推出，讓使用者可賺取更高收益。Terra 新增了 14 億美元的 UST 並迅速售罄。有指控稱 Do Kwon 透過 Degenbox 協議從 Terra 提取了 27 億美元。[444]

總鎖倉價值代表流動性提供者存入的資產數量，在 DeFi 牛市期間成為投資者評估協定是否值得投資的關鍵指標。Terra 的開發團隊預測流通量將增加 100 倍，更點燃了市場熱情。[445]

但在 Col-5 升級之後，質押池中價值 45 億美元的 LUNA 代幣全部被銷毀，這給 LUNA 的供應帶來下行壓力並推高了價格。同時，UST 與 LUNA 的交易手續費被分配給社區，分發給 LUNA 質押者以鼓勵他們長期持有 LUNA 代幣。

◎ Anchor 協議如何提供 18.5% 的年化收益率

Anchor 協定存在幾個風險。首先，該協定背後的人員有能力從 Anchor 提取資金並刪除所有用戶存款的證據。如同用戶向他人發送加密貨幣時，實際上就失去所有權，所謂「不是你的私鑰，就不是你的幣」（not your keys, not your coins）。[446] 其次就是 UST 脫鉤的風險。理論上，如果 UST 交易價格低於 1 美元，像阿拉米達、Jump、坎伯蘭和 Wintermute 這樣的做市商可以折扣價購買 UST 並等待價格回升至 1 美元。Terra 協定實際上是 UST ／ LUNA 機制的做市商，可以透過降低 LUNA 的需求來抵消 UST 的需求，反之亦然。

Terra 協議以 2% 的差價管理 2,000 萬美元的贖回量。但 LUNA 的大規模拋售和 Anchor 協定的清算，可能會導致以 LUNA 贖回 UST 的量激增至 8,000 萬美元的上限。這時 UST 將以明顯折扣價交易，每次脫離 1 美元掛鉤都會動搖演算法穩定幣機制的信任基礎。

到 2022 年 2 月底，Anchor 的儲備金幾乎耗盡。它請求 LFG 額外提供 4.5 億美元來支撐市場信心。這筆資金將有助於 Anchor 維持 18.5% 的存款收益率，直至 2022 年 11 月。除非借款人與貸款人的比例上升，否則仍需持續補貼以維持收益率，避免用戶存款至池中，導致儲備金枯竭。

2022 年 3 月，此種激勵收益結構變得難以支撐，但一項欲降低收益率的社區提案被投票否決了。最後 Terra 的創辦人意識到在 LUNA 需求急遽下降的情況下，UST 可能會進入死亡螺旋。他們放棄了白皮書的承諾，不再由 LUNA 作 UST 的底層資產，而是用比特幣和其他非 LUNA 代幣的儲備組合作為穩定機制。

◎ LFG 融資 10 億美元用以多樣化底層資產（2022 年）

2022 年 1 月 19 日，Do Kwon 宣布成立 Luna Foundation Guard（LFG）以支持 Terra 生態。[447]Terraform 向基金會捐贈了價值 5,000 萬美元的 LUNA 代幣作為初始資金。這筆資金將用於專案發展，如加強用戶意識、建立教育計畫以及持續支撐幣值穩定。

到了 2 月 22 日，Terra 基金會 LFG 已經籌集 10 億美元來建構以比特幣為儲備資產的穩定幣 UST，本輪融資由 Jump Crypto 和三箭資本領頭，後者出資 2 億美元。[448]

Jump 身為做市商和流動性提供者，執行了 LFG 的大部分比特幣購買計畫。到了 3 月初，基金會已購買 13 億美元的比特幣，預計到 4 月 6 日將持有 23 億美元。這種線性且可預測的購買計畫支持了比特幣價格上漲。透過鏈上數據和相關錢包，交易員能夠識別 USDT 何時從 LFG 發送給 Jump，如此一來做市商可以隨後買入比特幣。

◎ 交易人始稱 UST ／ LUNA 為龐氏騙局（2022 年）

UST ／ LUNA 機制的支持者自豪地稱自己為「LUNAtics」。[449] 這助推了常見於加密貨幣產業的迷信風氣。但批判此種演算法穩定幣的人卻越來越多。

2022 年 2 月 16 日，一個擁有近 18 萬的推特粉絲，化名為 Algod 的交易員稱，LUNA 是龐氏騙局。[450] 他說，透過提供「憑空列印」的 20％固定年化收益率來刺激 LUNA 的需求是「不可持續的」。

同時，在 3 月 18 日，加密對沖基金 Galois Capital 表示，LUNA 不太可能成功，越晚失敗，影響越嚴重，因為這會引發整個產業的系統性風險並觸發連鎖反應。Galois 寫道，當 LUNA 下跌時，「大量的未兌財富將被摧毀……監管機構將嚴厲打擊，讓行業面目全非」。[451]

3 月 14 日，Do Kwon 接受了一個與 Algod 的 100 萬美元賭局，Algod 斷言 LUNA 會在一年內跌破 88 美元。[452] 賭資存於加密媒體人 Jordan Fish（即 Cobie，主持 *UpOnly* 播客）管理的第三方託管錢包。[453] 幾個小時後，另一位交易員 Gigantic Rebirth 想打同樣的賭，金額 1,000 萬美元，Do Kwon 欣然同意了。

3 月 23 日，Jump Crypto 提出了一種在危機時期啟用比特幣作為儲備資產的穩定幣底層機制。3 月 28 日，LFG 購買了 2.7 萬枚比特幣，價值 13 億美元。[454] 4 月 5 日，LUNA 價格達到史上新高的 119.2 美元，市值 409 億美元。4 月 14 日，Terra 向 LFG 轉帳 1,000 萬枚 LUNA 代幣，價值 8.2 億美元。Do Kwon 的最終目標是建立一個 100 億美元比特幣儲備的 UST 穩定幣系統。[455]

◎ 推出 4pool 所引發的失衡（2022 年）

2022 年初，Curve 的資金流動池 3pool（事實上是儲蓄帳戶）持有價值 34 億美元的巨額流動性，分別以三種穩定幣儲存：泰達公司的 USDT、Circle 的 USDC 和 MakerDAO 的 DAI。因此在 3pool 交換 USDT、USDC 和 DAI 的資本效率極高，且滑點極低。而新穩定幣加入擁有主流穩定幣的流動性池，會增加其信任度、擴大其持續需求，流動性池的規模也會隨著時間而擴大。

2021 年，Abracadabra 的負責人丹尼爾・塞斯塔加利（Daniele Sestagalli）希望以 Abracadabra 的穩定幣，即 Magic Internet Money（MIM）取代 DAI。11 月 1 日，他在推特上寫道：「再見 $DAI」，Do Kwon 隨後也呼應。[456] 2022 年 1 月 4 日，MakerDAO 的創辦人魯恩・克里斯滕森（Rune Christensen）回應，稱 UST 和 MIM 為「實實在在的龐氏騙局」。[457] 這可能是指 Abracadabra 最近推出的 Degenbox，它透過流動性挖礦吸引存款，然後以收益的形式分紅現有用戶。

2021 年 11 月 5 日，MakerDAO 將其錨定穩定模組（Peg Stability Module，即 PSM）的費用降為 0，在這之前，Paxos（USDP 穩定幣）和 USD Coin（USDC）的費用分別為 0.1％和 0.2％。這吸引了來自 Curve 的流動性，因為交易者在這裡幾乎可以免費兌換穩定幣。[458]Curve 顯然蒙受了損失，Curve 社群開始討論如何將 Terra 穩定幣 UST 排除在外。

2022 年 4 月 2 日，Do Kwon 宣布在 Curve 上推出一個新流動性池 —— 4pool，其中包括 USDT、USDC、UST 和 FRAX（Frax Finance）。用戶可以將這四種穩定幣中的任何一種存入池中獲得收益。其他使用者只需支付少量費用，就可以在池內交易這四種幣，流動性提供者將獲得收益。新池是對 DAI 的直接攻擊，Do Kwon 試圖從 3pool 吸引流動性，因此將 DAI 排除在 4pool 之外。

讓 4pool 運轉的關鍵在於大幅提高流動性，讓用戶在不影響價格的情況下無縫兌換穩定幣。規模很重要，因此 Terra 和 Frax 這兩個演算法穩定幣背後的公司決定合作吸引存款資金。這場吸引穩定幣流動性的競賽被稱為「Curve 大戰」（Curve Wars）。[459]Do Kwon 的計畫是用 Frax 和 Terra 持有的大量 Convex Finance（CVX）代幣來回報和激勵將穩定幣存入 4pool 的用戶。

透過合作，Terra 和 Frax 投票將 Curve（CRV）代幣從 3pool 轉移到 4pool，並利用它們在 CVX 的聯合持股來控制 CRV 的發行。向 4pool 提供 CRV 的獎勵機制於 5 月 5 日獲得批准，一旦上線，3pool 的主導地位似乎就面臨終結。但 Do Kwon 過於自信，犯了一個重大錯誤。

◎ Terra 和 LUNA 的崩潰（2022 年）

2021 年 10 月 1 日，UST 的市值僅 30 億美元，2022 年 5 月 5 日已達 187 億美元。大部分 UST 都儲存在 Anchor 協定上。

2022 年 5 月 7 日，Terraform 從 Curve 的資金流動池 3pool 中提取了 1.5 億美元的 UST，準備將其部署到 4pool 上。13 分鐘後，一名據信來自簡街的交易員將 8,500 萬美元的 UST 兌換為 USDC。加上之後兌換的 2,500 萬美元，共 1 億美元 UST 兌換成 USDC。簡街（Jane Street）是一家量化交易公司，SBF、卡洛琳．

艾里森和前 FTX.US 總裁布雷特‧哈里森（Brett Harrison）之前都在這家公司工作過，資深交易人湯瑪斯‧烏姆（Thomas Uhm）和透納‧巴蒂（Turner Batty）在這家公司建立加密貨幣部門過程中，發揮了重要作用。

由於 3pool 中的 UST 數量仍然太多，Terra 再次提取了 1 億美元的 UST 進行重新平衡。在發送 5 萬枚以太幣給幣安之後，再額外發送了 2 萬枚以太幣，資金池終於保持了平衡。隨後，有關提款的傳言開始傳播，200 億美元的 UST 被從 Anchor 提出，UST 與美元的錨定匯率突然下跌到 0.987-0.995 之間。但阿拉米達的山姆‧特拉布科在推特上表示，他沒有出售 UST，也沒有出售的計畫。[460] 也許他認為 UST 就像之前一樣，最終會恢復到 1 美元匯率。

一些套利交易者以脫鉤的價格買進 UST，價格開始小幅反轉，但一直無法恢復到與美元掛鉤的匯率，投資者開始感到恐慌，許多將 UST 存入 Anchor 平台賺取收益的持幣人開始提取自己的資金。

5 月 9 日星期一，當演算法穩定幣 UST 兌美元的匯率跌至 0.9955 美元時，LFG 聲稱將借出 15 億美元的比特幣和 UST 來維持 UST 的錨定價格。[461]LFG 理事會投票決定向 OTC 交易公司借出價值 7.5 億美元的比特幣，並在場條件正常化時借出 7.5 億美元的 UST 用於買入比特幣。

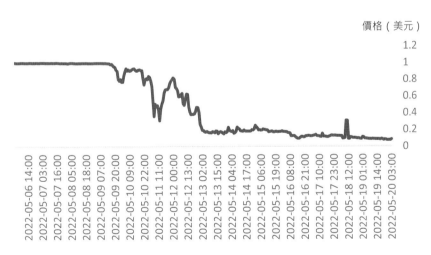

圖 25：Terra UST 穩定幣大幅度脫鉤
　　　資料來源：作者提供

數筆大量 UST 從 Anchor 協定中撤出，導致 UST 進一步脫鉤。UST 持有者累計從 Anchor 撤出了 50 億美元的 UST，UST 跌至 0.35 美元。但 Do Kwon 表示自己很冷靜，他在推特上說：「正在投入更多資金，穩住，夥伴們！」[462]

◎ Terra 脫鉤如何影響了 LUNA

有傳言稱，溫克萊沃斯兄弟（Winklevoss）建立的加密貨幣交易和託管平台雙子星（Gemini）在場外交易中向貝萊德（BlackRock）和 Citadel 出借了 10 萬枚比特幣（約合 30 億美元）。這些比特幣隨後被部分轉換成 UST（2.5 萬枚比特幣），然後被一起拋售。

當 LFG 從 Curve 3pool 中拿走 1.5 億美元的 UST 準備加入新的 4pool 時，一名攻擊者在場外購買了 3.5 億美元的 UST 想要抽空 3pool，這造成了一次小規模的脫鉤。當 7.5 萬枚比特幣被賣出時，流動性崩潰，市場開始恐慌。

適逢股市疲軟，比特幣價格也承受壓力。UST 與美元的掛鉤價持續下跌至 0.97 美元，LUNA 價格大幅下挫。持有 6.5 億美元 UST 的攻擊者開始在幣安拋售。[463] LFG 試圖拋售比特幣買入 UST 來恢復錨定，但螺旋繼續惡化，比特幣價格也在壓力下進一步下跌。

比特幣拋售壓力讓整個加密市場走低，這又加劇了 UST 的恐慌，使其進一步脫鉤。用戶從 Anchor 提取更多資金，也為 UST 帶來新的拋售壓力。由於對 UST ／ LUNA 機制的擔憂，LUNA 暴跌速度加快，因為 UST 拋售增加了 LUNA 流通量，打壓了幣價。

動量交易者開始做空 LUNA，這進一步壓低了幣價。他們也利用永續合約做空 UST。鏈上出現大規模擁堵，中心化交易所開始禁止 UST 提現。[464]Anchor 協定出現擠兌，用戶無法取出資金。質押 LUNA 後至少需要二十四小時才能夠提出，新存入 LUNA 的用戶無法及時提幣。

Terra 甚至向做市商和流動性提供者借出了數百萬 UST，試圖在下跌的市場中提供流動性。[465] 但 Do Kwon 沒有想到，這些 UST 被做市商拋售，然後透過 LUNA 的銷毀機制取得了大量 LUNA 代幣，並再次拋售 LUNA。LUNA 價格不斷下跌，而做市商借入的 UST 價格也越來越低，這樣他們需要償還的美元價值就越少。做市商可以透過犧牲 LFG 和 UST ／ LUNA 的持有人賺取巨額利潤。

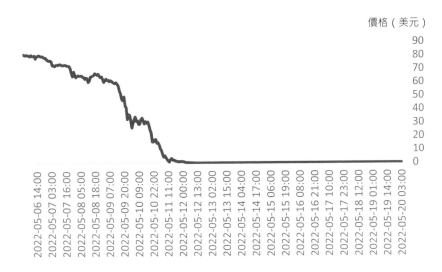

圖 26：Terra 脫鉤時期 LUNA 代幣的價格

資料來源：作者提供

◎ LUNA 救援計畫的失敗（2022 年）

5 月 10 日，Do Kwon 發推文表示 LFG 即將宣布 UST 的恢復計畫。[466] 幾個小時後，他表示 LFG 將利用掛鉤機制先消化資金流，在資金流消退後再考慮如何恢復掛鉤。但幣價的壓力實在太大，基金會決定暫時與投資者和流動性提供者 Jump Crypto 一起，保留資金不做任何措施。這導致 UST 與美元的匯率從 0.92 跌至 0.4 美元。

當 UST 暴跌至 0.25 美元時，LUNA 的價格在接下來的四小時內從 35 美元跌至 15 美元。LFG 的計畫看起來並不可信，交易員們開始質疑基金會的財務實力。此時，Do Kwon 表示將放棄演算法模型，轉而使用另一種版本的穩定幣。這導致 LUNA 的價格在接下來的幾個小時內從 5 美元跌至不到 1 美元。當務之急是挽救 UST，因此數十億 LUNA 代幣被發行，LUNA 在惡性通貨膨脹中貶值。

當日稍晚，LFG 聯繫了大型加密投資者，試圖籌集 10 億美元來為 UST 穩定幣再次注入資本。[467] 該協議以五折的價格提供 LUNA 現貨代幣，鎖定期為一年和兩年，同時在這段時間內設定每月線性釋放。結果，UST 的價格從 0.61 美元恢復到 0.91 美元。

5 月 11 日，Jump Crypto、Celsius 和簡街承諾拿出 7 億美元來恢復 UST 的掛鉤。儘管阿拉米達是大型流動性提供者和自營交易商，但它並沒有立即答應投入資金。有些人認為，這顯示阿拉米達想要打破掛鉤機制，並從下跌中獲利。

但是救援計畫來得太遲了。LUNA 持續暴跌，市值僅剩 5.41 億美元，幣價也已跌至 0.004 美元。幾天後，LFG 確認其 8 萬枚比特幣儲備已經全部耗盡。當它賣出比特幣買入更多 UST 時，整個加密市場在比特幣拋售的壓力下走低。這對 UST 和 LUNA 產生了瀑布效應，進一步加重了比特幣和整體市場的下跌。在不到 3 天的時間內，UST ／ LUNA 就崩潰了。一旦信任破裂，加密交易者就會流向新的協定和交易所。很少有專案能恢復過來。

Terra 太急於從 Curve 3pool 中撤回最初注入的 1.5 億美元，當時 4pool 還沒有完全準備好。3pool 中的 30 億美元很可能會主動轉移到 4pool，因為 4pool 會給予流動性提供者更高的誘因。如果是這種情況，僅僅 3.5 億美元是無法打破流動性池的，要數十億美元的資金才有可能。攻擊者可能從 UST 下跌中獲利了近 8 億美元，如果同時做空 LUNA 代幣，獲利可能還更多。

在加密貨幣領域，很少有完全匿名的事情發生。那麼問題來了，是誰從雙子星交易所借了 30 億美元的比特幣，又是誰在幣安上拋售了 6.5 億美元的 UST？這兩家公司皆可透過認識客戶流程知道是哪個用戶在破壞市場。匹配場外交易關係和檢查用戶錢包也很可能揭露攻擊者的身分。

有些人懷疑阿拉米達可能是這次攻擊的幕後推手，因為據說阿拉米達可以查看 FTX 用戶的部位資訊。因此，如果抵押品價格跌至強制平倉水平，持有大量 LUNA 代幣的重要加密對沖基金，如三箭資本，可能會被平倉。這樣阿拉米達就可以與三箭資本進行反向交易。

幾個月後，在 FTX 暴雷並被幣安執行長趙長鵬揭露之後，三箭資本聯合創始人凱爾・戴維斯（Kyle Davies）在推特上寫道：「我們現在明白了，FTX ／阿拉米達獵殺了我們的部位。」[468] 戴維斯認為，三箭資本沒有弄清楚 LUNA ／ UST 關係背後的理論。儘管 UST ／ LUNA 是龐氏騙局的警告不絕於耳，但支持者、開發者和 Terraform 實驗室團隊的品質還是吸引了他們。公司應該花更多的時間來研究機制，尤其是脫鉤後的擴散效應。

UST 曾經是第三大穩定幣，LUNA 的市值一度達到 4,100 億美元。這一切在三天之內消失殆盡。在 UST ／ LUNA 崩潰期間，其它穩定幣也短暫脫鉤，而 Tether 則在 USDT 價格跌至 0.95 美元時處理了超過 160 億美元的提現。不過，由法幣支撐的掛鉤很快就恢復了。

◎ Do Kwon 變成加密逃犯（2022 至 2023 年）

2022 年 9 月，韓國檢察官以欺詐和違反資本市場法的罪名向國際刑警組織發出對 Do Kwon 的逮捕令。Do Kwon 在被捕前一直藏匿在塞爾維亞，該國與韓國之間沒有引渡條約。[469] 此外，逮捕令也針對其他五名與 UST／LUNA 事件有關的人員發出。

2023 年 2 月 16 日，美國證券交易委員會指位於新加坡的 Terraform Labs PTE. LTD. 和 Do Kwon 出售未註冊證券並實施詐欺計畫，導致至少 400 億美元的損失。[470] 根據美國證券交易委員會，Do Kwon 和 Terraform Labs「誤導、欺騙和欺詐了投資者」。例如，在 2021 年 5 月恢復 UST 掛鉤的並非市場本身，而 Do Kwon 的說法則相反。恢復掛鉤其實是 Terraform 與做市商 Jump Crypto 秘密交易的結果。

此外，Do Kwon 關於電子商務平台 Chai 使用 Terra 區塊鏈進行交易的說法也不準確。Do Kwon 所稱的在「現實世界」中使用加密貨幣支付的方式並沒有實現。相反的，支付被「欺騙性複製」，且純屬虛假交易。Chai 已致函其投資者，解釋使用區塊鏈支付在韓國並不合法。

據信，Do Kwon 是 Terraform 實驗室的唯一董事，擁有該實驗室 92% 的股份，他還將 Terraform 和 LFG 的一萬枚比特幣轉移到冷錢包中，定期將比特幣轉移到瑞士的金融機構 Sygnum 銀行，然後由該銀行將收益兌換成現金。他透過這種方式換回了價值 1 億美元的法幣。

美國證券交易委員會也調查了 Do Kwon 的洗錢行為。[471] 據 Terra 員工稱，在倒閉前幾個月，Do Kwon 每月提取 8,000 萬美元用於營運開支。美國證券交易委員會看了一份內部聲明，證實這些資金被轉移到了幾十個虛擬錢包。此外，因為 Terra 的關係，以 LUNA 代幣買進美國股票一事得以成真，所以 Terraform 也可能違反了《證券法》（Securities Act）。

就在 UST／LUNA 倒閉之前，Do Kwon 已開始向韓國頂級律師事務所 Kim & Chang 匯款。隨後幾個月的匯款金額高達七百萬美元，這表明他已經意識到法律問題的嚴重性。[472]

2023 年 4 月 25 日，韓國當局起訴了丹尼爾‧申（Daniel Shin）及與 Terra 相關的另外 9 人，罪名包括違反資本市場法的非法交易等多項指控。這 9 人分別在 Terra 的行銷、系統開發和管理部門任職。[473]

◎ UST ／ LUNA 事件的餘波

在 UST ／ LUNA 崩潰之後的幾周至幾個月裡，SBF 向公眾披露了自己的資金實力，這讓許多人猜測阿拉米達／ FTX 在市場暴跌期間賺取了巨額資金。有些人認為阿拉米達從雙子星交易所借了 30 億美元比特幣，用來破壞 UST 掛鉤。還有人認為阿拉米達做空了 LUNA。

但阿拉米達很可能在 UST ／ LUNA 暴跌期間損失了數十億美元。據信，SBF 挪用了 40 億美元的 FTX 用戶資金為阿拉米達紓困。[474] 阿拉米達本應在 2022 年 9 月 28 日，也就是下一個解鎖周期收到價值 40 億美元的 FTT 代幣。然而在那之前，就需要一筆過渡融資。沒人會注意到的，因為這就像是朋友之間借貸一樣。

「令人遺憾的是，超級周期理論是錯誤的」

（朱溯，三箭資本）

FTX 聲稱其清算引擎優於其它加密貨幣交易所，但事實似乎並非如此。FTX 的清算頻率相對較低，有人懷疑阿拉米達研究為了吸引交易量而補貼了 FTX 的損失。[475]

根據 2022 年 12 月揭露的內容，阿拉米達可以在 FTX 承擔無上限的風險，無須承受任何清算壓力。[476] 該公司產生的赤字，以及清算機制失效或風險準備金不足時的負債，均由 FTX 的用戶資金承擔。不過，阿拉米達 2021 年牛市期間投入的數十億美元資金已經全部化為烏有，且還在交易量低迷期間，承接了 FTX 用戶未能成交的做空訂單。

2021 年 3 月初，MobileCoin 是一個以保護隱私為核心的加密付款服務項目，技術指導是通訊應用程式 Signal 的開發者莫西．馬林斯派克（Moxie Marlinspike），專案成功融資 1,100 萬美元。[477] 其 MOB 代幣早在 2020 年 12 月就在 FTX 上市。FTX 的一名用戶在永續合約建立了 1 億美元的槓桿空頭部位，約占 MOB 總供應量的 25％。[478] 隨後，一個大額賣單引發代幣價格在幾分鐘內下跌了 20％。因為 FTX 的 MOB 合約流動性極低，交易所向出借 MOB 的用戶提供了 3,000％的收益。隨後代幣價格反彈，加密貨幣投資公司 CMS Holdings 在推特上表達將軋空的言論：「所有看空者都會死。」[479] 其他交易者跟風買入

MOB，幣價在十天內從 7 美元反彈到 67 美元。在反彈期間，該名空頭交易用戶半路放棄了部位平倉，這導致負倉位過大，這名交易人甚至放棄了 FTX 帳戶。而交易所由於清算速度過慢，最終承擔了巨額損失。

有人虧損就有人賺錢。一位交易者用 MOB 抵押，在 FTX 上借貸，提取了數億美元。[480] 不久後，MOB 跌回 6 美元，借款人沒有動力償還從交易所借來的資金，便放棄已幾乎一文不值的 MOB 抵押品。

據信，FTX 在 MOB 交易中蒙受了近 10 億美元的損失，[481] 截至 2021 年底，該交易所及相關實體的淨營業虧損額高達 37 億美元。[482] 這表明，在 UST ／ LUNA 崩潰之前幾個月，FTX 和阿拉米達的財務狀況就已不穩。

FTX 在用戶條款中寫道：「帳戶破產會造成虧損的均化、款項被收回和自動減倉。如果用戶持有槓桿合約部位，而市場走勢對其倉位不利，導致其資產淨值為負，那麼必須有人為這一損失買單；而在加密貨幣中，你無法從系統外收回破產帳戶所有者的資產，因此只能由其他用戶，即沒有被清算的用戶買單。」[483]

FTX 與做市商和流動性提供者簽訂了特別協議。在出現「毒流」（toxic flow）的情況下，第三方做市商受到清算引擎的保護，並以虧損的形式向知情交易者提供流動性。根據不知情交易者的訂單流，做市商會對買賣價格中間點有重大影響的訂單流調整價差。不知情訂單流通常是隨機且分散的，套利交易和清算等「毒流」會直接影響訂單簿的中間點。

毒流是日常交易的一部分，做市商傾向於擴大買賣價差，以彌補清算期間的損失和跳價風險。阿拉米達經常發布過期的報價吸引套利，以增加交易量，從而吸引散戶的興趣和更高的交易量。

為了彌補做市的損失，阿拉米達接手了 FTX 的每次清算，根據內部模型自主管理風險，而非自動執行演算法。由於賣盤流動性被導流至阿拉米達，第三方做市商在 FTX 能提供更優報價，而 FTX 可為用戶提供最佳報價和流動性深度。但隨著 UST ／ LUNA 崩盤，FTX 用戶無法快速平倉，清算出現連鎖反應。阿拉米達被迫收購倉位，等待價格反彈。但行情從未回升。

如果 FTX 承認清算機制失靈，就會失去做市商支持，導致流量下降，價差變得更昂貴，最後失去競爭優勢。用戶一旦失去對交易所的信任，流動性就會流向競爭對手。因此 FTX 需避免傳播任何負面消息。

在 LUNA 崩盤期間，價格時常大幅波動 30％，而 FTX 清算機制無法在劇烈動盪中及時平倉。量化交易公司通常會在市場劇烈波動時關閉演算法交易，但阿拉米達不得不將倉位記入帳面。

只有 SBF 關係圈的小部分人能接觸到 FTX 清算引擎的相關數據，因此只有少數人知道阿拉米達的實際損失。阿拉米達向加密借貸公司借了數十億美元，這些公司在 UST ／ LUNA 事件後欲收回貸款。但由於這些錢已經損失殆盡，擺在阿拉米達面前的只有兩條路：宣布破產，或使用 FTX 用戶的資金填補窟窿。SBF 選擇了後者，儘管這違反了 FTX 客戶協議條款。他也需要媒體轉移注意力，因為本次市場暴跌讓媒體懷疑他公司的財務實力。

◎ FTX 透過收購擴大用戶基礎（2022 年）

在 UST ／ LUNA 倒閉的那一周，一份提交給美國證券交易委員會的文件顯示，SBF 已持有股票交易平台 Robinhood 7.6％ 的股份。一年前，Robinhood 曾宣布其加密貨幣錢包服務收到了 100 萬份用戶申請。[484]

也有人猜測，FTX 正試圖整合股票交易和加密貨幣交易。FTX 的發展需要更多用戶，但隨著加密貨幣進入熊市，交易量也在下降。蛋糕越來越小，SBF 需要分更多蛋糕才能成長。

◎ 三箭資本未能滿足追加保證金的要求（2022 年）

2022 年 6 月 17 日，三箭資本未能滿足加密貨幣貸款機構 BlockFi 追加保證金的要求。[485] 這家市值 30 億美元的加密貨幣對沖基金以其在灰階比特幣信託價值 20 億美元的部位作為抵押，借了約數十億美元。其在 Terraform 實驗室的 2 億美元投資和 6 億美元的 LUNA 代幣在上個月蒸發了。

三箭資本和阿拉米達都是 DeFi 最重要的參與者之一。DeFi 的總鎖倉值在 2021 年 12 月達到 2,550 億美元的高峰,在 2022 年夏天下降到僅剩 450 億美元。儘管熊市來臨,這兩家交易公司仍在進行高風險的 DeFi 押注。

就在三箭資本無法追加保證金的消息公開前不久,3,200 萬美元被轉入了一個由三箭資本創始人管理的、註冊於開曼群島的實體的加密錢包。據信,還有至少 1,100 萬美元被轉移到了未知地址。

三箭資本對巴拿馬的 Deribit 交易所等加密貨幣貸款機構進行戰略投資,而這些機構為其提供了優惠的貸款利率。2020 年,三箭資本能以 2 .5% 的年化利率從 Deribit 獲得比特幣貸款。公司也簽訂了非清算協議,即在抵押品被清算前,有額外兩個工作天的時間周轉。

6 月 27 日,三箭資本未能償還向加密借貸公司 Voyager Digital 借入的 3.5 億美元 USDC 和 3.05 億美元比特幣。[486]Voyager 的執行長史蒂芬・埃利希(Stephen Ehrlich)向用戶保證公司運作正常,也從阿拉米達創投公司獲得了 3 億美元的比特幣信用額度,以及 2 億美元的現金和 USDC。然而不到兩周後,Voyager 還是申請了破產。

6 月 29 日,英屬維京群島的法院下令清算三箭資本的資產。[487] 截至 2022 年 3 月,三箭資本管理 100 億美元的資金。三個月後,它欠下 27 位債權人高達 35 億美元的資金,其中包括 Genesis Global Trading 的 24 億美元。Genesis 的母公司數位貨幣集團(DCG)也掌管灰階的業務,而三箭資本則透過購買 GBTC 的股份提升了業務價值。

除 Voyager Digital 外,加密貸款公司 Celsius Network 和 BlockFi 也雙雙破產。這三家公司都從散戶投資者身上吸收存款,在傳統金融市場的利率幾乎為零的時期,承諾了 8% 的收益率,然後將所收資金交給三箭資本進行投機交易。三箭資本的共同創辦人朱溯在 2022 年 7 月接受採訪時說:「人們可能會說我們愚蠢。他們可能會說我們愚蠢或癡心妄想。我接受這種說法。也許吧。」[488] 三箭資本爆雷後,信貸危機如骨牌一般,席捲了幾乎所有曾借款給三箭資本的公司。

儘管有報導稱，截至 2022 年第二季末，BlockFi 的淨貸款與抵押品錯配高達 6 億美元，但 BlockFi 仍與 FTX 簽訂了高達 2.4 億美元的收購協議。FTX 的信用額度將取代所有前幾輪融資的股東，但是對於 BlockFi 的執行長扎克·普林斯（Zac Prince）來說，FTX 提出的是唯一不會讓用戶資產受制於救助方的財務提議。而就在一年前的 2021 年 6 月，BlockFi 還曾指望以 50 億美元的估值融資 5 億美元。

23

「所有資金都是安全的」

（亞歷克斯・馬辛斯基，Celsius Network）

Celsius Network 是一個加密資產借貸平台。Celsius 的商業模式類似於存貸機構，接受用戶存款，然後用這些資金透過貸款和投資為市場提供流動性。

加密貨幣放貸人應當理性投資，賺取回報，並將利息和本金退還給儲戶。放貸人留存息差作為利潤。加密借貸公司與傳統銀行不同，一般而言，不為用戶資金損失提供保險。此外，貸款的審核也不是基於借款人信用，而是基於抵押品或業務關係。借款人必須保持在約定的貸款與擔保貸款比例範圍內，否則放貸方將清算抵押品，確保貸款安全。

◎ Voyager Digital：透過投機賺取高收益（2018 至 2022 年）

Voyager Digital 是一家加密貨幣經紀公司，透過其 APP 向用戶提供高收益數位貨幣借貸產品。公司總部位於多倫多，由史蒂芬・埃利希於 2018 年創立。其借貸平台擁有超過 10 萬名債權人，出借金額達數十億美元。Voyager 為持有的加密貨幣提供高額回報，可交易加密貨幣有六十餘種。

Voyager 在加拿大證券交易所上市，其股價從 2020 年 10 月的 0.07 美元上漲到 2021 年 3 月的 26 美元，4 月 5 日達到近 30 美元的頂峰。據報導，在價格接近最高點時，埃利希賣出了近 3,100 萬美元的 Voyager 股票，但由於公司結構

複雜且不透明，且先後反向收購了一家已倒閉的加拿大礦業公司，又收購並處分一家德拉瓦州的有限責任公司，很難確定埃利希實際售出的 Voyager 股票金額。有分析認為這個數字遠超過 3,100 萬美元。[489]

2021 年底和 2022 年上半年，阿拉米達分兩次收購了 Voyager 共 11.6% 的股份，總成本約 1.1 億美元。但為避免在報告中揭露，阿拉米達放棄了 450 萬股，使持股比例降至 9.5%，低於 10% 的揭露門檻。[490]

這與阿拉米達先前的收購模式如出一轍：加密交易公司的投資部門收購放款公司，並從中獲得大額貸款。2021 年 9 月，阿拉米達從 Voyager 獲得了價值 3.8 億美元的比特幣和以太幣貸款，抵押品是 FTT 和 Serum 代幣。一年後，幣價下滑 50%，處理破產案件的法官令阿拉米達歸還 2 億美元貸款給 Voyager。儘管在 7 月 8 日就表示會償還，但直到 9 月 30 日才付款。[491]

2022 年 3 月，Voyager 也借三箭資本近 10 億美元的用戶加密資產，但三箭資本僅揭露很少的財務資訊。隨後，Voyager 在 6 月宣布，三箭資本尚未償還這筆貸款的本息，而這筆貸款現有的價值為 6.66 億美元。

同樣在 6 月，阿拉米達提供給 Voyager 的 5 億美元的救助[492] 遭到拒絕，理由是「會損害用戶利益」。[493] 根據 Voyager 的帳目，公司向位於英屬維京群島註冊的某實體借出了 16 億美元的加密貨幣，恰巧阿拉米達也是在該地註冊。[494] 7 月 1 日，Voyager 暫停了交易、存款和提款，並於隨後的 7 月 5 日申請破產。[495]

2022 年 9 月，幣安和 FTX 出價 5,000 萬美元欲購買 Voyager 的資產。FTX 在競標中勝出，這使得幣安在競爭美國的用戶和資產時越來越處於下風。

2022 年晚些時候，《創智贏家》劇組成員馬克・庫班（Mark Cuban）因推廣 Voyager 而面臨集體訴訟。同是 NBA 達拉斯小牛隊老闆的庫班，在去年 10 月宣布小牛隊與 Voyager 將建立為期五年的合作關係。[496] 訴訟內容稱，庫班和 Voyager 的執行長史蒂芬・埃利希利用自己的影響力對公司進行了虛假宣傳，騙取了用戶 50 億美元。[497] 該訴訟將 Voyager 描述為一個龐氏騙局，「以新手和缺乏經驗的投資者為目標」。庫班曾為 Voyager 背書，稱它為「簡單、便宜、快速，報價也很好」。

2022 年 9 月，FTX.US 以 14 億美元的出價標得 Voyager。當時 Voyager 的加密資產價值僅 13 億美元，中標價格高出資產價值 8%。根據文件，Voyager 的資產、智慧財產權和用戶基礎的總價值僅為 5,100 萬美元，另外的 6,000 萬美元包括每位轉移至 FTX 的 Voyager 用戶，每位用戶的價值為 50 美元，以及 2,000 萬美元的津貼。[498]Voyager 稱在申請破產前擁有 350 萬用戶。

◎ Genesis Global Trading：場外交易的中流砥柱（2013 至 2023 年）

Genesis Global Trading 成立於 2013 年，是數位貨幣集團（DCG）的五家子公司之一。Genesis 是個加密貨幣交易、借貸和資產託管平台，主要服務機構客戶和高淨值人士。2020 年初，它收購了倫敦的加密貨幣託管公司 Volt。

Genesis 是最大的加密貨幣借貸公司，每季發放的貸款高達 500 億美元。2022 年第二季和第三季度，公司解除了 100 億美元的貸款，這導致業界出現多筆違約交易並引發資產清算。[499]6 月底 7 月初，Genesis 公開透露，公司給香港貝寶金融（Babel Finance）以及三箭資本的借款面臨數億美元的損失，其母公司 DCG 承擔了部分債務，以維持公司的營運。

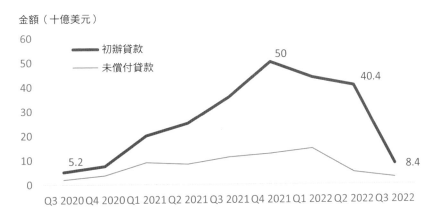

圖 27：Genesis Global Trading 的貸款額

資料來源：作者提供

阿拉米達是最大的加密貨幣借款方，它與 Genesis 有著潛在的業務關係。但在 2022 年 11 月 FTX 申請破產時，阿拉米達和 FTX 似乎都不是 Genesis 的債權人。根據破產法，在申請破產前的九十天內結清的任何貸款都可能被收回。因此，如果 Genesis 在 2022 年 8 月 13 日後償還了任何貸款，這些貸款將成為其長期負債，因為 FTX 的破產程序預計將持續多年。

2022 年 11 月 10 日，Genesis 披露在 FTX 破產案中損失了 1.75 億美元。該公司隨後通知用戶暫停提款，Genesis 也向幣安提出了投資請求並希望將自己的貸款簿出售給幣安。

在暫停提現之前，Genesis 一直在尋求 10 億美元的緊急貸款，因為「資產負債表上的某些非流動性資產導致了流動性緊縮」。[500]DCG 在 Genesis 的總負債高達 20 多億美元，其中有 5.75 億美元貸款用於投資活動，以及回購非員工股東股票。

2023 年 1 月 20 日，DCG 執行長貝瑞‧西爾伯特（Barry Silbert）在致股東的一封信中提醒投資者，DCG 已介入，並通過一張 11 億美元的期票承擔了 Genesis 與三箭資本相關的債務，期票將於 2032 年 6 月到期。[501] 然而在 2023 年 1 月 19 日，Genesis Global Holdco 及其兩家貸款業務子公司 Genesis Global Capital 和 Genesis Asia Pacific 申請了破產保護。[502]

◎ 貝寶金融：一次又一次地用客戶資金押注（2018 至 2022 年）

貝寶金融（Babel Finance，下稱貝寶）成立於 2018 年，2022 年 6 月 17 日暫停提現，是一家總部位於香港的加密貨幣借貸和交易公司。貝寶透過提供儲蓄和借貸產品成為了一家加密貨幣銀行。僅在一年前，貝寶完成了一輪 4,000 萬美元的融資，自成立以來也已提供了 20 億美元的加密貨幣貸款。到了 2022 年 5 月，貝寶又從創投投資人募集 8,000 萬美元資金。到 2021 年底，貝寶的終身貸款額已增至 30 億美元。

2022 年 7 月，貝寶揭露於使用客戶資金進行自營交易時損失了超過 2.8 億美元。[503] 2022 年 6 月，比特幣價格從每枚 3 萬美元跌至 2 萬美元，其未對沖部

位面臨清算，無法滿足交易對手追加保證金的要求。公司沒有在任何融資輪中提到自營交易，也沒有在系統中正式記錄這些交易。自營交易部門可以無限地存取貝寶用戶的帳戶。

2020 年 3 月，貝寶曾取用用戶帳戶，押注比特幣價格上漲，但卻在黑色星期四的暴跌中失敗。貝寶的聯合創始人王立（Del Wang）和一個身分不明的人之間的一段對話錄音被洩露到網上，揭露了這些交易。[504] 王立在錄音中說，貝寶在 2019 年初開始以每比特幣 3,000 美元的價格買入。初始資金來自從 NeoGrowth Credit 募集的 75 萬美元，以及 NeoGrowth 貝寶平台上的 400 萬美元存款。王立還說，當比特幣攀升到 4,000 美元以上時，貝寶將購買的比特幣抵押給了另一家貸款機構，以借入更多資金。當比特幣價格持續攀升時，他加大槓桿。最初只有貝寶的共同創辦人兼執行長楊舟（Flex Yang）和王立知道這個「X 計畫」（X 代表槓桿），不過後來其他三位股東也知道了。

在「黑色星期四」暴跌期間，貝寶曾經一度欠下泰達公司（Tether）數千枚比特幣，以滿足 100% 的擔保貸款比例。如果泰達沒有選擇清算貝寶，就表示其資產負債表出現錯配了。2020 年 3 月 12 日暴跌發生時，泰達同意將貝寶的追加保證金期限延長一個月，貝寶同時要求泰達提供額外的信貸貸款，以滿足其他貸款人追加保證金的要求。這些債務被轉移給了泰達。4 月，當比特幣價格在 4 月漲至 6,000 美元以上時，貝寶推出了新的儲蓄產品來吸收更多資產。

2022 年 6 月，貝寶表示自己有 3.5 億美元的未結清貸款，由於用戶存款的量很小，因此其中大部分資金來自其他出借人而非用戶存款。BlockFi、Genesis Capital 和泰達公司是該公司的借款合作夥伴。

貝寶的投資策略是用價值 100 萬美元的比特幣做抵押，借入價值 100 萬美元的 USDT，再用 USDT 購買價值 100 萬美元的比特幣，抵押，再抵押。貝寶的用戶只能以 160% 的擔保貸款利率借款，把 60% 放在資產負債表。該公司聲稱，中國的比特幣礦工是其主要借貸用戶，他們總是能滿足追加保證金的要求，因為總是會挖出更多的比特幣。

貝寶雖在 2022 年 5 月成功融資，估值達 20 億美元，但一個月後就面臨破產。公司提供的優惠借貸條件導致其累積了大量高槓桿部位，長期挪用用戶資金進行高風險投機，終究是無法逃脫失敗的結局。

新加坡加密貨幣交易所 Zipmex 也曾提供用戶高收益的借貸產品，而資金實際上是轉給貝寶操作。Zipmex 在 Celsius 也有敞口，它向貝寶出借了 1 億美元，因此在貝寶倒閉後，Zipmex 也被迫停止提款。

◎ FTX 挪用客戶資金試圖救助陷入困境的公司（2022）

2022 年 7 月 2 日，FTX 得到機會，能以高達 2.4 億美元的價格收購加密借貸平台 BlockFi。[505]FTX.US 收購 BlockFi 和 Voyager Digital 後，SBF 利用 BlockFi 和 Voyager 的借貸記錄，將資金從受到一定監管的 FTX.US 轉移到不受監管的 FTX.com 中心化交易所，然後再轉移到阿拉米達。

2021 年 3 月 11 日，BlockFi 以 30 億美元的估值融資 3.5 億美元。當時，它的未償還貸款額為 100 億美元，總資產為 150 億美元。用戶量從 2019 年底的 1 萬人增加到 2021 年的 22.5 萬人，2021 年初，BlockFi 利用灰階比特幣信託（GBTC）的溢價為用戶和自己進行套利交易。

然而到了 2022 年 6 月 30 日，也就是 UST ／ LUNA 崩盤後，BlockFi 可部署的用戶資產只有 39 億美元，其中 35％由第三方託管機構持有。當 Celsius 於 6 月初停止提款時，用戶也開始從 BlockFi 提出資金。[506]

FTX.US 向 BlockFi 提供了 4 億美元貸款。如果這筆資金來自 FTX 總公司，則表示 FTX.US 用戶的資金已流入 FTX 及其關聯公司阿拉米達。有評論將 FTX 對加密資產的收購比作約會軟體 Tinder 上的一次「練習」，[507] 也有觀點認為 FTX 購買這些問題資產是為了避免「自己的帳面出現零值。」[508]

當 FTX 在 11 月初暴雷時，BlockFi 不得不澄清他們之間的業務關係。「我們對 FTX 及其關聯方存有重大風險敞口，包括阿拉米達的債務、我們在 FTX.com 所持的資產，以及在 FTX.US 信貸額度中未使用的金額。」[509]

BlockFi 擁有 65 萬個注資帳戶，Voyager Digital 擁有 160 萬個帳戶。兩家公司都專注服務美國的加密貨幣投資者，承諾可實現 12％的收益率。而要達到這個收益水平，平台需要以至少相當的利率向借款人放貸，或是將資金投入高風險高收益的 DeFi 專案。

BlockFi 於 2022 年 11 月 28 日申請破產保護。M3 Partners 身為債權人委員會的顧問，誤洩漏了一份 BlockFi 的財務文件。文件顯示，BlockFi 在 FTX 平台上的風險敞口為 4.159 億美元，在阿拉米達的貸款為 8.313 億美元，兩者合計超過 27 億美元總資產的一半。[510] 這表示 BlockFi 高度依賴 FTX 及其關聯方。文件也顯示，BlockFi 有 73％的用戶帳戶餘額低於 1,000 美元，2022 年 5 月至 11 月每位用戶平均僅產生 21 美元收入，公司總收入僅 1,400 萬美元。

◎ Celsius 破產：加密貨幣的雷曼時刻（2023）

Celsius Network 是一家成立於 2017 年加密貨幣熱潮中的借貸平台。它的破產被稱為加密貨幣行業的「雷曼時刻」（Lehman Brothers moment）。[511] 公司將大量散戶存款借貸給大型加密貨幣公司，而這些公司隨後進行了高風險的投機投資。Celsius 的執行長亞歷克斯・馬辛斯基出生於烏克蘭，在以色列長大，承諾提供高達 18％的收益率，讓公司資產在 2021 年增長了四倍，達到 250 億美元。

Celsius 是不受監管的加密貨幣銀行，其存款不受聯邦存款保險的保障。馬辛斯基曾在 2018 年透過 Celsius 代幣（CEL）銷售籌集了 5,000 萬美元，泰達公司是投資者之一。2021 年 6 月，公司從英國搬到了美國，當時英國金融行為監管局（UK's Financial Conduct Authority，即 FCA）正在推出新的加密貨幣公司註冊制度。

Celsius 平台最常見的收益產品是年化收益率在 3％至 8％的比特幣投資，以太幣為 4％至 7％，泰達幣為 9％至 11％。最高收益率的投資產品是 Synthetix（SNX 代幣），達到 18％。如果用戶直接在 Synthetix 平台上質押 SNX，收益率更高。Synthetix 是一個可發行合成資產的 DeFi 協議，用戶無需持有相應資產即可追蹤其價格並獲取收益。而如果用戶同意用 CEL 代幣計算收益，就可以獲得 Celsius 提供的最高收益率。Celsius 持有最多 CEL，從 2019 年開始在市場上

回購 CEL 代幣的花費約為 35 億美元，推高了 CEL 的價格。2021 年 6 月，CEL 市值達到高峰值，為 34 億美元。

用戶可以在 Celsius 上輕鬆簡單地賺取收益。在 Synthetix 上抵押 SNX 代幣的操作則非常複雜，需要與基於以太坊的智能合約進行互動。SNX 的持有者將代幣轉入 MetaMask 等以太坊錢包中，然後將其連接到 Synthetix.io 來啟動智能合約。如果質押 SNX，用戶對 Synthetix 網路產生的債務會以穩定幣 sUSD（synthetic USD）的形式發放，用戶還款後，作為抵押品的 SNX 代幣就會被釋放出來。為防止獎勵代幣 SNX 被提取，設有一年鎖倉期，在此期間不得轉讓。用戶還需要每周領取獎勵。

2021 年，來自阿拉巴馬州、肯塔基州、紐澤西州和德克薩斯州的多個監管機構命令甚至威脅 Celsius 停止出售產品，因為根據聯邦規則，代幣可能屬於未註冊的證券。[512] 監管機構建議，Celsius 需要透明地向用戶揭露收益產生方面的資訊。馬辛斯基聲稱，Celsius 之所以能提供如此高的收益率，是因為它將所有產生的收益分給了用戶。他萌生了分享 Celsius 用戶如何透過其平台產品獲得財務自由的故事的想法，並經常提醒這些人，他們「仍然有責任幫助」加密貨幣社群中的其他人。

從 2021 年 3 月到年底，Celsius 平台管理的資產從 100 億美元增加到 250 億美元。同時，曾經 4 億美元的融資規模擴大到 7.5 億美元，公司估值達到 30 億美元，員工人數從 150 人增加到 550 人。Celsius 聲稱擁有 170 萬用戶，但到了 2022 年 1 月 21 日，其資產管理規模已降至 181 億美元，18% 的收益率也開始受到審查。[513]

根據前員工的描述，除了向機構投資者放款外，Celsius 從 2020 年開始，還投入數億美元的用戶資金至各種 DeFi 協議。員工們都是看 YouTube 學習這些協議的操作。有些交易員開玩笑說，每次 DeFi 協議暴雷，都能看到 Celsius 的身影。這些前員工也指出，公司開始從事 DeFi 業務時並未進行充分盡職調查，雖然在內部控制不足以防止資金被員工轉移時，公司合規團隊就曾發出警告。2022 年 5 月 UST／LUNA 之亂時，Celsius 就從 Anchor 協議撤出了近 5 億美元。[514]

2021 年 12 月，駭客從以比特幣為主的 BadgerDAO 協議用戶處竊取了價值 1.15 億美元的包裝比特幣（Wrapped Bitcoin，即 WBTC），導致 Celsius 損失 5,400 萬美元。該攻擊並未直接入侵 BadgerDAO 協定本身，而是接管了連接該協定和用戶錢包的網路介面。當使用者在即時通話軟體 Discord 上與 BadgerDAO 互動時，會收到額外的許可請求。一旦用戶批准，錢包資金就會轉移至駭客掌管的地址。

隨著機構投資者的貸款需求減弱，Celsius 開始為了獲利而冒更大的風險。其合規部門警告稱，該公司有監管不力、內部系統薄弱以及可能虛報財務資訊等問題。[515] 但是，即使原生代幣 CEL 的價格不斷下跌，管理層仍不斷提醒用戶「長期持有」，而公司自己卻在大量拋售手中的 CEL 代幣。

2023 年初，紐約州對 Celsius 當時已卸任的執行長馬辛斯基提起訴訟，指控他在 2018 年到至少 2022 年 6 月期間做出虛假陳述，在公司營運狀況上欺詐和誤導投資者。[516] 馬辛斯基已於 2022 年 9 月辭去執行長一職，並在停止提款前的幾周從公司提取了 1,000 萬美元。許多加密借貸公司為了防止資金流失和擠兌，會先公開宣稱資金安全，之後再申請破產保護。

Celsius 似乎不太擔心資金流失的問題，因為其服務條款明確規定，「作為服務的一部分，轉到 Celsius 的所有數位資產均由 Celsius 擁有並由其帳戶持有。」[517] 2023 年 1 月，一名負責破產案件的法官裁定大部分存放在 Celsius 的用戶資金實際上歸 Celsius 所有，用戶處於不利地位。[518]

2022 年夏天，以太幣跌至近千美元，加密貨幣產業急需救援。SBF 為了穩定市場，也為了拯救阿拉米達和 FTX，開始瘋狂買進。美國全國廣播公司商業頻道市場評論員吉姆・克萊默打趣說，SBF 是「新的摩根大通」（JP Morgan），[519] 這暗指 1907 美國金融大恐慌，當時紐約最著名的銀行家在股市暴跌 50% 時出手支持市場。

Celsius 提供鎖倉代幣資金一年的交易人能即時存取質押的收益，以此吸引資金。SBF 透過 FTX 考慮向 Celsius 提供貸款，但調查後發現 Celsius 需要 20 億美元的資金，這對 FTX 來說不是一筆小數目。最終 Celsius 停止提款，並在不久後申請破產保護。在凍結用戶資金的第二天，美國證券交易委員會主席蓋瑞・

根斯勒（Gary Gensler）表示，加密貨幣可能符合證券的定義，而那些提供超高收益率的產品似乎「好得不切實際」。[520]

2020 年 DeFi 開始火熱時，馬辛斯基和 Celsius 的聯合創始人兼技術長努克·戈德斯坦（Nuke Goldstein）也想參與其中。但由於缺乏產量流動性挖礦的專業知識，他們把錢投給了加密資產投資平台 KeyFi，讓 KeyFi 負責 Celsius 的投資管理。Celsius 成立了一家由 KeyFi 管理的特殊目的公司，KeyFi 透過提供服務和專業知識，可以獲得質押收益的 7.5％和 DeFi 交易收益的 20％。

在沒有正式協議的情況下，Celsius 轉移數億美元的加密資產給 KeyFi 創辦人傑森·史東（Jason Stone）及其團隊。公司還創建了一個新的以太坊地址——0xb1 帳戶，Celsius 可以完全控制該帳戶，史東的團隊也可以使用虛擬私人網路登入 Celsius 控制的電腦來存取已登陸的 0xb1 帳戶。

到 2021 年 3 月合作關係結束時，由 KeyFi 管理的特殊目的公司中的資產總額接近 20 億美元。Celsius 的交易員本應對加密貨幣價格波動做對沖，以防止無常損失（impermanent loss）。在 DeFi 交易中，無常損失是由流動性池中的匯率波動所造成的。但史東發現 Celsius 濫用用戶資金操縱加密資產價格，並利用用戶的比特幣抬高 CEL 代幣價值。雙方的業務關係開始破裂。KeyFi 於 7 月 7 日投訴 Celsius 在 2022 年的假帳造成了 2 億美元的負債，而 KeyFi 對此毫不知情。[521] 投訴還指責 Celsius 運作龐氏式計畫，未履行分潤協議。

但當 KeyFi 平倉其部位時，Celsius 表示遭受了無常損失，並於 8 月 23 日反訴 KeyFi，稱其欺詐和不當操作造成了數千萬美元損失。[522] Celsius 稱，KeyFi 以 DeFi 專家的身分作出不實陳述；KeyFi 也從 Celsius 錢包中竊取了數百萬美元的代幣，用於購買其它加密公司的股權。並透過 DeFi 協議 Tornado Cash 暗中轉移 CEL 代幣。

紐約破產法院指定的一名獨立審查員後來證實，Celsius 停止提款的前幾天，曾在某些情況下直接挪用新用戶的存款以支付其他用戶的提款。[523] 審查員補充說，自 2020 年以來，Celsius 一直在利用用戶資金支付營運成本和獎勵分配。在 2021 年中，Celsius 有 36％的貸款為無抵押貸款，還有一些貸款的抵押品也是高風險的不穩定資產，如 FTX 的 FTT 代幣。

根據集體訴訟，流動性提供者和做市商 Wintermute 被指控充當 Celsius 的「代理人」進行不當做市：在 2022 年 5 月 12 日 Terra 網路崩潰時，透過洗盤交易為 CEL 代幣提供「支援」。[524] 根據指控，Wintermute 在 2021 年 3 月至 2022 年 6 月 Celsius 凍結提現期間，人為抬高 CEL 代幣的交易量，以操縱 CEL 的幣價。最初，Celsius 聘請了交易公司 Algoz 對 CEL 進行做市與回購，但 2020 年 3 月改用 Wintermute 為主要做市商，來「保護」CEL 的價格，因為 Celsius 的盈虧將「與 CEL 同漲同跌」。馬辛斯基在 2020 年 5 月 16 日的一封電子郵件中對此承認。馬辛斯基也直接與中心化（CeFi）交易主管約翰內斯·特羅伊特勒（Johannes Treutler）溝通，表示 Wintermute 需要「繼續工作」，將 CEL 幣價操縱的行為擴大到 FTX 交易所。

隨著 CEL 價格的上漲，做市的成本也越來越高。2020 年 8 月 5 日，Celsius 財務長湯普森（Harumi Urata-Thompson）在內部即時通訊軟體上表達挪用用戶資金購買 CEL 的做法讓她「緊張」和「不安」，因為「其中很大一部分都當作創始人收入流入了我們的錢包」。她透露，馬辛斯基每周能賺取 2.8 萬美元的 CEL 獎勵。當馬辛斯基掛單賣出部分自己的 CEL 代幣時，湯普森警告這種操縱交易行為可能是非法的，並表示「我們正在計畫成為一個受監管的實體，而我們正在做的事情不僅可能非法，還肯定不合規」。隨後在 2021 年 6 月，當 Celsius 和 Wintermute 開始逐漸減持代幣時，CEL 的價格大幅下跌。

Celsius 的代幣部署專家迪恩·塔平（Dean Tappen）並沒有在公司需要支付獎勵時買入 CEL，而是選擇時機進行操縱性買入以推高 CEL 價格。這是被內部稱為「場外飛輪」（OTC Flywheel）的策略，Celsius 在場外銷售 CEL 的同時，在公開市場進行對沖交易。據估計 Celsius 至少在公開市場上花費了 55.8 億美元購買 CEL，導致代幣價格在 15 個月內上漲了 14,751％。2022 年 7 月公司申請破產保護時，資產負債表已出現 120 億美元的缺口。湯普森表示，Celsius 先開始「使用用戶的 USDC 支付毫無價值的員工 CEL 獎勵，後來又挪用了用戶存入的比特幣和以太幣。」

2022 年 4 月，塔平稱 Celsius 挪用用戶資金從市場上購買 CEL 的策略「非常像龐氏騙局」，致審查員的報告得出以下結論：「獨立來看」，Celsius「自成立以來就資不抵債」。

2019 至 2022 年間，馬辛斯基出售了價值 5,140 萬美元的 CEL 代幣，從 Celsius 平台轉移了 290 萬美元的數位資產。他總共賣出了至少 2,500 萬枚 CEL 代幣。聯合創始人丹尼爾·萊昂（Daniel Leon）也賣出了價值 1,000 萬美元或更多 CEL。與 FTX 一樣，Celsius 使用中小型企業版 QuickBooks 軟體進行帳務處理，直到 2021 年 8 月才聘請了一名專員監督會計流程。內部報告「針對 Celsius 的財務表現，呈現不準確且過於樂觀的觀點」。2020 年，Celsius 就動用用戶資金，抵押用戶存款借出穩定幣，以支付營運和獎勵。馬辛斯基在與司法部破產監督單位和州證券監管機構達成縮減調查範圍的協議之後，同意了審查員的報告。

美國證券交易委員會於 2023 年 7 月指控馬辛斯基向投資者做出虛假承諾，誤導 Celsius 的財務狀況，並操縱 CEL 價格。[525] 調查發現，Celsius 募集資金不到聲稱額度的 65%，馬辛斯基也曾私下想購買其未售出的 1,800 萬美元額度。用戶數量也只有其宣稱的一半，且大多已不再活躍。Celsius 也謊稱其業務已獲得州和聯邦監管機構的批准、投資者的資產已投保，但事實上並沒有。2021 年，Celsius 蒙受了超過 8 億美元的損失，2022 年第一季又虧損了 1.65 億美元。馬辛斯基曾在 5 月否認重大損失，聲稱資金是安全的。6 月 10 日，馬辛斯基還聲稱 Celsius 擁有 10 億美元的流動資金，但兩天後就停止了提現，並於一個月後申請破產。

「高收益的交易策略」

（阿夫拉罕・艾森伯格，Fortress DAO）

Tornado Cash 是一個開源協定，它將可識別或有問題的加密資金與其它幣種混合，以切斷追蹤來源的線索。該協定匯集多個用戶的資金，以看似隨機的方式洗牌，然後再發回用戶的原有或新地址。如果用戶願意，資金也可以留在池中。Tornado Cash 支援以太幣（ETH）、Circle（USDC）、泰達幣（USDT）、DAI、Compound DAI（CDAI）和包裝比特幣（WBTC）等加密資產。Tornado Cash DAO（去中心化自治組織）會收取 0.05％至 0.20％的費用，部分歸入協議收益。

Tornado Cash 最初由羅曼・謝苗諾夫（Roman Semenov）、阿列克謝・佩爾采夫（Alexey Pertsev）和羅曼・斯托姆（Roman Storm）於 2019 年 12 月 17 日發布。發布後約 76 億美元的以太幣透過此混幣器流出。[526] 其中近 30％的資金與非法行為有關。透過 Tornado Cash 轉帳的政治捐款也不會留下任何痕跡，維塔利克・布特林曾為此使用過該協定。[527]

2022 年 8 月 8 日，美國財政部外國資產管制辦公室封鎖了 Tornado Cash，規定美國公民透過該協議收款或匯款均屬非法。[528] 據美國財政部稱，北韓駭客拉撒路集團被認為是 Tornado Cash 的活躍用戶，在從 Axie Infinity 的 Ronin Bridge 協議中竊取的價值 6.25 億美元的加密貨幣中，有超過 4.55 億美元被用於洗錢。8 月 10 日，亞歷克斯・佩爾采夫（Alex Pertsev）因涉嫌隱藏犯罪資金流在阿姆斯特丹被捕。他在被監視九個月後獲釋，在家中等待審判。

也有越來越多駭客針對加密跨鏈橋（cross-chain bridges）專案。這些橋允許用戶將數位資產和資訊從一個區塊鏈轉移到另一個區塊鏈，讓代幣轉移、智慧合約和獨立平台之間的資料交換得以實現。駭客和其他透過非法活動獲得加密資產的人通常會使用 Tornado Cash 這樣的混幣器。

◎ Wintermute 遭駭客攻擊損失 1.6 億美元（2022 年）

2022 年 9 月，加密貨幣做市商和流動性提供者 Wintermute 的 DeFi 業務遭到駭客攻擊，損失了約 1.6 億美元。駭客很可能利用了一個有管理員權限的舊地址，[529] 透過 Curve 的 3pool 獲取了 1.11 億 USDT、USDC 和 DAI。

Wintermute 使用的是虛榮地址（vanity address），虛榮地址用零替換以太坊地址中的字母數字，使其看起來更為簡潔。9 月初，名為 Profanity 的虛榮地址工具中的某些以太坊地址被發現存在嚴重漏洞，但尚不確定 Wintermute 是否使用了該工具。Polygon 公司資訊長穆迪特·古普塔（Mudit Gupta）懷疑，駭客利用了 Profanity 漏洞攻擊了 Wintermute 的熱錢包。Profanity 產生的字首為 0x0000000 的超簡單位址，普通硬體就能在幾秒鐘內暴力破解。駭客利用這個無效地址將資金從 Wintermute 轉移到了 Curve 的 3pool 中。Wintermute 的創始人兼執行長葉夫根尼·加沃伊（Evgeny Gaevoy）隨後向駭客支付 10% 的被盜資金。

由於 Tornado Cash 已被美國財政部制裁，駭客沒有透過 Tornado Cash 轉移資金，而是將資金與 Curve 3pool 中的其他穩定幣混合。這意味著 Circle 或泰達公司必須凍結 3pool 內所有資金。這是第一起利用去中心化交易所來掩藏被竊資金的案例。

Wintermute 是 DeFi 流動性平台 Clearpool 的大額借款人，有 2,200 萬美元的 USDC 未償還貸款。公司在 TrueFi 上還有一筆 9,200 萬美元的 USDT 未償還貸款，在 DeFi 協議 Maple Finance 上也有一筆 7,500 萬美元的貸款。Wintermute 與 TrueFi 的貸款於 10 月 15 日到期，當時整個加密產業都在關注該公司是否有能力償還到期債務，而 Wintermute 也如期還款了。

Wintermute 由在莫斯科長大的蓋沃伊（Gaevoy）、約安·特平（Yoann Turpin）

和哈羅·曼特爾（Harro Mantel）共同創辦。蓋沃伊的妻子瑪麗娜·古列維奇（Marina Gurevich）在西伯利亞長大，是公司的營運長。兩人是在莫斯科高等經濟學院的大學裡相識的，當時兩人都是班上前十名，並被分配到同一個學習小組。他們於 2006 年結婚，蓋沃伊大學畢業後的第一份工作是阿姆斯特丹的 Optiver 交易公司。2017 年，蓋沃伊用自己僅有的兩萬美元開始交易加密貨幣。

在 2018 年的加密貨幣熊市中，蓋沃伊、特平和曼特爾三人聯合創辦了 Wintermute。他們花了九個月的時間才為公司籌集了不到一百萬美元的資金，他們以 1984 年科幻小說《神經喚術士》（Neuromancer）中的一種人工智慧生物為公司命名。

2019 年，Wintermute 僅有 50 萬美元可供交易，收入不到 100 萬美元。但蓋沃伊沒有停止他的套利策略。發生在 2020 年 5 月 12 日黑色星期四的大暴跌成為他的轉機，公司在 24 小時內賺了 12 萬美元。隔年 7 月，Wintermute 從光速創投（Lightspeed Venture Partners）傑瑞米·劉（Jeremy Liew）所領導的創投輪籌集 280 萬美元資金。他的妻子也加入了公司，負責營運工作，而曼特爾則在不久後因家庭因素離開。

Wintermute 開始為 SushiSwap 等 DeFi 代幣提供做市服務，這些代幣有較大的買賣差價，可進行套利交易獲利。2020 年，公司透過這類做市業務獲得了 5,300 萬美元收入。同時，Wintermute 也與部分 DeFi 協定達成協議，獲得了零利率貸款。這些協定傾向先提供免費代幣給做市商，讓他們未來也可以某固定價格購入更多代幣。在 2020 年 DeFi 繁榮時期，這類交易對做市商來說極為賺錢。Wintermute 的交易量越大，從協定獲得的貸款就越多。

2021 年，Wintermute 交易了 1.5 兆美元，創造了 10.5 億美元的收入和 5.82 億美元的利潤。這樣算下來，公司 53 名員工的平均收入接近 1,100 萬美元。[530] 公司分紅 3,500 萬美元，蓋沃伊持有 33％的股份，收入 1,200 萬美元。

2022 年，公司收入不到 3 億美元，且隨著公司的發展，獲利能力也改變了。Wintermute 現在有 95 名員工，做市所得代幣大幅減少。在 FTX 申請破產時，公司在 FTX 上還有 5,900 萬美元鎖倉。但身為一家有影響力的加密貨幣做市商，它在 FTX 債權人委員會中獲得了一席之地，可以引導該交易所在清理業務並關閉的過程中之相關決策。[531]

◎ Mango Markets 損失 1.16 億美元的幕後黑手：阿夫拉罕‧艾森伯格

2022 年 10 月 11 日，基於 Solana 的去中心化交易所 Mango Markets 在推特發布消息稱，有駭客從平台提取了超過 1.16 億美元的加密資產。Mango 是一個借貸、兌換和槓桿交易加密貨幣的協定，是由原生代幣 MNGO 持有者組成的 DAO 管理。

Mango 在推特上稱有駭客操縱了價格預言機（price oracle），但該名駭客，也就是阿夫拉罕‧艾森伯格，稱自己僅僅是在執行「高收益的交易策略」。[532] 艾森伯格在 Mango 上創建了兩個匿名帳戶，每個帳戶持有 500 萬美元 USDC。其中一個帳戶做多 MNGO 代幣的永續合約，持有 1,900 萬美元多頭部位；另一個則做空相同金額。這種做法後來被視為洗盤交易。

艾森伯格透過大量購買流動性稀缺的 MNGO 代幣，人為提高幣價。10 月 11 日的交易量比前九十天的平均交易量還高 2,000％。

MNGO 多頭永續合約的收益高達 1,300％，代幣價值的增加使其作為抵押品的價值增加，艾森伯格由此可以借更多，並最終提取了價值 1.16 億美元的加密資產。當時 Mango 的資產總值約為 1.04 億美元，平台將其他用戶的資產借給了艾森伯格。隨後，MGNO 幣價下跌了 90％。

Mango 升級理事會（Mango's Upgrade Council，由 Solana 和 Mango 內部人員組成的七人小組）中兩人與艾森伯格進行了談判，要求他歸還部分資金。一項 DAO 治理提案獲得了 9.46％ MNGO 代幣持有者用戶支持，其中 5.17％都來自掌握大量代幣的這兩名理事會成員。隨後，Mango DAO 向艾森伯格提供了價值 4,700 萬美元的漏洞賞金，並承諾如果他歸還代幣，就不會起訴他。艾森伯格公開同意了這些條件。

美國商品期貨交易委員會和美國證券交易委員會後來指控艾森伯格詐欺、操縱市場和違反《商品交易法》（Commodity Exchange Act）。[533] 美國證券交易委員會稱，艾森伯格是以投資合約的形式交易 MGNO 代幣，所以後者屬於美國聯邦證券法規定的證券。在波多黎各營運的艾森伯格慌忙出逃，但在 12 月 26 日返回後不久就被捕。艾森伯格也遭到 Mango Markets 公司的起訴，要求賠償

損失及利息 4,700 多萬美元，而 DAO 與艾森伯格之間的承諾協議被認定為「無效且無法執行」。[534]

2022 年 11 月 13 日，艾森伯格透過 DeFi 協定 AAVE，將 4,000 萬美元 USDC 兌換成 Aave 代幣，並以其作為抵押品借入 Curve DAO 代幣（CRV）準備拋售。他隨後再借入了價值 1,500 萬美元的 CRV 並轉入 OKX 交易所拋售。許多 DeFi 用戶都以 CRV 作抵押品，其價格大幅下跌可能觸發自動清算，進而引發連鎖拋壓。

起初艾森伯格似乎瞄準了 Curve 的創始人麥可·埃格羅夫（Michael Egorov），後者在 AAVE 上以 0.259 美元的清算價借出了 4,800 萬美元 CRV。但事實上，艾森伯格做空 CRV 僅為轉移注意力。[535] 當 Aave 用戶試圖買入 CRV 支持幣價時，艾森伯格實際上是希望 Aave 彌補他的 CRV 空頭部位，因為據報該平台缺乏足夠的流動性來回購超過 20％ 的空頭部位。去中心化交易所的可用流動性不足會導致極高滑點和清算損失，因此 AAVE 將被迫從安全模組中出售大量代幣來彌補損失。

艾森伯格的陰謀可能是想讓 AAVE 協議徹底破產、Aave 代幣價格暴跌。然而，攻擊並沒有成功，Aave 的流動性超出了預期。CRV 代幣在跌至自動清算的水平之前就開始大幅反彈，而反彈的主要原因是專案方推出了超額質押加密穩定幣 CRV-USD 的 Curve 白皮書。[536] 艾森伯格因此損失了 1,000 萬美元。

這起 Aave 攻擊事件也暴露了該平台存在「循環借貸」的問題。用戶先將資產存入池子，再用這些資產進行抵押借貸，接著再將借來的資產繼續存入池子作為抵押品借更多。如此循環反覆最終實現極高槓桿。

2024 年 4 月 19 日，曼哈頓的陪審團判定加密貨幣交易商阿夫拉罕 艾森伯格因策劃於 2022 年 10 月從去中心化金融協定 Mango Markets 盜取 1.1 億美元的詐騙和市場操縱罪名成立。他將於 2024 年 7 月 29 日接受判決，最高可面臨 20 年的聯邦監獄刑期。在紐約南區審判期間，艾森伯格的辯護團隊聲稱他在 Mango Markets 上的交易行為是合法的，並辯稱這些行為完全遵守了當時該去中心化協定的最低限度規定。

CH.6

FTX，
最大的金融騙局之一

解析加密貨幣交易所 FTX 如何在經歷四年的急速成長、估值一度高達 320 億美元後走向崩潰的事件。另外，新一輪的比特幣牛市開始，傳統金融機構開始提供比特幣為機構投資組合中的多元化資產。

25

「離婚後不會假裝做愛」

（趙長鵬，幣安交易所）

2022 年 9 月，SBF 考慮是否需要關閉阿拉米達研究，因為公司的聯合執行長山姆‧特拉布科已於 8 月 25 日離職。[537] 特拉布科的離職令許多業內人士感到意外，他曾在擔任阿拉米達聯合執行長期間入選《富比士》雜誌「30 位 30 歲以下精英榜」（30 Under 30）。但事後看來，鑑於阿拉米達已陷入虧損泥潭，特拉布科選擇離開也很容易理解，他僅是為了自己的利益考量。

卡洛琳‧艾里森是阿拉米達的聯合執行長，但她只做一些次要的交易決策，主要是為 SBF 提供諮詢意見。她在公司缺乏威信，舉止羞怯，也欠缺說服力。SBF 起草了一份名為「我們來了，我們看到，我們研究」（"We came, we saw, we researched"）的文件，建議關閉阿拉米達。[538] 他認為，公司因未能對沖交易，造成了巨額的預期損失，這些損失已超過現有和未來所有可能利潤的總和，且收入不太可能超過當前借貸成本。

在特拉布科辭職之前，FTX 已吸收了阿拉米達的部分創投業務。當時有人猜測 FTX 需要金援阿拉米達。但負責 FTX 創投基金的艾米‧吳（Amy Wu）稱，新協議中沒有任何支付款項。協議敲定後，FTX 創投的首批交易之一就是收購另類資產管理公司天橋資本（SkyBridge Capital）的股份。

◎ FTX 收購天橋資本的股份（2022 年）

2022 年 9 月 9 日，FTX 創投宣布收購安東尼‧斯卡拉姆奇（Anthony

Scaramucci）創立的知名對沖基金天橋資本（SkyBridge Capital）30％的股份。天橋資本與紐約的另類投資產業關係密切，多年來服務高淨值客戶，讓他們能接觸頂尖知名的投資經理。[539]

2022 年 7 月，隸屬天橋資本的對沖基金 Legion Strategies 在股市與加密市場雙雙暴跌後停止了贖回。[540] 由於包含難以估價的非公開交易之私人投資，且這些投資占該基金組合高達 20 ％的比例，公司無法準確評估整體投資組合的公允價值。

2022 年 9 月，天橋資本最大的基金因累計下跌 38％而遭遇大量贖回，贖回金額高達基金總值的 60％。該基金有 14％的資金配置在 FTX，近三分之一存款分散投資於加密資產。面對巨額贖回壓力，天橋資本在 9 月的贖回窗口只能返還基金價值的 10％。

天橋資本是天橋資本另類投資大會（SkyBridge Alternatives Conference，即 SALT）的主辦方，SALT 是傳統金融公司的資本大會，2022 年 4 月，SALT 和 FTX 舉辦了加密巴哈馬（Crypto Bahamas）會議，與會者達 2,000 人。在會議籌備期間，斯卡拉姆奇向知名投資專業人士和政界人士展示他的人脈，主要發言人包括美國前總統比爾・克林頓（Bill Clinton）、英國前首相東尼・布萊爾（Tony Blair），以及美國國家橄欖球聯盟（NFL）四分衛湯姆・布雷迪（Tom Brady）和他的妻子、前超模吉賽兒・邦臣（Gisele Bündchen），夫妻二人都是 FTX 的投資者。這次會議在幾個月前就被預訂一空，大會圓滿成功，以至於 SALT ／ FTX 團隊提前預訂了舉行 2023 年巴哈馬加密貨幣會議的酒店。

天橋資本 2020 年 10 月開始投資加密貨幣，隔年 12 月，公司設立了比特幣基金。[541]2021 年 9 月又與第一層協定 Algorand 合作，為 SkyBridge Algorand Fund 基金籌集了 1 億美元，該基金的價值在隨後的 12 個月內下跌了 90％。

2021 年至 2022 年間，天橋資本購得 FTX 股權，隨著加密市場的衰退，且天橋資本陷入困境，該公司獲得了 FTX 創投提供的 4,500 萬美元投資額。根據交易條款，天橋資本必須花費 4,000 萬美元購買加密貨幣，其中 1,000 萬美元須用於購買 FTX 的原生代幣 FTT。這筆交易幫助 SBF 拯救 FTT，FTT 對抵押品管理而言至關重要。

◎ 40 億美元 FTT 從阿拉米達轉至 FTX（2022 年）

2022 年 9 月 27 日，FTX.US 總裁布雷特・哈里森（Brett Harrison）辭職。第二天，FTX 從阿拉米達收到了價值 40 億美元的 FTT 代幣。哈里森自 2021 年 5 月起在 FTX.US 任職，此前曾在簡街資本擔任近 8 年的交易系統技術主管，他曾在簡街資本開設交易者程式設計的課程，SBF 也曾參加過該課程。

哈里森辭職一天後，根據 FTT 首次代幣發行的供應規則，即將有市值 40 億美元的 1.73 億枚 FTT 被解鎖。[542] 阿拉米達回收了這些代幣，FTT 總供應量增加了 124%。這件事本身並沒什麼特別的，但人們懷疑，這些資金立即被轉入了由 FTX 所擁有的錢包。

根據 FTT 的發行協議，代幣將自動權益歸屬。若阿拉米達在 2022 年 5 月 UST ／ LUNA 崩潰後直接申請破產，其持有的 1.73 億 FTT 將在破產程序中清算，最終損害以 FTT 作為抵押品的 FTX 之利益。但另一方面，如果 FTX 在 5 月先轉移 40 億美元（用戶的）資金填補保證金，然後阿拉米達再於 9 月轉回價值 40 億美元，且應於九月自動權益歸屬的 FTT，那麼阿拉米達就有可能避免破產。

艾里森後來告訴法官，FTX 高層對於挪用用戶資金為阿拉米達償還債務一事完全知情。[543]SBF 曾秘密將 100 億美元的用戶資金從 FTX 轉到阿拉米達。艾里森在視訊會議上告訴員工，艾里森、SBF、尼沙德・辛格，以及王子肖都知道轉移資金的這項決定。[544]

尼沙德・辛格於 2017 年 12 月加入阿拉米達，此前他在 Facebook 擔任了五個月的工程師。辛格曾就讀於加州明泉中學（Crystal Springs Uplands School），是 SBF 的弟弟加布・班克曼－弗里德（Gabe Bankman-Fried）的高中同學。該校每位學生的學費高達每年 61,000 美元。辛格於 2017 年從加州大學柏克萊分校畢業（University of California, Berkeley），並獲得電子工程和電腦科學學位。他在阿拉米達公司擔任工程師 17 個月後，於 2019 年 4 月加入 FTX。辛格持有 FTX 7.8% 的股份，從阿拉米達獲得了 5.43 億美元的貸款，並捐贈 800 萬美元給民主黨。他的女友克萊爾・渡邊（Claire Watanabe）後來加入 FTX，擔任行銷和人力資源主管。[545]

辛格是 SBF 核心圈的一員，他和 SBF 以及其他人一樣，住在巴哈馬奧爾巴

尼度假村（Albany Bahamas）價值 4,000 萬美元的頂層豪華公寓裡。核心圈的人員常在一個名為「Wirefraud」的 Signal 聊天群組裡交流。[546]Signal 是一款端對端加密的即時通訊應用，訊息只存在使用者的裝置上而非 Signal 的伺服器或其它地方。SBF 曾要求員工都使用 Signal，並將訊息設定為短時自刪，以防日後追根溯源。

◎ SBF 的加密貨幣帳目和阿拉米達的資產負債表均遭洩漏（2022 年）

2022 年 10 月 14 日，SBF 在接受《政客》（Politico）採訪時表示，可以在 2024 年美國大選前拿出 10 億美元政治資金，隨後他又收回了這一言論。[547] 六天後，Delphi Labs 的總法律顧問加百列・夏皮羅（Gabriel Shapiro）洩露了一份由 FTX ／ SBF 起草、擬在華盛頓特區推動的提案。[548]該提案概述了 SBF 的觀點，即每筆加密貨幣交易都應遵守美國財政部外國資產控制辦公室的規定，所有前端 DeFi 協定都應註冊為經紀人。

業內專家認為，該提案將加密貨幣交易限制在投機交易的範疇，並無法推動點對點創新。有些人解讀為針對 DeFi 的攻擊，另有些人則認為 SBF 是在濫用其對華盛頓監管的影響力，這種影響力來自於他的捐款和父親的政治人脈。即使人們從未視 SBF 為加密貨幣活動的真正信徒，但許多死忠的加密擁護者仍強烈譴責他起草此提案。

在洩密事件發生的同一天，SBF 和 ShapeShift 前執行長艾瑞克・沃爾黑斯（Erik Voorhees）在推特上就 DeFi 監管的界線問題爆發了爭論，兩人也轉戰 YouTube 進行了長達兩小時的直播辯論。這造成 SBF 在加密貨幣社群中的公眾形象完全翻轉。SBF 與沃爾黑斯較為自由主義的觀點相反，他似乎努力將 DeFi 推上與傳統金融相同的監管道路，使 DeFi 與其競爭對手別無二致。

10 月 25 日，SBF 與天橋資本的斯卡拉姆奇一起出席了在沙烏地阿拉伯舉行的未來投資倡議會議（Future Investment Initiative Conference，即 FII）。參加這次會議是斯卡拉姆奇中東之行的一部分，他將前往利雅德、杜拜和阿布達比，他在這些地方有大量的募資人脈。當時計畫以 320 億美元的估值為 FTX 籌集 20

億美元。但在一些投資者會議上，SBF 直噴幣安及其直言不諱的執行長趙長鵬，據斯卡拉姆奇說，這些話傳到了趙長鵬耳中，最終導致 FTT 被拋售。[549]

2022 年，SBF 每隔一周就會前往華盛頓與政治人物談話，據說他利用自己的影響力遊說眾人反對幣安和趙長鵬。他還在與當地監管機構和政治人物的私人會議上抨擊過趙長鵬。

FTX Digital Markets 的聯合執行長萊恩·薩拉梅也曾公開取笑趙長鵬，他在 2022 年 10 月 30 日發推文稱，「這周看到趙長鵬進行了挑戰但具變革性的辯論，以確保加密貨幣行業以最好的方式發展，這絕對是一種享受」。[550] SBF 回覆說自己「很高興看到他（趙長鵬）在華盛頓繼續代表這個行業」，然後又說「呃，他是可以去華盛頓的，是吧？」[551]

10 月 6 日，幣安因跨鏈漏洞遭駭客攻擊，損失 5.7 億美元。幣安聲稱自己保住了八成至九成的資金，且為了防止資金轉出，交易所暫停了 BNB 鏈。[552] 路透社在這個時期發表了多篇調查文章，講述幣安如何試圖規避全球監管，文章發布的時機耐人尋味。

隨後，加密貨幣新聞網站 CoinDesk 於 11 月 2 日報導稱，根據其查閱的一份私人文件，截至 2022 年 6 月 30 日，阿拉米達擁有 146 億美元的資產。[553] 但這些資產大部分似乎都是 FTT 代幣，持有者可以享受交易費折扣，這進一步證明阿拉米達和 FTX 的關係比一些人最初預期的要更加密切。阿拉米達最大的資產是 36.6 億美元已解鎖的 FTT，而排在第三位的是一堆 FTT 抵押品。在阿拉米達的負債中，有 2.92 億美元鎖倉 FTT，這是其它公司提供做市商服務應得的、暫時還無權交易的代幣。註腳顯示「鎖定代幣以 FTX ／ USD 訂單簿公允價值的 50％保守處理」，剩餘資產則是流動性差的代幣。在 80 億美元的負債中，74 億美元是貸款，其中 22 億都是以 FTT 作抵押的。

阿拉米達的資產負債表遭洩漏似乎並非巧合，當時 SBF 正試圖遊說一項會損害該產業的加密貨幣法案，同時他仍在遊說反對幣安進軍美國。洩密事件的幕後黑手很可能是一位感到不滿的業內人士，以防止 SBF 對加密貨幣產業造成更大的傷害。

◎ 交易所代幣所有權過度中心化：一切問題的根源

遭到洩漏的阿拉米達資產負債表讓人感覺其財務狀況主要與廉價、自鑄的 FTT 代幣同步，而與比特幣或以太幣等去中心化的值錢資產關聯性很小。93％的 FTT 所有權集中在前十大持有人手中。這似乎是加密貨幣產業的普遍問題，尤其對於加密貨幣交易所而言，前十大代幣持有人的所有權非常高，例如 Bitfinex LEO 99.84％、Huobi 98.6％、KuCoin 98.5％、Cronos 92.59％。

加密貨幣公司傾向於抵押資產。FTT 代幣可用於借入其它資產，一旦 FTT 代幣價格跌破就會被清算。FTT 代幣的完全稀釋價值為 80 億美元（FTT 參考價為 24.45 美元），市值為 32.66 億美元。阿拉米達表示，它擁有的解鎖和未解鎖 FTT 價值分別為 36.6 億美元和 21.6 億美元，總計 58 億美元，也就是當前 FTT 市值的 178％。

FTX 一直是 FTT 的積極買家。據信，該交易所產生的交易費用，有 33％透過每周銷毀的方式，從代幣供應中抹去，這個數字相當於每周 250 萬到 500 萬美元。正如「代幣經濟學」飛輪效應中所提到的，供應量減少往往會提振代幣價格。

◎ 幣安計畫出售價值 5 億美元的 FTT 代幣（2022 年）

2022 年 11 月 5 日，巨鯨警報發出通知，有 2,300 萬枚 FTT 代幣（約 5.85 億美元，FTT 參考價格 25.4）從一個未知錢包轉到幣安。這占 FTT 流通供應量的 17％。

隔天，趙長鵬對巨鯨警報的推文做出回應，稱「由於最近曝露的消息」，幣安計畫出售價值 5 億美元的 FTT 代幣，這些代幣是一年前，FTX 回購幣安的 FTX 股份時，幣安所獲得的 FTT 代幣，當時幣價為 21 億美元（部分為現金及 FTT 代幣）。[554] 趙長鵬向公眾表示將「以盡量減少市場影響的方式」出售，並補充說：「由於市場條件和有限的流動性，我們預計這需要幾個月的時間才能完成。」

趙長鵬第二天再次表示：「清算我們所持的 FTT 只是退出股權後的風險管理，這是從 LUNA 學到的教訓。」[555] 他補充說，「我們離婚後不會假裝做愛……我們不會支持那些在背後說同行壞話的人。」

26

「阿拉米達很樂意全部買入」

（卡洛琳・艾里森，阿拉米達）

2022 年 11 月 7 日，FTX 的 FTT 代幣價格跌至 22 美元，卡洛琳・艾里森在推特上表示：「阿拉米達很樂意以 22 美元的價格向你們全數收購！」[556] 這類公開承諾往往會被視為幣價的支撐點而受到市場的測試。果然，在隨後幾個小時內，FTT 的價格一度穩定在 22 美元附近。這是因為阿拉米達如約在 22 美元的價位進行了買進？還是因為其他市場參與者利用了 FTX 的保證金融資機制進行了操作？

FTX 平台允許用戶使用 FTT 等代幣作為保證金抵押品進行交易，因此這些代幣經常流入其它交易所。例如，一個在 FTX 持有 10 萬美元保證金帳戶的交易者，可以用這 10 萬美元購買等值 FTT 作為抵押品，然後從 FTX 借入 9 萬美元 USDT，將其轉到幣安做空 FTT 永續合約。這樣，這個交易者的淨持股就是對 FTT 進行 10% 淨多單，（FTX 上持有 100% 多單的 FTT，幣安上持有 90% 空單的 FTT）。如果 FTX 出現問題，FTT 價格就會暴跌，因為交易者會擔心 FTX 倒閉而不願再補充保證金。FTX 將被迫清算抵押品，造成 FTT 的拋售力，進一步壓低 FTT 的價格。

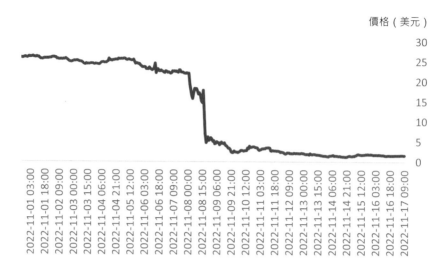

價格（美元）

圖 28：FTT 代幣價格（時間刻度以小時為單位）

資料來源：作者提供

　　交易人實際上用了 1 萬美元的淨敞口做空 9 萬美元。雖然許多人認為阿拉米達最初以 22 美元的底價買入了 FTT，但許多經驗豐富的交易者也可能加入了購買 FTT 的行列，同時將借入資產從 FTX 平台抽走，在其它交易所做空——這種做法與阿夫拉罕‧艾森伯格在 Mango Markets 上清空資金的做法類似。

　　在正常情況下，交易者將在 FTT 上持有 10％的淨多頭。在最壞的情況下，FTX 上的 FTT 多頭部位將歸零，而幣安的 FTT 空頭部位將擴大 90％。這可以解釋 FTX 資產負債表上出現的巨大缺口，最初估計為 60 億美元，但後來似乎達到了 80 億美元左右。

◎ 交易所擠兌的開始（2022 年）

　　擠兌始於 2022 年 11 月 7 日，FTX 開始出現提款困難，用戶抱怨提款程序過於複雜。儘管 FTX 保證一切正常，但這種情況讓人不禁聯想到 Celsius 等加密貨幣平台在倒閉前也曾出現過暫停提款和安撫用戶的情況。這促使 SBF 發布推文：「FTX 一切正常，資產安全」。[557] 他還聲稱競爭對手試圖散布謠言攻擊

FTX，並否認 FTX「挪用用戶資金進行投資（即使國債）」。[558] 但這些推文隨後被他本人刪除。

阿拉米達在 11 月 5 日至 6 日的周末以及之前的一段時間裡，向 FTX 轉入了大量資金滿足提款需求。艾里森 11 月 6 日在推特上寫道：「網上流傳的資產負債表僅是公司實體的一個子集，我們有超過 100 億美元資產沒有反映在該表中。」[559]

但 FTT 的暴跌影響巨大，因為 FTT 曾被用作阿拉米達借貸的抵押品。周日 FTX 的提現額高達 50 億美元，是 SBF 預估平均值的 24 倍。艾里森給 SBF 發送的訊息說：「我曾越來越害怕這一天的到來，這種恐懼長久以來讓我感到沈重，現在它發生了，無論怎麼熬過這一切，感覺都很棒。」[560]

11 月 7 日，SBF 聯繫投資者，要求提供數十億美元的紓困資金。資產負債表上顯示 FTX 的資產為 96 億美元，而負債為 89 億美元。但資產負債表也提供了一個「隱藏、標註不清、名稱為 fiat@ 的帳戶」，其中有 80 億美元的負債。[561]

半夜，人在香港的 SBF 打電話給 OKX 交易所的負責人萊尼克斯·賴，請求「提供一點幫助」。OKX 沒想拿出十億美元紓困款，但在掛斷電話前，萊尼克斯·賴給出了建議：「為什麼不找趙長鵬呢？」[562]

第二天，SBF 令阿拉米達的交易員盡快地出售最多投資組合，以籌集現金發送給 FTX。

2021 年 11 月，BitDAO 社區用 1 億枚 BIT 代幣與阿拉米達交換了 336 萬枚 FTT 代幣。該筆交易規定阿拉米達至少要持有這些代幣三年。但隨著 BIT 代幣價格暴跌，BitDAO 社區對這筆交換產生了質疑，他們要求阿拉米達提供證據證明其沒有拋售 BIT 代幣。因為市場行情反映，阿拉米達可能正在清倉拋售代幣以償還 FTX 的借貸款。BitDAO 社群表示，如果在 24 小時內阿拉米達未能提供證據，社群將投票決定是否清倉手中的 336 萬枚 FTT 代幣。

FTT 賣壓越來越大。一旦 FTT 跌破 22 美元的支撐點，穩定幣擔保的總未平倉合約數量將減少 37.1 萬份，降至 510 萬份。通常來說，未平倉合約數量（即衡量交易日結束時有多少衍生性商品合約未平倉的指標）會在價格暴跌時增加，

因為許多交易者會在價格下跌時增持空頭部位。但這次 FTT 未平倉量的減少，則表示買方力量正在消失，空方正在主導。

當趙長鵬推特稱幣安冷錢包中持有價值 80 億美元的以太幣時，市場突然擔憂阿拉米達和 FTX 用戶持有資產是否確實被分隔保管。注入了數十億美元流動性的市場仍未見絲毫提振，投資者恐慌情緒加劇，交易者開始密切監控 FTX ／阿拉米達的錢包動向。同時，FTX 平台所需的流動性迅速擴大至百億美元量級，因為隨著 FTT 持續下跌和資金外流，FTX 面臨的資金缺口不斷擴大。

阿拉米達從各交易所向 FTX 的熱錢包發送了大量穩定幣。但用戶的提現請求逐步清空了這些錢包，市場開始擔心 FTX 的冷錢包中是否還有餘額。此時，FTX 的穩定幣儲備已從 11 月初的 5 億美元下降到幾乎為零。FTX 和阿拉米達似乎都沒有資金了。

SBF 告訴投資者，FTX 擁有 160 億美元的用戶資產，並向阿拉米達借出了 100 億美元。[563]11 月 10 日，SBF 在推特上寫道：「FTX International 目前資產／抵押品的總市值高於用戶存款」。他將當時的情況歸咎於「銀行相關帳戶內部標註不清」，這表示他「對用戶保證金的判斷有很大偏差」。

◎ FTX 流動性危機，SBF 聲稱「用戶受到保護」[564]（2022 年）

2022 年 11 月 8 日，FTX 面臨流動性危機，SBF 宣布已與幣安「達成策略性收購協議」，「將 1:1 兌付所有資產」。[565] 趙長鵬證實，雙方已經簽署了有關 FTX 收購的非約束性意向書，但最終交易仍取決於盡職調查結果。有未經證實的報導稱，FTX 的法律和合規團隊已在 11 月 8 日集體辭職。隔日 FTX 創投和阿拉米達的官網也已下線。

但有傳言稱，幣安的收購並未取得進展，SBF 發訊息給趙長鵬說：「我們仍然非常期待與你們合作」。趙長鵬的回應很簡短：「我們無法繼續這筆交易。問題太多了。」[566]

11 月 9 日，幣安發布官方公告，說明退出 FTX 收購交易的原因。其中包括「用戶資金處理不當」和「美國機構的調查」。[567] 這迫使 SBF 急需籌措 80 億美元的緊急資金來應對流動性危機。

至此，FTX 和阿拉米達都瀕臨破產，穩定幣的掛鉤機制也開始受到考驗。阿拉米達曾是泰達公司最大的客戶，所以一些交易員認為它有內部消息，掌握了支持美元 -USDT 穩定幣掛鉤機制的法幣數量。一個與阿拉米達相關聯的加密錢包地址似乎試圖突破掛鉤機制，它從 Circle 借出 USDC 穩定幣，在 Aave 平台上用 USDC 借入 USDT，然後在 Curve 上將其兌換成 USDC。當時 Curve 上的 3pool 持有 75.3％的 USDT、12.4％的 USDC 和 12.3％的 DAI。這種操作很快導致 USDT 輕微脫鉤，價格跌至 0.9765 美元。

然而，實力弱小的阿拉米達並不太可能打破擁有 6.75 億美元儲備支持的穩定幣掛鉤體系。這次破壞掛鉤的嘗試似是走投無路之舉。交易者認為其幕後黑手很可能就是 SBF 和聽從其支配的艾里森。USDT 一旦脫鉤，可能為阿拉米達帶來數百萬美元的收益，但也很可能會毀掉整個產業，因為 USDT 長期以來一直是加密生態的重要基石。顯然，困境中的阿拉米達並不在意自己的所作所為。事實證明，攻擊並不成功，阿拉米達的實力已不似從前，操作也沒有其他人支援。

◎ 巴哈馬監管機構獲悉阿拉米達挪用 FTX 用戶資金（2022 年）

2022 年 11 月 10 日，正當 SBF 忙於向 FTX 用戶保證其資金安全之時，巴哈馬證券委員會（Securities Commission of the Bahamas）執行主席克里斯蒂娜・羅爾（Christina Rolle）向巴哈馬最高法院提交了一份緊急書面證詞，請求對 FTX Digital Markets 進行停業清理。[568] FTX Digital Markets 當初是根據《數位資產和註冊交易所法》（Digital Assets and Registered Exchanges，即 DARE）在委員會註冊的數位資產交易所，其代理主管包括萊恩・薩拉梅、SBF、丹尼爾・弗里德伯格和 Metered Limited 公司。

羅爾擔心有「挪用和針對用戶資產之過失」的情況。11 月 8 日，她發郵件給 SBF 和 FTX 合規主管潔西卡・默里（Jessica Murray），要求召開會議，並表

達對 FTX Digital Markets 事務的嚴重關切。[569] 但 SBF 和默里都沒有立即回覆，當天晚些時候，默里辭職，而 FTX 則停止了所有非法幣的用戶提款。

SBF 一直到 11 月 9 日晚上 9 點 27 分才回覆羅爾，而且言辭含糊。在羅爾與 FTX Digital Markets 的聯合執行長薩拉梅的電話中，薩拉梅告訴羅爾，「用戶存在 FTX Digital Markets 的資產可能被轉到了阿拉米達以彌補財務損失」。[570] 她還說，只有三個人擁有轉移用戶資產的代碼：SBF、尼沙德‧辛格，以及王子肖。書面證詞稱：「鑑於此類行為可能被視為犯罪，委員會已透過 2022 年 11 月 9 日的信函要求巴哈馬皇家警察部隊（Royal Bahamas Police Force）進行調查。[571]

隨後有傳言稱，FTX 員工在機場遭到搜查，與 FTX 有關的物品都被沒收。

◎ 約瑟夫‧班克曼負責 SBF 的法律辯護

2022 年 11 月 8 日 FTX 和阿拉米達危機時期，適逢 UST ／ LUNA 穩定幣崩潰事件滿六個月，也正值美國期中選舉。SBF 先前向民主黨政治團體和候選人捐贈了 4,000 萬美元。在 2021 至 2022 的選舉周期內，SBF 和 FTX 的其他高階主管總共向美國政界人士和募款組織捐贈了 7,000 萬美元。其中，萊恩‧薩拉梅為共和黨捐款 2,400 萬美元。在美國國會 535 名參眾議員中，超過 36％ 的議員收到了來自 FTX 高層的競選資助。[572]

SBF 的父親約瑟夫‧班克曼曾多次陪同兒子前往華盛頓，為他拓展了強大的人脈資源。自 2022 年 1 月以來，老班克曼一直是 FTX 的僱員，經常前往巴哈馬，他扮演 FTX 外交官的角色。他用 FTX 的資金在巴哈馬買了一處價值 1,640 萬美元的房產，妻子芭芭拉‧弗里德在拿騷時就住在那裡。雖然這棟房子應當是 FTX 的財產，但卻以 SBF 和其父的名義持有。

透過 FTX 旗下的 FTX 地產控股有限公司（FTX Property Holdings Ltd.），SBF 及其父母和高階主管在巴哈馬至少購買了 35 處房產，總價值達 2.56 億美元。FTX 公司 2021 年 9 月才在巴哈馬設立總部，而這些房產是在 2020 年至 2022 年期間購買的。房產包括七間公寓，均為豪華海濱住宅。[573]

當 SBF 用 FTX 用戶資金彌補阿拉米達損失的消息傳出後，老班克曼向史丹佛大學法學教授大衛・米爾斯（David Mills）尋求建議。米爾斯是弗里德的家族好友，在學校教授刑法和白領犯罪課程。米爾斯聽說了事情的經過後表示：「山姆（SBF）需要律師，非常需要。」[574] 老班克曼聘請了專精白領犯罪的辯護律師羅納德・懷特（Ronald G. White）為 SBF 辯護。但隨著對 SBF 指控的增加，律師們一個個辭職。

雖然 SBF 的母親芭芭拉・弗里德（Barbara Fried）從未直接任職於 FTX，但 SBF 向她的政治人脈網輸送了大量資金，主要是向她創辦並活躍參與的「Mind the Gap」組織捐款。SBF 也向其兄弟加布・班克曼－弗里德經營的非營利組織「Guarding Against Pandemics」捐款，該組織實際上是一個華盛頓遊說團體。2022 年 11 月，加布和母親從各自的組織辭職。兩人後來都未理睬 FTX 債權人追回資金的請求。[575]

SBF 的父母在 2022 年有 2,600 萬美元的現金和不動產收入，老班克曼曾短暫出現在超級盃（SuperBowl）的廣告中。父母都是 FTX 辦公室的常客，他們的聲譽和人脈對 FTX 的成功至關重要。SBF 母親的自信心理是 FTX 所有行銷理念的核心。老班克曼從一開始就無條件地從各方面給予公司支持。在公司沒有律師的時候，老班克曼就會出席會議，在員工的印象中，SBF 常向父親請教。老班克曼參與了 FTX 的發布、FTT 代幣的創造、公司對政治人物的拉攏以及與巴哈馬監管機構的交涉。矽谷創投公司紅杉在接到一位前美國證券交易委員會著名官員的電話後，決定投資 1.5 億美元，而這位官員恰巧在史丹佛大學任教，與 SBF 父母關係甚密。[576]

◎ 5,000 萬美元從 FTX 秘密轉出（2022 年）

2022 年 11 月 10 日星期四晚上 9 點 27 分，SBF 向巴哈馬總檢察長兼法律事務部長萊恩・平德（Ryan Pinder）發送了一封電子郵件，建議「我們非常樂意開放 FTX 所有的巴哈馬用戶提款」。[577] 老班克曼、薩拉梅、FTX 營運長和 FTX 總法律顧問都收到了這封電子郵件的副本。[578]

同天上午 11:50（3:50 UTC），餘額只有 4.69 億美元的 FTX 熱錢包恢復了提款。[579] 據報導，一名巴哈馬帳戶持有人透過在 FTX 的 NFT 市場上出售 NFT，繞過內部提款限制，為其它轄區的用戶成功提款。該帳戶持有人創建 NFT 並與其他用戶達成協議，用他們帳戶的餘額購買該 NFT，從而將資金發送到去中心化錢包。這是位於巴哈馬的 FTX 資深員工規避提款攔截的一種方式。

FTX 在官網聲明：「根據巴哈馬總部和監管機構的規定，我們已開放巴哈馬用戶的提款。提現金額只占我們目前所持資產的一小部分，我們正在積極研究其它途徑，以便為其它地區用戶開放提現服務」。[580]

公告一發出，一些巴哈馬用戶開始為海外用戶提款，依此取得大幅的美元折扣；另一些則透過 FTX 的 NFT 市場賺取提現回扣。在開放提款的幾個小時內，NFT 市場的交易就達到 5,000 萬美元左右。

然而，巴哈馬當局並未批准這些提款，SBF 後來在接受電話採訪時承認，是他下令重新開放提款管道，因為他不想讓自己或交易所處於一個「有很多憤怒的人」的國家。[581]

27

「FTX 一切正常，資產安全」

（山姆・班克曼－弗里德，FTX）

2022 年 11 月 11 日星期五，SBF 為 FTX、FTX.US、阿拉米達研究和 134 家 FTX 相關公司申請破產保護。不久之後，破產專家約翰・J・雷三世（John J. Ray III）接管了這些實體。一天前，SBF 在推特上寫道：「這與 FTX 國際站（FTX International）相關。FTX 美國站（FTX US）是美國的交易所，只服務於美國人，資金不會受到影響……是 100％流動的。每位用戶都可以提款」。[582] 直到最後，SBF 還試圖欺騙大家，發表誤導的言論。

◎ 可疑的審計公司為 FTX 簽署財務報告（2021 至 2022 年）

FTX 的破產申請遭到外界質疑。其審計公司 Prager Metis 是一家年收入僅 1.39 億美元的小型公司，人們質疑該公司如何在 FTX 跨不同轄區且業務龐大的情況下，在 FTX 2021 年的財務報表上表示「無保留意見」。Prager Metis 自稱是第一家在元宇宙開設總部的會計師事務所。[583]

另一家為 FTX.US 業務提出審計意見的 Armanino 公司也面臨類似的質疑。這家總部位於加州、年收入達 4.58 億美元的公司，同樣應該注意到 FTX 內部有問題。FTX 倒閉後，Prager Metis 和 Armanino 都可能面臨訴訟。

事實上，舊金山法院已經受理一起指控這兩家審計機構「合謀詐欺」的案

件。[584] 原告認為，兩家機構在 2022 年 3 月分別出具了證明 FTX 業務健康運作的審計報告，因此應對投資人的損失負責。更有評論指出，Armanino 和 Prager Metis 曾在社交媒體上公開支持 FTX，在 SBF 於 2021 年 12 月在國會作證之前，Armanino 曾發推特說：「我們走吧，朋友」。隔年 6 月，Prager Metis 發布了一張 Prager Metis 和 FTX 成員進行棒球比賽的照片，並配文：「因支持 FTX.US 而自豪。」[585]

◎ 數億美元不可置信地從 FTX 消失（2022 年）

FTX 的內部主管為了充分利用執法行動，似乎在 2022 年 11 月 12 日發動了一次駭客攻擊。在 FTX 申請破產後從公司帳戶提取了 4 億美元，而當用戶提款時發現自己的餘額已被清空。在網站癱瘓的同時，FTX 在其官方 Telegram 群組中發布消息稱自己遭到駭客攻擊，[586] 並建議用戶不要登入 FTX 並刪除應用程式，因為惡意軟體可能透過 APP 攻擊用戶手機。[587]

可疑的是，FTX 的代理法律顧問萊恩・米勒（Ryne Miller）並不知道駭客入侵一事，不過他後來聲稱這是保護用戶資金的行動。[588] 米勒於 2021 年加入 FTX.US，此前曾是蘇利文・克倫威爾律師事務所（Sullivan & Cromwell LLP）的合夥人。米勒也曾在美國證券交易委員會（SEC）主席蓋瑞・根斯勒（Gary Gensler）手下工作過，負責處理商品期貨交易委員和美國證券交易委員會相關事務。

鏈上數據顯示，約有 4 億美元從 FTX 被提出，另有 2 億美元被轉移至多簽錢包（multisignature wallets。編按：這是一種加密貨幣錢包，這種錢包在執行交易時，需要多個授權才能完成）。鑑於 FTX 的 API 介面已關閉，這似乎是 FTX 員工利用「戰爭迷霧」策略清洗帳目所為，而非外部駭客所致。因為攻擊者似乎擁有 FTX 和 FTX.US 的最高權限，這印證了此舉為內部人員所為。FTX 業務複雜，外部駭客不太可能完全控制。米勒承認情況異常，但表示尚不清楚是誰在轉移資金。

在所謂的駭客攻擊事件發生後，Solana 代幣被換成了以太幣，似乎是為規避 Solana 可能被發行方凍結的風險。同時，FTX 和阿拉米達的資產被混合

轉移，部分換成了穩定幣 USDT。但鑑於泰達公司已開始凍結可疑資金，這部分 USDT 又被轉換為 DAI。FTX 駭客轉移了 3 千萬已被列入黑名單的 USDT，而 DAI 則被轉移到了與 DeFi 混幣器 Tornado 一樣能隱藏交易細節的匿名幣門羅幣（Monero）。區塊鏈分析公司 Elliptic 的共同創辦人湯姆・羅賓森（Tom Robinson）證實，FTX 有 4.77 億美元被盜，其中 2.8 億美元被轉換成以太幣，後來又轉換成比特幣。[589]

有些人聲稱，FTX 的技術長王子肖是這次攻擊的幕後黑手，因為駭客需要 root 存取權限才能快速轉移資金並兌換成比特幣。王子肖的 GitHub（用於協作的程式碼託管平台）帳號在攻擊發生前不久曾出現異常活動，11 月 9 日提交了 3 個代碼，11 月 10 日提交了 9 個，11 月 11 日又提交了 5 個。在駭客攻擊發生之前，王子肖似乎正在測試程式碼，而在隨後的三天裡，再沒有任何程式碼提交。[590]

也有未經證實的傳言稱，一名前 FTX 員工是攻擊的幕後黑手。該公司的合規長丹尼爾・弗里德伯格於 11 月 8 日辭職，他曾在 2008 年捲入線上撲克網站 Ultimate Bet 的賭博醜聞。在那起醜聞中，弗里德伯格曾建議已承認挪用 5,000 萬美元資金的公司負責人將責任「歸咎於一名利用伺服器漏洞入侵客戶端的前業務顧問」。[591]

在 FTX 駭客事件的同一天，Kraken 交易所的安全長尼克・佩爾科科（Nick Percoco）聲稱他知道駭客的身分，因為駭客似乎需要將 TRON（即 TRX）代幣從 Kraken 帳戶轉移到 FTX，用以支付被盜資金從 FTX 錢包轉出時的手續費（gas）。[592] 駭客曾兩次試圖轉移 USDT，因為 gas 不足而只從 Kraken 轉出了 500 枚 TRX。泰達公司在此期間已凍結了駭客地址，因此資金無法轉移。

同樣在 11 月 12 日，巴哈馬證券委員會發表聲明，否認曾指示、授權或建議 FTX Digital Markets 優先提款。[593] 當天晚些時候，有傳言稱 SBF 正乘坐億萬富翁喬・路易斯（Joe Lewis）的私人飛機逃往阿根廷。路易斯是英國托特納姆熱刺足球俱樂部（Tottenham Hotspur）的大股東。[594]

路易斯身為成功的外匯投機交易人，曾在 1992 年與喬治・索羅斯（George Soros）聯手砸盤英鎊。據說索羅斯從中賺得 10 億美元，而路易斯可能賺得更多。[595]

路易斯是巴哈馬公民，他與其他三位投資者共同擁有阿爾巴尼度假村（Albany Resort），而 SBF 所購買的頂層公寓就位於該度假村。FTX 還擁有同一開發案中的其它幾套公寓，這些公寓是用 50% 的 FTT 和 50% 的 FTX 股票購買的。

◎ FTX 資產負債表中 90 億美元的缺口（2022 年）

2022 年 11 月 12 日，FTX 被揭露持有不到 10 億美元的流動或可有效出售資產，負債高達 90 億美元。[596] 這些資產中最重要的部分是零售交易平台 Robinhood 價值 4.7 億美元的股份。為了籌集資金，SBF 試圖透過私下協商，以 20% 的折價出售這些股份。

在 FTX 的資產負債表上，第二大流動資產是阿拉米達所擁有的加密貨幣投資公司 Ledger Prime 的 2 億美元現金。FTX 也發行了價值 20 億美元的包裝比特幣（Wrapped Bitcoin），但這些都不在公司的資產負債表上。

資產與負債不一致，表明 FTX 用戶資金面臨巨額損失。破產文件顯示公司的資產和負債在 100 億至 500 億美元之間，且有一項負 80 億美元的帳目，被形容為「隱藏、標註不清、名稱為 fiat@ 的帳戶」。[597]FTX 背後的公司 FTX Trading 擁有 96 億美元的資產，其中最重要的是所持的 22 億美元 Serum 加密貨幣，但提交破產文件時價值僅剩 8,800 萬美元。此外，阿拉米達和 FTX 可能持有 54 億美元非流動創投。

直到 11 月 11 日，SBF 仍拒絕在破產文件上簽字，並請律師代為處理。除了他的父親和戴維・米爾斯之外，還有一位白領刑事辯護專家也親自代表 SBF 出面。三位律師都思量著，在美國申請破產是否會對 SBF 造成更嚴重的後果。

當時，一旦全球各監管機構分別強制 FTX 在本國破產清算，而不是在美國集中申請破產，可能引發混亂的強制清算程序。周五（11 月 11 日）清晨，澳洲 FTX 實體宣布破產，破產程序似乎已經啟動。同時，巴哈馬監管機構就快強制當地 FTX 實體進行清算。鑑於事態發展，SBF 在凌晨 4 點簽署了美國破產文件，約翰・J・雷三世被任命為 FTX 新執行長。

◎ 約翰・J・雷三世成為 FTX 的執行長（2022 年）

約翰・J・雷三世是一名專門從事資金追討的律師，他於 2022 年 11 月 11 日接任 FTX Trading Ltd. 執行長一職。在此之前，雷曾處理過其他如安隆公司（Enron）等醜聞企業的清算工作。2022 年 12 月 13 日，他在眾議院金融服務委員會（House Financial Services Committee）作證。[598]

調查進行一個月後，雷發現 FTX 系統允許個人在無任何安全限制下轉移用戶資產，而且用於轉移資金的私鑰也沒有適當安全限制或加密保存。阿拉米達可以無限制地動用 FTX 的資金進行交易，用戶資金被隨意混合使用。雷指出，還需要更多的文件證明阿拉米達挪用 FTX 資金進行的近 500 項投資。FTX 沒有可信的財務報告、缺乏財務以及風險管理人員，也沒有獨立的管理組織。雷表示，在四十多年破產案的處理經驗中，從未見過「像這樣完全失靈的公司治理、完全沒有可信賴的財務資訊」。[599]

雷在證詞中澄清了 FTX.US 被納入破產保護的原因。根據他的判斷，有大量證據顯示 FTX.US 的營運並非獨立於 FTX.com，因此有必要防止擠兌。雷也指出，FTX.com 的用戶資金與阿拉米達提供的資金混在一起，而阿拉米達將資金用於保證金交易，使用戶蒙受巨大損失。阿拉米達身為做市商和交易公司而將資金部署到不同的第三方交易所，不過這些交易所本質上就不安全。

從 2021 年底到 2022 年，FTX 在業務和投資上花費了 50 億美元，而投資回報微乎其微。內部人員的貸款和花費支出超過 25 億美元。SBF 拿了 22 億美元，尼沙德・辛格拿 5.87 億美元，王子肖拿 2.46 億美元，萊恩・薩拉梅拿 8,700 萬美元，山姆・特拉布科拿 2,500 萬美元，以及卡洛琳・艾里森拿 600 萬美元。[600] 債權人小組於 2023 年 3 月 17 日的分析顯示，合併後的實體有 68 億美元資金缺口，加上用戶索賠 116 億美元。分析還顯示，阿拉米達從 80 個不同的交易對手處借貸 53 億美元，其中大部分以 FTT 和其它不穩定的加密資產（如 SRM 和 SOL）作抵押。

◎ FTX 從一開始就對用戶資金處理不當（2019 至 2022 年）

依照 SBF 的指示，阿拉米達基本上可以無限制從 FTX 提走資金。在 FTX 平台上，阿拉米達也享有特殊待遇，包括更快的交易執行速度，以及免受 FTX 對其它交易公司設定的自動清算風險管理。

FTX Trading 擁有許多員工，包括在美國工作的核心人員。儘管公司並未在美國監管機構註冊，這些員工卻經常在美國從事推廣活動。資金在 FTX ／阿拉米達各實體之間流動時，既沒有分隔，也不受控制或文件性約束。這些實體也共享位於柏克萊、香港和巴哈馬的辦公室，以及人員技術、硬體、以及智慧財產權等其它資源。

在 FTX 剛成立時，公司將用戶存款存入阿拉米達在德拉瓦州註冊的全資子公司 North Dimension Inc.。最初，FTX 身為加密貨幣交易所，無法在美國開設銀行帳戶。銀門銀行曾明確表示，「在沒有證據證明 FTX 已獲得許可和註冊的情況下，不會為其開設存取款帳戶」。[601] 因此為了進一步掩蓋 FTX 與阿拉米達之間的關係，SBF 於 2020 年 8 月決定成立 North Dimension 公司，SBF 為公司的唯一所有人。為了通過銀行的盡職調查程序，他填寫了一份虛假的盡職調查問卷，隱瞞了 North Dimension 業務的真正意圖，因為該實體缺乏相應的貨幣服務許可證。2021 年 4 月，North Dimension 的銀門帳戶終於開立。

初期，用戶資金被匯入 North Dimension，以掩蓋實際上被轉移到阿拉米達的事實。與 FTX.US 註冊地址相同的 North Dimension 聲稱自己是電子產品售賣網站，但網站「大量拼錯文字，產品定價高出正常價格數百美元」，[602] 這應該是為了防止無意中發現網站的人誤買產品。[603] 用戶後來能夠透過銀門銀行向 North Dimension 匯款，公司在銀門銀行有兩個帳戶。丹尼爾・弗里德伯格在加入 FTX 之前曾在西雅圖的泛偉律師事務所（Fenwick & West）工作，而就是這家事務所為 North Dimension 製作了註冊文件，公司網站則是由一個註冊地在香港的人創建的，這個人就是尼沙德・辛格。[604] 他用 SBF 的信用卡支付了虛擬主機的費用。[605]

儘管用戶在 FTX 平台可以看到帳戶餘額，但資金實際上存放在阿拉米達控制的銀行帳戶，需要手動轉帳至 FTX 用戶帳戶。2020 年 8 月前，這些銀行帳戶都是直接歸屬於阿拉米達名下。之後 FTX 開設了「受益人（FBO）」帳戶，但

轉入用戶帳戶前，資金仍在阿拉米達。根據美國證券交易委員會 12 月 21 日提出的指控，艾里森對於這些資金的來源完全知情。[606] 阿拉米達也不需為使用這些資金支付利息。後來 FTX 試圖將阿拉米達的 80 億美元債務與用戶資金分離，阿拉米達需要交付利息。因此，SBF 指示將這些債務轉移到一個免息帳戶。

　　FTX 的服務條款明確禁止這種使用用戶資金的方式，公司高層不論是公開聲明、在推特或是在美國國會（US Congress）、美國商品期貨交易委員會及其它美國聯邦機構露面時，一直都強調資金分離。

　　阿拉米達也透過大規模交易幫助 FTX 維持穩定幣儲備水準。該交易公司被授權可以使用 FTX 的資金進行交易。阿拉米達在 FTX 不會被自動清算，這是寫在系統程式碼中的。阿拉米達還具有一個特殊的「允許負值」設置，即使在沒有可用資金的情況下也可以進行交易。根據美國證券交易委員會，在 SBF 的指示下，王子肖於 2019 年 8 月編寫了相關代碼，允許阿拉米達保持負餘額，並於 2020 年 5 月對代碼進行了更新。同年 5 月，SBF 也指示王子肖取消阿拉米達在 FTX 現貨保證金交易中被自動清算的設定。

　　有一次，阿拉米達從 FTX 帳戶借貸的金額達到上限，SBF 指示將上限提高到未來不太可能達到的水平。而根據美國商品期貨交易委員會的調查，這個上限達數百億美元。[607] 美國證券交易委員會後來指出，阿拉米達的信貸限額為 650 億美元。阿拉米達借入的資金還可以提領到其它平台。

　　阿拉米達在 FTX 上還享有比競爭對手快幾毫秒的交易優勢。其訂單無需進行抵押品審核，也無需為 FTT 代幣付費。[608] 而其它做市商則不然，曾有公司抱怨 FTX 上的 API 反應速度過慢，而這可能是針對競爭對手人為設定的障礙。[609]

「比特幣從來不會無聊」

（麥可・賽勒，微策略公司前執行長）

2022 年 12 月 13 日，美國商品期貨交易委員會和紐約南區聯邦檢察官（US Attorney for the Southern District of New York）指控 SBF、FTX Trading 和阿拉米達欺詐和虛假陳述。[610]FTX 被指控從一開始就混合、不當處理和挪用用戶資金。[611]達米安・威廉斯（Damian Williams）是紐約南區負責此案的檢察官，畢業於哈佛大學、劍橋大學和耶魯大學。他曾協助管理金融市場犯罪特別部門近十年，於 2021 年由美國總統拜登任命為該部門的檢察官。[612]

根據指控，SBF 是 FTX 和阿拉米達的所有者和經營者，兩家公司在他的最終授權下共同運作。儘管 SBF 於 2021 年 10 月從阿拉米達辭職，但他仍是銀行帳戶的簽署人，並在美國商品期貨交易委員會註冊為阿拉米達的期貨佣金商，也與阿拉米達高層保持日常聯繫。

2021 年，FTX 持有 150 億美元資產。2022 年第一季度，阿拉米達從數位借貸平台、傳統銀行以及挪用 FTX 用戶資金等管道獲得了 100 億美元的貸款，用於高風險的方向性、非對沖和非流動性投資。當這些貸款被追討時，SBF 指示阿拉米達大規模挪用 FTX 用戶資金填補債務缺口。到 2022 年中期，阿拉米達對 FTX 的法幣債務已達 80 億美元。由於擔心負債暴露，SBF 指示阿拉米達將負債轉入一個新開的帳戶。該帳戶被稱為「韓國朋友的帳戶」或「怪異的韓國帳戶」，並描述其為「FTX 舊法幣（FTX fiat old）」。雖然這個帳戶與阿拉米達沒有直接關聯，但與其它阿拉米達帳戶一樣，獲得了允許負值和清算豁免的特權。

2022 年 11 月 7 日，面對大量用戶提款，SBF 意識到 FTX 和阿拉米達都無法賠償用戶損失。於是他透過艾里森指示阿拉米達的交易員清算倉位，「用最積極態度」賣出一切可以變現的資產，目標籌措 20 億美元回填 FTX。[613]

但 11 月 8 日，FTX 高層發現 FTX.US 也面臨資金短缺。因此 SBF 不得不指示交易員優先滿足 FTX.US 的資金需求。阿拉米達向 FTX.US 發送了 1.85 億美元，SBF 等人也聯繫多個管道籌措資金。儘管最初進展順利，但資金來源還是很快就斷了。然而，SBF 在 11 月 9 日的採訪中對挪用用戶資金的行為輕描淡寫，稱公司是由於擴張太快而忽視了警告信號。[614]

同時，美國司法部和美國證券交易委員會正在調查 FTX 與阿拉米達之間的關係。事實上，阿拉米達透過大規模借貸掏空了 FTX 的資金，並在 FTX 平台累積了巨額無抵押槓桿部位。SBF 後來承認：「這遠超乎我想像。」[615]

11 月 9 日上午 10 點，在幣安收購的消息公布後，艾里森召開了一次全體員工會議，解釋說由於核算或會計問題，SBF 及眾人決定利用 FTX 的用戶資金為阿拉米達紓困。[616] 艾里森隨口告訴員工，阿拉米達「很可能要關閉了；如果你不想留下來，或者想休息一段時間，都完全沒問題；如果你想幫忙，比如確保我們還清貸款，我們會非常感激」。[617]

艾里森也告訴員工，阿拉米達曾向 FTX 借款並將資金用於創投。[618] 當 UST ／ LUNA 於 2022 年 5 月崩潰時，貸款人要求償還這些貸款，阿拉米達因無力償付而動用了 FTX 的用戶資金。艾里森告訴她的同事，只有四人知道這項安排：SBF、她本人、辛格和王子肖。這次會議後不久，阿拉米達大部分員工辭職。但 SBF 持續掩蓋用戶資金耗竭以及 FTX 與阿拉米達之間關係的事實。

◎ SBF 在巴哈馬被捕（2022 年）

2022 年 12 月 12 日，美國檢察官對 SBF 提出刑事指控之後，SBF 在巴哈馬被捕。美國紐約南區聯邦地區法院（United States District Court for the Southern District of New York）檢察官指控 SBF 犯下電信詐欺、共謀電信詐欺、證券詐欺、共謀證券詐欺和洗錢罪。紐約南區聯邦地區法院是美國最有影響力的法院

之一，管轄著紐約的主要金融中心。

SBF 於 12 月 21 日抵達美國。不久後，他獲准保釋，條件是交出護照並接受居家拘留。保釋金由他父母的房子作為擔保，最初以匿名方式擔保 2.5 億美元。史丹佛大學法學院（Stanford Law School）前院長賴瑞・克萊默（Larry Kramer）和史丹佛大學電腦科學家安德烈亞斯・派克（Andreas Paepcke）也分別作為擔保人簽署了 50 萬美元和 20 萬美元的保釋金。[619] 審判日期定於 2023 年 10 月 2 日，在那之前，SBF 將一直被軟禁在父母位於史丹佛大學附近帕羅奧圖（Palo Alto）的家中。

在 FTX 暴雷事件發生後，SBF 曾透露，與監管機構接觸只是公關噱頭，而法規並不能真正保護用戶。[620] 他還表示，FTX 並沒有直接拿用戶的錢賭博，而是貸款給了阿拉米達，但其抵押品的金額不足以償還貸款。他將用戶資金大量損失的原因歸咎於混亂的會計核算，以及衍生性商品保證金交易所累積過多的倉位。他認為，申請破產保護是個錯誤，因為這意味著律師和受害的投資者掌握了主動權。

◎ 卡洛琳・艾里森和王子肖與檢察官合作（2022 年）

在 SBF 被引渡回美國的同時，美國檢察官達米安・威廉斯（Damian Williams）宣布 FTX 聯合創始人王子肖和阿拉米達執行長卡洛琳・艾里森秘密認罪的消息。王子肖和艾里森分別被控四項和七項罪名，美國證券交易委員會和美國商品期貨交易委員會同時發布了針對他們的民事起訴書。

王子肖承認犯有共謀詐欺、電信詐欺、共謀商品詐欺和共謀證券詐欺罪。艾里森承認電信詐欺罪、兩項共謀電信詐欺罪、共謀商品詐欺罪、共謀證券詐欺罪和共謀洗錢罪。美國證券交易委員會也指控她為了提高阿拉米達抵押品貸款額度，人為操縱 FTT 代幣價格。

美國證券交易委員會指控稱，艾里森和王子肖協助 SBF 欺騙 FTX 用戶。王子肖在尼沙德・辛格的幫助下，在 FTX 平台上創建了後門軟體，允許阿拉米達挪用用戶資金進行交易。

2023 年初，聯邦檢察官指控 SBF 在監禁期間篡改證人證詞，因為他曾透過加密資訊軟體 Signal 與 FTX 的總法律顧問萊恩・米勒聯繫，提出今後要加強合作。紐約南區聯邦地區法院對他提出了十二項指控。SBF 也告知當時正與檢察官合作的艾里森：「許多法律案件都取決於文件記錄，如果資訊沒有記錄下來，很難立案。」[621]

2023 年 1 月底，FTX 的破產律師指責艾里森和王子肖不再配合調查，兩人都拒絕提供所要求的資訊。FTX 的首席法律顧問丹尼爾・弗里德伯格與美國檢察官合作，但沒有受到正式指控。令人奇怪的是，弗里德伯格稱 FTX.US 的總法律顧問米勒有意「將大量業務轉給蘇利文・克倫威爾律師事務所（S&C），因為他想以合夥人的身分回去工作」。[622] 儘管 FTX.US 用戶的資金損失很小，但米勒希望將該實體納入集團破產申請，因為他曾告訴弗里德伯格，FTX.US 有錢支付 S&C 的服務。

弗里德伯格也指責 S&C 收費過高。在接手 2022 年 FTX 破產案的 51 個工作天內，律師和顧問共開出了 1,960 萬美元的帳單。[623]S&C 任命了近二十多名合夥人，在該案中花費了 1,900 小時，每小時收費 1,452 美元，外加其它費用共計 950 萬美元。約翰・J・雷為 S&C 的任命護航，稱該團隊「為混亂的局面帶來了秩序」。[624] 根據弗里德伯格的聲明，SBF 和辛格都個別受 S&C 辯護。

2023 年 2 月 28 日，辛格承認了一項電信詐欺罪、三項共謀詐欺罪、一項共謀洗錢罪和一項違反競選財務法共謀詐欺美國罪。[625]FTX 倒閉後不久，辛格就開始協助美國執法機關的調查。他承認虛報收入數字，向投資者籌集創投資金，並就這些交易對審計人員撒謊。他也證實，FTX 負責訂單清算的風險引擎不適用於阿拉米達。2021 年，辛格從阿拉米達獲得 1,000 萬美元的無證貸款，並將這筆錢交給了自己的家人朋友。[626] 他十分清楚阿拉米達無法償還 FTX 債務的情況，但他還是在 2022 年 9 到 10 月從 FTX 提取共 600 萬美元供個人用度。

2023 年 1 月 9 日，SBF 不認針對他的八項刑事指控，而檢察官達米安・威廉斯因允許將 SBF 軟禁在其父母在史丹佛的家中而受到越來越多的批評。這是當時威廉斯為了能快速從巴哈馬引渡 SBF，而達成的協議。後來，對 SBF 的指控增加到 12 項，隨後因他被指控於 2021 年 11 月計畫向中國官員行賄 4,000 萬美元，以解凍存放在中國大陸兩家加密貨幣交易所價值 10 億美元的資金，而再

增至 13 項。[627]

　　約翰·J·雷在 2023 年 4 月 9 日的臨時報告中將 FTX 倒閉的原因總結為「傲慢、無能和貪婪」。[628] 報告證實，FTX 有 700 萬註冊用戶，而 FTX.US 有 100 萬，這意味著共有 800 萬用戶受害。QuickBooks 是一款適用於中小型企業的會計軟體，該軟體利用谷歌文件和 Excel 製作基本的電子財務報表。FTX 許多交易是在事後數月後才輸入此軟體，標註也錯了。例如，有 8 萬筆交易被歸類為「問我的會計」（Ask My Accountant）；還有數千萬美元的支出和發票是在 Slack 內部通信系統上用表情符號批准的。阿拉米達也向 SBF 的個人銀行帳戶轉帳數千萬美元，但這些轉帳在 QuickBooks 的帳本中被記錄為「子公司投資：投資——加密貨幣」。

　　SBF 本人將阿拉米達描述為「無法審計的公司」，稱該公司的會計工作「過於艱辛，沒有任何審計師能完成，哪怕只是部分審計」。他還說，該公司「有時會發現失去蹤跡的 5,000 萬美元就扔在那裡，這就是人生吧」。

　　2019 年 7 月 31 日，就在 SBF 聲稱「阿拉米達是 FTX 的流動性提供者，但他們的帳戶和其他人一樣」[629] 的同一天，辛格修改了 FTX 網站的程式碼，讓阿拉米達借入高達 650 億美元的資金。而一周前，他也對程式碼做過修改，以防止阿拉米達被自動清算。

　　FTX 的網路安全措施也十分薄弱，其加密資產的私鑰儲存在亞馬遜網路服務（Amazon Web Services）的雲端運算環境中，絕大部分加密資產都儲存於易受駭客攻擊的熱錢包。即便如此，公司曾多次向監管機構和用戶表明，任何存放超過兩天的資金都會轉入冷錢包。

◎ FTX 債務人和債權人提起訴訟（2023 年）

　　2023 年 6 月 26 日，FTX 債務人發布了第二份中期報告。[630] 報告顯示，2022 年 3 月，FTX ／阿拉米達損失了 87 億美元用戶資金。艾里森曾預估損失 100 億美元，2022 年 8 月損失約 80 億美元。FTX 從成立的第一天開始就混合用戶存款。例如，虛設的電子商務公司 North Dimension 收到了 20 億美元的資

金；FTX 首席法律顧問丹尼爾·弗里德伯格用 100 萬美元賄賂了一名擔任律師的前巴哈馬政府官員，以加快 FTX Digital Markets 在巴哈馬的牌照申請。SBF 的兩位合夥人也收到了 4.5 億美元的 FTX 用戶資金，並成立了一家名為 Modulo Capital 的加密對沖基金。

2023 年 6 月 27 日，FTX 債務人對弗里德伯格提起訴訟。[631]SBF 的父親任命弗里德伯格為 FTX 首席法律顧問，這代表老班克曼在公司中扮演的角色比大眾意識到的更為深遠。訴訟中提及，FTX 申請破產時，弗里德伯格已獲得了 140 萬美元的簽約獎金、30 萬美元的年薪、FTX.US 8％的股權，300 萬美元的年度獎金（2020 年），以及價值 3,300 萬美元的加密貨幣（SERUM），其中大部分是由阿拉米達支付的。

弗里德伯格也指導成立了 North Dimension 空殼公司。為了掩蓋不當混合和濫用 FTX 用戶資金的行為，2021 年 4 月，他起草了一份虛假的公司對公司協議給審計師，聲稱阿拉米達將為 FTX 執行財務管理。但事實上，執行的是一份支付服務協議，其日期被改為 2019 年 6 月 1 日。為掩蓋文件日期被竄改的事實，SBF 使用了手簽而非電子簽名。這份偽造的協議準備用於審計工作，讓 FTX 得以在 2022 年 1 月的 C 輪融資中籌集 4 億美元。

此外，弗里德伯格還幫 FTX 集團喬事情，他曾以 330 萬美元賄賂一名吹哨者。另名吹哨者因一筆「非同尋常」的和解金而選擇不予披露，據說這筆和解金高達 1,200 萬美元。阿拉米達的一個帳戶也向 SBF 的個人銀行帳戶轉入了數千萬美元，這些隱密的交易在弗里德伯格的指示下透過 Signal 進行溝通和操作。弗里德伯格以這種方式涉嫌虛假描述 FTX 內部人員貸款，涉及金額超過 20 億美元。

2023 年 7 月 20 日，FTX 的債權人對 SBF、王子肖、艾里森和辛格提起訴訟。[632]訴訟指明 SBF 是 FTX 的大股東，擁有 80％的股權，其餘 20％的股權由數百名小股東擁有。

據 FTX 債權人稱，在 2022 年 5 月 6 至 18 日期間，SBF 和王子肖讓阿拉米達提了他們 5.46 億美元的不實和欺詐性貸款，用於購買 Robinhood 的股份，隨後股票被轉入他們的個人帳戶。SBF 和王子肖也用阿拉米達的資金支付給阿

拉米達本身。正如弗里德伯格所說：「這只是一個循環，從 AR Ltd（指阿拉米達，Alameda Research）到 Sam ／ Gary（SBF ／王子肖）到 Emergent 再回到 AR Ltd。」2022 年 1 月 24 日，SBF 從 FTX .US 的阿拉米達公司帳戶向個人帳戶轉帳 1,000 萬美元，然後又將這筆錢轉入其父在 FTX.US 的帳戶。之後，老班克曼將 680 萬美元轉入他在摩根史坦利（Morgan Stanley）和德美利證券（TD Ameritrade）的帳戶。這筆「禮物」被認為是提供給 SBF 用於刑事辯護的資金。

SBF 政治獻金支出約 1 億美元，部分是透過所謂的 FTX 貸款提供的。他也向其兄弟的「Guarding Against Pandemics」遊說團體轉帳 3,500 萬美元。這些捐款大部分來自用戶和非用戶的資金混合。SBF 也讓 FTX 集團向 K5 Global 投資 7 億美元，該公司由前好萊塢藝人經紀人麥可・基維斯（Michael Kives）和布萊恩・鮑姆（Bryan Baum）管理，然而兩人都沒有任何管理資金的記錄，每人卻收入 1.25 億美元，剩下的錢則在沒有任何綜效或盡職調查的情況下，被投入價格虛高的創投。

理論上，辛格承諾支付阿拉米達 4.77 億美元，而阿拉米達又承諾支付 FTX 4.77 億美元，以購買辛格於 2021 年 11 月 15 日收到的 4,400 萬股 FTX 普通股。然而事實是沒有人付過錢，似乎也沒有人打算這麼做。辛格甚至不用任何抵押品。

2020 年 12 月至 2021 年 3 月，艾里森收到了 275 萬份 FTX 買權作為獎金。2022 年 2 月 22 日，她將阿拉米達的 2,250 萬美元轉入獨立的薪資帳戶。這些資金隨後被轉入 Salameda Ltd.（一家 FTX 集團相關實體），再轉入艾里森在 FTX 的個人帳戶，然後她又從該帳戶向自己的個人銀行帳戶轉帳了 1,000 萬美元。2021 年 7 月 23 日，艾里森收到了 250 萬美元的獎金，2022 年 9 月 14 日又收到了 375 萬美元。她承認，自 2019 年以來，阿拉米達一直使用 FTX 的資金進行投資或償還貸款。

◎ 瓶頸行動 2.0（2023 年）

FTX 暴雷之後，四名舉足輕重的美國參議員致函銀門銀行執行長艾倫·萊恩（Alan Lane），要求澄清該銀行在 FTX 用戶資金處理不當事件中，所扮演的角色。[633] 兩天後，總部位於紐約的簽名銀行（Signature Bank，其存款總額的 24％來自加密貨幣公司）宣布將減少 50％的加密貨幣相關存款。[634] 隨後，2023 年 1 月 9 日，同樣與加密貨幣公司有銀行業務關係的大都會商業銀行（Metropolitan Commercial Bank）宣布停止對加密貨幣社區的服務。[635]

僅前幾天，也就是 1 月 3 日，美國三個重量級機構——聯準會（Federal Reserve）、聯邦存款保險公司（Federal Deposit Insurance Corporation，即 FDIC）和貨幣監理署（Office of the Comptroller of the Currency）發表了一份聯合聲明，警告加密貨幣公司在銀行系統中有欺詐和不穩定的風險。[636] 聯合聲明發表後，美國國家經濟委員會（National Economic Council）發布公告，強烈反對銀行與加密貨幣公司進行交易。[637] 隨後，1 月 27 日，聯準會拒絕了總部位於懷俄明州（Wyoming）、專經營加密貨幣的 Custodia 銀行成為聯準會系統（Federal Reserve System）成員的申請，因為該公司缺乏足夠的管理框架來應對與加密貨幣相關的風險，包括洗錢和恐怖主義融資。[638] 但 Custodia 銀行被拒絕加入聯邦儲備系統的原因還包括該銀行未來發行穩定幣的可能性。

2 月 8 日，幣安暫停了零售用戶的美元轉帳。第二天，加密貨幣交易所 Kraken（真實名稱為 Payward Ventures, Inc.）因未註冊其加密資產抵押即服務（staking-as-a-service）項目，而受到美國證券交易委員會指控。公司同意支付 3 千萬美元的罰款，並停止向美國用戶提供該服務。[639]

2 月 9 日，Castle Islands Ventures 的合夥人尼克·卡特（Nic Carter）在線上媒體《*Pirate Wires*》上發表了一篇客座文章，認為「瓶頸行動 2.0」（Operation Choke Point 2.0）正在進行中。[640] 在這篇文章中，卡特詳細介紹了拜登政府如何暗中試圖禁止加密貨幣，以及如何利用銀行業監管機構使加密貨幣公司「無銀行化」（unbank），並將交易所完全拒之門外。

在卡特文章發表的前一周，一項針對銀門銀行處理其 FTX 和阿拉米達帳戶的刑事調查就已開始。幾天後，有報告稱幣安可以存取 Binance.US（幣安美國分站）的銀門銀行帳戶，並在 Binance.US 執行長不知情的情況下，透過該帳戶

轉移了數億美元。[641]

　　由於受到刑事調查，銀門銀行面臨來自司法部、國會和銀行監管機構的質疑。銀門於 3 月 3 日終止了銀門交易網（SEN）結算系統，該系統在 2021 年第四季的高峰期曾促成了價值 2,190 億美元的交易。[642] 銀行擠兌隨即發生，3 月 8 日銀門關閉了業務。

　　矽谷銀行（Silicon Valley Bank，即 SVB）也與加密貨幣公司和其它新創公司有業務合作，但由於其投資組合中因利率提高，投資蒙受損失而遭到擠兌，最終也倒閉了。SVB 為加密穩定幣發行商 Circle 提供了 33 億美元的資金保障，一些投資者擔心這筆資金可能無法收回，引發 USDC 穩定幣短暫脫鉤，價格下跌了 12%。直到周一聯邦存款保險公司開始支援未保險存款後，掛鉤情況才有所改善。

　　紐約州金融服務局（New York State Department of Financial Services，即 NYSDFS）利用這次危機關閉了簽名銀行，該銀行與穩定幣發行商、加密貨幣交易所和比特幣礦工有合作關係。簽名銀行也經營 Signet，這是一個於 2019 年 1 月 1 日推出的內部審計和即時支付平台。Signet 與銀門銀行的 SEN 類似，允許用戶在一天或一周內的任何時間轉移資金。平台透過將美元轉換為符合以太坊 ERC-20 標準的代幣，在三十秒內完成資金轉移。這些數位化美元（又稱 Signets）只能在 Signet 平台上使用，並享聯邦存款保險公司的保障。[643]

　　對於加密貨幣公司來說，Signet 甚至比 SEN 更為重要，其 2022 年第四季的交易量達到 2,750 億美元，而 SEN 的交易量僅為 1,170 億美元。關閉這兩家機構會切斷大多數加密貨幣公司的支付管道。例如，泰達公司曾指示用戶透過 Signet 向其銀行合作夥伴 Capital Union 發送美元。[644] 簽名銀行董事會成員之一，巴尼·法蘭克（Barney Frank）指責監管機構向加密貨幣公司強烈表態。[645] 由於機構的干預，Circle 不得不暫停 USDC 穩定幣的鑄造和贖回，因為它需要新的銀行合作夥伴。[646]

◎ 更多加密巨頭被捕，倖存者來日再戰（2023 年）

2023 年 3 月，有傳言稱 TRON 創始人孫宇晨失去了格瑞那達（Grenadian）公民身分和該島國常駐世貿組織代表的職位。孫宇晨於 2021 年 12 月獲得這一職位，在那之前，他在格瑞那達進行了大量投資。[647] 但據當地消息稱，投資額僅為 15 至 30 萬美元。[648] 消息人士也表示，孫宇晨的職位不會給予他在世貿組織總部瑞士以外的外交豁免權。

孫宇晨曾飽受爭議。例如，維塔利克・布特林指控他在 TRON 白皮書犯了剽竊行為，稱白皮書中的許多部分與星際檔案系統（InterPlanetary File System，即 IPFS）和 Filecoin（FIL）白皮書中的部分內容完全相同，而且沒有引用參考文獻。[649] 還有報導稱，孫宇晨被迫推遲 2019 年與華倫・巴菲特（Warren Buffett）的慈善午餐，是因為他被控非法集資、賭博和洗錢，正在接受中國政府的調查，無法出境。[650]

2023 年 3 月 22 日，美國證券交易委員會起訴孫宇晨詐欺、未註冊證券銷售、操縱交易及非法兜售資產。[651] 訴訟稱，TRON 員工被指示人為提高 TRX 代幣價格，並在近一年內平均每天進行十次洗盤交易。孫宇晨每周都會收到一份關於這些洗盤交易活動的報告，其中一個帳戶是以他父親的名字開設的。歌手阿肯（Akon）、奧斯汀・瑪宏（Austin Mahone）、社交媒體名人傑克・保羅（Jake Paul）和女演員琳賽・蘿涵（Lindsay Lohan）等名人每發布一條有關 TRON 的宣傳推文，就會獲得 1 萬美元的非公開報酬。[652] 孫宇晨也被要求向美國證券交易委員會註冊 TRX 代幣，因為它是市場定位為美國居民的投資合約。

就在孫宇晨被美國證券交易委員會起訴的同時，3 月 23 日，Terraform Labs 的創始人 Do Kwon 在巴爾幹地區的蒙特內哥羅（Montenegro）機場被捕，當時他正持偽造的哥斯大黎加護照試圖登上飛往杜拜的私人飛機。警方也在他的隨身物品中發現了同樣被認為是偽造的比利時身分證。與 Do Kwon 一同被捕的還有 Terraform 財務長韓昌俊（Han Chang-joon）。

幾個小時後，紐約的美國刑事檢察官指控 Do Kwon 犯了欺詐罪，起訴書指控他在 Terra 區塊鏈的各方面欺騙投資者，誤導用戶購買 UST 和 LUNA，並與某身分未公開的美國交易公司一起操縱市場，並就被控之情事做出不實和誤導性陳述。如果 Do Kwon 被引渡到美國，他可能面臨 100 多年的監禁，[653] 因為美

國的司法原則是將每項罪行的刑期相加。[654]

韓國外交部因 Do Kwon 前一個月未及時向當局自首並逃往新加坡，而於 2022 年 10 月註銷其護照。韓國當局與美國檢方一樣，也正式提出引渡請求，並沒收了與 Terraform 關聯的八人共 3.15 億美元資產，其中 Terraform 聯合創始人、Chai 前執行長丹尼爾・申的資產就占 1.17 億美元。這些資產可能是非法所得。[655] 在資產被查封之前，Do Kwon 已將自己在韓國約 6,900 萬美元的財產轉換為比特幣，並轉移至海外加密貨幣交易所。[656]

2023 年 3 月 27 日，美國商品期貨交易委員會對趙長鵬和「營運幣安平台的三個實體」發起民事執法訴訟。[657] 美國商品期貨交易委員會認為，從 2019 年 7 月起，幣安非法允許美國居民在 Binance.com 上交易，指導他們使用虛擬私人網路更改自己所在位置。[658] 幣安還留有一個漏洞，只要提款金額少於兩枚比特幣（2 萬至 10 萬美元），則無需提交認識客戶（KYC）文件。

幣安的前合規長山謬・林（Samuel Lim）也受到了美國商品期貨交易委員會的指控。他的團隊建議一名來自九頭蛇暗網、交易額達 500 萬美元的用戶「開一個新帳戶」，原因是「現在這個帳戶必須註銷，它已被污染」。林承認，美國政府認定為外國恐怖組織的哈馬斯（Hamas）在幣安也很活躍，儘管交易金額不大。

林辯稱，如果幣安被發現在 Binance.com 上擁有美國用戶，那麼美國商品期貨交易委員會可以對其提起民事訴訟並罰款。但是，如果缺乏認識客戶程序就可能涉嫌洗錢和恐怖主義融資，那麼《銀行保密法》（BSA）就會生效，那就屬於刑事訴訟範疇，可能讓相關責任人士入獄。

美國商品期貨交易委員會也認為，Binance.US 被用作「實驗室」來識別重要的美國用戶（VIP），再私下將他們引至 Binance.com 的主平台上，這也就是為什麼美國 VIP 用戶需要提交新的認識客戶文件。經確認，三個 VIP 分別為量化交易公司簡街資本、Tower Research Capital 和 Radix Trading。[659] 這三家公司可能會失去在美國的營業執照。

幣安用戶除了提交有問題的文件，還可以操作僅歸屬於主帳戶持有人的子帳戶，而子帳戶無需進行任何身分查驗。

在 2020 年 10 月 1 日美國商品期貨交易委員會對 BitMEX 提出指控後，幣安在內部會議文件中更新了所有美國數據的地址，將所在地分類為「未知」。BitMEX 因經營未註冊的交易平台、違反洗錢防制程序以及允許美國用戶在其平台上進行交易的原因，遭到民事執法訴訟。[660] 據美國商品期貨交易委員會，BitMEX 於 2021 年 8 月 10 日支付了 1 億美元的罰款。[661]2022 年 5 月 23 日，BitMEX 前執行長亞瑟・海耶斯（Arthur Hayes）在承認違反《銀行保密法》後，受到 1 千萬美元的罰款以及 6 個月的軟禁外加兩年緩刑。檢察官曾要求對他處以重刑。[662]

兩年來，幣安一直試圖與美國商品期貨交易委員會達成和解，表示願意支付巨額罰款，而美國商品期貨交易委員會則要求永久禁止幣安在美國開展業務，以及要求沒收所有從美國用戶非法獲得的收入和費用，監管機構估計這占幣安總收入的 18％到 20％。[663] 據消息，幣安在 2019 年的交易量為 1 兆美元，2020 年為 1.4 兆美元，2021 年為 34 兆美元，2022 年為 23 兆美元。幣安官網轉載的 CryptoQuant 報告估計其 2022 年的收入為 120 億美元，[664] 扣除返傭和聯盟行銷計畫的支出後，2022 其年收入可能仍然達到數十億美元，比兩年前增長了十倍。

美國商品期貨交易委員會官司中的兩家主要公司 Binance Services Holdings 和 Binance Holdings IE 皆在愛爾蘭註冊，4 月 3 日，趙長鵬悄悄辭去了這兩家公司董事一職。接替他的是幣安財務部門資深副總裁、Kraken 交易所前財務長 Kaiser Ng。[665]5 月 29 日，理查・鄧（Richard Teng）升任幣安美國地區以外市場主管，鄧加入公司僅兩年，就被視為最有可能接替趙長鵬擔任執行長的人。

2023 年 6 月 5 日，美國證券交易委員會起訴幣安和趙長鵬，指控他們經營未註冊的交易平台，並在未向美國證券交易委員會註冊的情況下非法招攬美國投資者。[666] 幣安還被指控提供未經註冊的證券，特別是交易所代幣 BNB 和穩定幣 BUSD。訴訟稱，自 2018 年以來，幣安就計畫規避美國法律。BAM Management 及其子公司 BAM Trading，以及後來的 Binance.US 都由趙長鵬幕後操作，將最有價值的美國用戶引向 Binance.com 主平台。

透過趙長鵬和幣安擁有和控制的帳戶，數十億美元的用戶資金被匯入同樣由趙長鵬控制的私有實體 Merit Peak Limited 所持帳戶，該實體為 Binance.com 的用戶提供場外交易服務。Merit Peak 也被用來將數十億美元轉移到一家發行

幣安穩定幣 BUSD 的信託公司。此外，由趙長鵬控制和擁有的交易公司 Sigma Chain 至少在 2019 年 9 月至 2022 年 6 月期間在兩個幣安平台上從事洗盤交易。Sigma Chain 被指控進行了類似阿拉米達在 FTX 上的做市商業務，該公司總裁陳光英（Guangying Heina Chen）也擁有 Binance.US 銀行帳戶的簽署權。

根據內部文件顯示，至少在 2021 年 8 月之前，幣安用戶每日提取不超過 2 枚比特幣則無需認識客戶流程。文件透露，在法規明令禁止的情況下，Binance.com 仍擁有 147 萬美國用戶。早在 2019 年，Binance.com 就擁有 3,500 名美國 VIP 用戶，趙長鵬和管理階層完全清楚他們違反了多項美國法律。正如 2018 年 12 月營運長所承認的：「我們在美國經營無牌證券交易所。」為規避美國監管部門介入和法律風險，幣安成立「太極實體」對外聯絡，營運長稱這可能導致巨額和解費，並「在和解過程中完全失去美國市場」。

太極計畫還包括關鍵成員在非美國地區開展業務，避免執法風險，並確保錢包和伺服器繼續託管在海外，避免資產被查封。這個計畫還包括公開限制美國用戶訪問，但私下鼓勵他們使用虛擬私人網路或更新認識客戶資訊繞過限制。2020 年 7 月 15 日，合規長也對 VIP 用戶團隊表示：「我們總有門路給巨鯨。」到 2021 年 8 月，幣安全球 6,200 萬用戶中只有 2,500 萬完成認識客戶，63％的 VIP 交易量來自美國。

幣安財務長和營運長之間的內部談話表明，趙長鵬願意承擔 BNB 在 Binance.US 平台上市的法律風險。這項法律風險被量化為 1,000 萬美元的法律和結算費。趙長鵬駁回了 BAM 執行長的反對意見，從 2019 年 9 月起，Binance.US 開始發售 BNB 代幣。自 Binance.US 推出以來，Merit Peak 的美國銀行作為「通道」收到了超過 200 億美元的資金，其中包括來自幣安兩個平台的用戶資金，絕大部分被轉移到發行 BUSD 穩定幣的信託公司。

◎ 趙長鵬和幣安最終認罪（2023 年）

2023 年 11 月 21 日，幣安人員及其執行長趙長鵬經多年拒抗之後，仍是出現在西雅圖聯邦法院（Seattle Federal Court），與美國財政部金融犯罪執法局、外國資產管制辦公室，和美國商品期貨交易委員會達成認罪協議。一部分協議內容為，幣安同意支付 43 億美元的罰款，趙長鵬將辭去執行長一職，並支付 5,000 萬美元的罰款。趙長鵬也被要求留在美國接受長達六個月的延遲判決。面對可能長達十年的監禁，趙長鵬同意在未來三年內不再經營幣安，如果刑期不超過 18 個月，他將放棄上訴的權利。

美國用戶為幣安貢獻了 13.5 億美元的交易費收入。幣安的罰金是英國銀行業巨頭匯豐銀行（HSBC）2012 年因類似違規行為所付罰金的兩倍，內部人士稱，公司預留了 80 億美元的和解金。

美國司法部於 2018 年開始對幣安進行刑事調查，重點在於查核其洗錢防制法和許可。[667] 為了避免引起用戶恐慌，司法部沒有指控幣安涉嫌洗錢。趙長鵬聘請了來自格信律師事務所（Gibson Dunn & Crutcher）的律師為辯方，以交易所合規計畫已逐步改善為理由達成協議。[668] 趙長鵬提出在紐約家中軟禁，以作為服刑的替代方案，他直到最後都不願放棄幣安的掌控權。

在一年的談判期間，幣安總法律顧問吳洪（Hon Ng）被迫離職，他同時也是趙長鵬的律師。全球調查和情報主管馬修・普萊斯（Matthew Price）和策略長派翠克・希爾曼（Patrick Hillmann）也離開了公司。[669] 當時計畫由何一（Yi He）接管公司，她與趙長鵬育有三子，是幣安的客服長。但趙長鵬最終決定由新加坡前監管官員理查・鄧（Richard Teng）接任執行長。雖然鄧在幣安擁有執行長的頭銜，但傳言何一才是幕後的真正掌權者。

夏末，司法部建議對幣安罰款 60 億美元，並對趙長鵬判處 18 個月監禁，要求幣安在 9 月前出售俄羅斯業務，因為有用戶使用受制裁的俄羅斯銀行。幣安也允許伊朗用戶轉移了至少 9 億美元，並從俄羅斯的九頭蛇暗網市場收到超過 1 億美元資金。2019 年，一名合規員工甚至寫道：「我們需要一則廣告：最近洗太多錢？來幣安吧，我們已為您準備大禮。」[670]

幣安承認，其公司自成立以來就存在犯罪行為，包括未能實施有效計畫防

止和告發恐怖分子、勒索軟體攻擊者、洗錢者及其他罪犯的可疑交易，以及將美國用戶與受制裁地區用戶之間進行匹配交易。

根據和解協議，幣安須完全退出美國市場，並接受為期五年的監管。美國財政部將保留對幣安帳簿、記錄和系統的存取權限，包括對前 35 名最大用戶進行額外審查。幣安還必須審查 2018 年至 2022 年的所有交易，並提交可疑活動報告。這項回溯審查很可能會發現大量非法交易，並確定其背後受益方。幣安在加密貨幣交易所市場的領先地位面臨挑戰。

2023 年 12 月 18 日，法院正式確定了趙長鵬和幣安與美國商品期貨交易委員會之間的和解協議。幣安需繳交 13.5 億美元的非法交易費收入，並支付相同金額的罰款。趙長鵬個人被處以 1.5 億美元的民事罰款，前合規主管山謬・林因配合違規運營被罰 150 萬美元。此和解是美國證券交易委員會和司法部針對幣安所提更大範圍訴訟的一部分。美國證券交易委員會對幣安仍有 13 項未決指控，主要包括經營未註冊交易所、經紀商和清算所；在 Binance.US 平台做不實陳述；以及未註冊證券發行和銷售。

◎ SBF 七項指控全部成立

趙長鵬將於 2024 年 2 月 23 日開庭受審，有可能與 SBF 被同時判刑入獄。SBF 面臨的七項指控已全數成立。在 2024 年 3 月 28 日的聽證會上，他可能被判數十年有期徒刑。檢方指其透過阿拉米達「挪用和貪污」數十億美元用戶資金。核心團隊成員，包括艾里森、王子肖和辛格等人都指證了他。陪審團認定他犯有詐欺罪，竊取了用戶和投資者至少 100 億美元資金。所有與 SBF 關係密切的人都承認了自己的罪行，但 SBF 本人拒絕認罪，庭審表現更令負責的法官感到失望。審判歷時四周後，陪審團僅用四小時討論就一致認定了他的罪行。

微策略公司的麥可・賽勒（Michael Saylor）將 SBF 比作「華爾街之狼」喬登・貝爾福（Jordan Belfort），1999 年他因操縱股市被判有罪，並在監獄中度過了 22 個月。2013 年，賽勒在推特上寫道：「比特幣的日子不多了。比特幣早晚與網路賭博殊途同歸。」[71] 但到了 2020 年，他向比特幣投入 40 億美元，每枚比特幣均價為 3 萬美元，成為公開的最大知名持有者之一。到 2023 年 12 月，

微策略公司的比特幣已獲利 25 億美元。賽勒最驚人的評論之一是：「比特幣是網路蜂群，服務於智慧，飼以事實，在加密能量牆的背後呈指數增長，將越來越智能、越來越快捷、越來越強大」。[672] 也許這能解釋比特幣為什麼沒有隨著 SBF 的審判和趙長鵬的認罪而終亡。事實上，這兩位加密巨頭被判有罪時，比特幣已從 2022 年的低點上漲了 135％。

2024 年 4 月 30 日，前幣安執行長趙長鵬承認該全球最大的加密貨幣交易所違反美國反洗錢法。他被判處四個月監禁。趙長鵬是根據《銀行保密法》入獄的首位執行長，與檢察官所求處的三年刑期相比，他所接受的刑期明顯較輕。法官認可了趙長鵬的慈善行為和個人誠信，並指來自許多支持民眾的來信提到他的積極貢獻和初犯身分。這些支持的言論大幅影響了判決。

「對不起，我沒時間說服你」

（中本聰，比特幣創始人）

　　儘管比特幣在 2022 年經歷了醜聞、破產和熊市，幣價也從高峰下跌了 77％，但加密貨幣產業在 2023 年迎來復甦。在美國的監管打擊下，比特幣價格逆勢反彈了 150％。

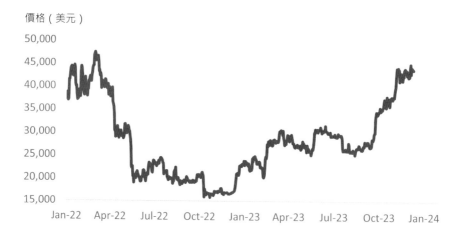

圖 29：2022 年熊市之後，比特幣開啟了第五輪牛市
資料來源：作者提供

在美國開始實施加密貨幣監管和證券法的同時，其它司法管轄區也積極為加密貨幣交易和創新確立界限，吸引人才。這些地區包括巴哈馬、英國、香港、新加坡、杜拜和阿布達比。其中阿布達比承諾在 2023 年 2 月撥款 20 億美元支持 Web3 新創公司。[673]Coinbase 執行長布萊恩·阿姆斯壯（Brian Armstrong）多次表達不滿美國監管的不透明，稱「正考慮」離開美國轉向英國這個第二大市場。[674] 地域間差異正在形成，在吸引人才和資本、推動創新方面，監管的策略遊戲將成為關鍵。

詹姆斯·戴爾·戴維森（James Dale Davidson）和威廉·里斯－莫格（William Rees- Mogg）在 1997 年出版的《主權個人》（*The Sovereign Individual*）一書中指出，索取比創造更容易，只有在財產受到保護的情況下，努力工作才有意義。[675] 他們認為，隨著加密技術和無國界網路空間管轄權的出現，暴力的邏輯將從國家轉向個人。過去需要昂貴的軍隊來保護財富，隨著比特幣的發展，財富可以透過記憶私鑰而儲存在人腦中。因此，產權執行將不再依賴國家機構，而是純粹由加密數學來完成。

礦工依靠電力驗證、更新帳本，並透過去中心化通訊實現共識，此為生產比特幣和驗證交易的關鍵。隨著運算能力和發電能力的提升，偏遠地區供電已不成問題，因此共識機制成為了最關鍵的因素。中國 2021 年的比特幣挖礦禁令後，比特幣網路已去中心化。雖然中央政府可以切斷陸地網路，但 SpaceX 的星鏈（Starlink）已發射四千多顆衛星，幫助人們連接到全球網路。[676] 2022 年，當俄羅斯關閉烏克蘭東部的網路時，就是靠星鏈提供了網路服務。這些服務也可以在網路通訊受到政府限制時派上用場，保障比特幣的共識機制。因此，儘管加密貨幣可能受地理限制，它還是能透過太空連線進行產權驗證。

比特幣由中本聰於 2008 年創立，當時正值全球金融危機，人們對金融機構的信任大減，各國債務呈爆炸式成長。2013 年賽普勒斯主權債務違約事件中，銀行儲戶獲得救助。同時，2020 至 2021 年間，各國政府大量發放的刺激經濟支票造成了過度印鈔也影響美元的金融穩健性。這些事件推動比特幣價格呈拋物線成長。

根據美國聯邦存款保險公司主席馬丁·格倫伯格（Martin Gruenberg）於 2022 年 3 月 6 日透露，美國金融機構面臨 6,200 億美元的未實現損失。[677] 新冠

大流行期間，各國政府跳過中央銀行，直接向民眾發放刺激經濟支票，導致通貨膨脹急遽上升。這與量化寬鬆政策不同，因為資金實際上被消費掉了，所以最終引起利率大幅提高，債券遭到拋售。由於銀行動用儲戶存款購買了這些債券，如今存戶要求提款時，多家銀行出現擠兌現象，其中包括銀門銀行、矽谷銀行和簽名銀行。2023 年 3 月，3,890 億美元存款被提走，促使美國提高這三間銀行的存款保險上限。同時，美國財務部長珍妮特‧葉倫（Janet Yellen）甚至提出要向全美存款機構提供無上限的保險。正如中本聰預言，金融機構失去了保障資金安全和購買力的能力，這可能在未來幾個月或幾年內促進比特幣被廣泛採用，成為一種替代保值的方式。

比特幣在 2023 年 1 月美國通膨數據優於預期後出現反彈，並在 3 月再次大漲，因葉倫表示全美的存款保險可以無上限。這意味一旦經濟出現危機，政府可能面臨數兆美元的額外債務。同時，幣安逐步失去銀行管道，並被迫將價值數十億美元的 BUSD 穩定幣轉換為比特幣，這進一步推高了比特幣價格。

同時，第二大穩定幣發行商 Circle 揭露，其近 10％ 的儲備（價值 33 億美元）位於矽谷銀行。幣安隨後宣布，停止美元與比特幣的自動兌換，比特幣與美元掛鉤匯率短暫降至 0.92 美元。Circle 的主要合作夥伴 Coinbase 也停止了兌換。到 2023 年底，USDC 的市值從 440 億美元縮水到 240 億美元。在 USDC 兌換重啟後的一周內，又有 60 億美元被提走。泰達幣是 Circle 波動的最大受益者，其鑄幣和贖回流程一直保持穩定，因此在一個月後，泰達幣的市值從 720 億美元增加到 800 億美元，2023 年底又增加至 910 億美元。

2023 年 6 月 22 日，比特幣創下一年新高，正式進入第五輪牛市。管理著十兆美元資產的投資公司貝萊德（BlackRock）宣布申請比特幣現貨 ETF（交易所交易基金），這推動了比特幣需求的增長。每一次加密貨幣牛市都與獲取比特幣的新方式有關：2011 年，第一批像 TradeHill 這樣交易所的出現，讓購買比特幣變成可能，而不是單純依靠挖礦；隨後在 2013 年，交易者可以在 Bitcoinica 上進行最高 10 倍的槓桿交易；2017 年的牛市是由 BitMEX 等交易所上線高達 100 倍槓桿的永續合約所推動；2021 年的牛市與 Celsius 和 BlockFi 等借貸平台上線的零抵押借貸有關。

三箭資本等加密對沖基金和阿拉米達研究等加密交易公司在抵押品有限、甚至是無抵押的情況下，能夠利用加密貨幣貸款數十億美元；如今，比特幣現貨 ETF 將創造另一種獲取比特幣的方式，帶來新一波投資者。而這次是允許機構投資者將比特幣當作投資組合的基石，並透過抵押股票等其它資產來獲取比特幣。無論是為了分散投資，或是拿來取代黃金，華爾街總能找到推廣比特幣的理由。

　　2017 年，貝萊德執行長賴瑞・芬克（Larry Fink）表示：「比特幣只是向你展示了世界上有多少洗錢需求」。[678] 然而到了 2023 年夏天，他說：「加密貨幣在很多方面都是數位黃金。」[679]6 月 16 日，貝萊德提交了 S-1 表格申請比特幣現貨 ETF。S-1 表格是申請新證券時第一份該登記的表格。

　　8 月 29 日，美國哥倫比亞特區巡迴上訴法院（US Court of Appeals for the District of Colombia Circuit）裁定，美國證券交易委員會拒絕灰階公司（Grayscale）2021 年比特幣現貨 ETF 申請的決定有誤。儘管美國證券交易委員會已批准比特幣期貨 ETF，但其以市場操縱風險為由，否決了現貨 ETF，稱有必要達成監督共享協議，因為芝商所（芝加哥商業交易所）比特幣期貨市場並非「大規模」。法院判定，擬議的比特幣現貨 ETF 與已獲批的期貨 ETF「實質上相似」，因為兩者標的資產「密切相關」，而且監督共享協議「完全相同」。法院裁定美國證券交易委員會沒有充分解釋拒絕的理由，並給予其 45 天上訴期。45 天過後，美國證券交易委員會並未上訴，市場因此預期比特幣現貨 ETF 將正式獲批，甚至有加密新聞網站誤稱比特幣現貨 ETF 已經獲批。實際上，美國證券交易委員會已開始與不同的 ETF 發行商閉門進行建設性會談，發行商也據此各自更新申請文件。

　　10 月 23 日，貝萊德將其比特幣現貨 ETF「iShares Blockchain and Tech ETF」在納斯達克交易清算公司——存管信託與清算公司（Depository Trust & Clearing Corporation，即 DTCC）上市，這意味美國證券交易委員會可能會考慮批准該 ETF。此前 10 月 19 日，聯準會主席鮑威爾表示，十年期公債殖利率上升將降低升息的必要性，向市場釋放鴿派訊號。

　　12 月 5 日，貝萊德修改其 S-1 檔。修訂內容包括：信託管理人必須採取的監控市場價格異常波動之措施；比特幣託管人私鑰的安排，私鑰必須保存在冷

錢包中,而非冷熱錢包混合;以及比特幣潛在分叉的相關程序。三天後,比特幣攀升至近 45,000 美元,比年初高出 160%。

2023 年比特幣的強勁反彈與美國公共債務前所未見的激增有關。公債總額從 2019 年的 31.4 兆美元激增至 34 兆美元,僅新冠疫情期間就增長了 46%。當惡性通貨膨脹和過度負債出現時,公民往往會購買黃金保值資產。這也是尼克・薩博(Nick Szabo)1998 年設計比特黃金(Bit Gold)這種去中心化貨幣機制的初衷,也是中本聰在 2008 年金融危機後推出比特幣的主要原因之一。

根據 2010 年世界銀行(World Bank)的研究報告,如果一個國家的公債占國內生產毛額比重長期超過 77%,就達到金融臨界點。[680] 而美國這一比率已升至 135%,可能導致經濟成長預期走低和推高通膨政策的制定。穩健成長或過度通膨可降低公債比率,但過度通膨可能導致財富大幅縮水。各大政府和中央銀行都在開發數位貨幣,所有大型金融機構也在建立區塊鏈解決方案,以簡化金融系統。2023 年 7 月,聯準會推出了即時支付系統 FedNow,被視為央行數位貨幣(Central Bank Digital Currency,即 CBDC)的前身。[681] 這會讓人們投向比特幣嗎?

同時,建立在美元和美國金融機構基礎上的全球貨幣體系似乎正在重新定位。這些機構在市場信心動搖時發揮了支撐作用。聯準會的互換協議為危機提供了流動性,而美元和美債市場提供了穩定性。但從中國再到俄羅斯和沙烏地阿拉伯,許多國家正在聯合削弱美元影響力。世界是否會接受人民幣作為新的全球儲備貨幣,或者政治中立的比特幣會成為新金融秩序的支柱?

資料傳輸成本大幅下降、速度大幅提升之後,手機應用程式和網飛(Netflix)等網路串流服務才變得可行。迄今為止,高昂的交易費用限制了加密貨幣的採用率。然而,隨著以太坊改進提案(Ethereum Improvement Proposal)EIP-4844 的推出,情況可能會改變。該提案能夠顯著降低協定費用,並透過「一團」數據讓交易吞吐量指數增長。[682]EIP-4844 預計於 2024 年推出,它允許交易區塊容納更多數據,而不產生額外成本。[683] 當交易成本趨近零、交易即時結算且無需第三方驗證時,我們將看到哪些可行的區塊鏈應用?

目前全球有 4.2 億加密貨幣用戶，其中亞洲 2.6 億，北美 5,400 萬，非洲 3,800 萬，南美 3,300 萬，歐洲 3,100 萬。[684] 此外，全球的比特幣數量僅 2,100 萬枚，相當於北京、孟買、開羅、墨西哥城或聖保羅等大城市中，一人一枚比特幣。這種數位稀缺性是一次性現象，因為在網路上儲存價值只能透過共識實現，而共識決定了比特幣的財產價值。

比特幣牛市往往與減半周期相吻合，下一次減半預計將發生在 2024 年 4 月。[685] 雖然加密貨幣活動可能面臨更多監管，但不會變得非法，因為美國的三個政府機構已承認加密貨幣是人們生活的一部分：2014 年，美國國稅局（US Internal Revenue Service，即 IRS）發布了 2014-21 號通知，規定加密貨幣應被視為財產；2017 年，美國商品期貨交易委員會批准了比特幣期貨合約；[686] 2021 年，美國證券交易委員會批准了 Coinbase 首次公開募股（IPO）。[687]

每輪多頭市場都會吸引新的一批加密愛好者，加密貨幣必將繼續發展。想想看：解決網路數位稀缺性問題是一次性現象！我們可能還不完全理解比特幣的本質和應用，儘管區塊鏈一詞一直與技術效率聯繫密切，但比特幣可能更是一種社會現象。這就解釋了不斷出現的投機泡沫和頻繁爆雷，也解釋了虧錢的投資者為何擇日再戰。加密市場的歷史和本書的經驗教訓表明，加密貨幣不會消失。這不是盡頭……

附錄

幣圈小白先看這

◎ 加密貨幣交易在過去十年的演變

過去的十年間，加密貨幣交易受到科技進步、監管發展和市場成熟的影響，而經歷了重大變革。早期加密貨幣交易相對小眾，採用率和流動性都很有限。當時交易所稀少，缺乏健全的安全措施和監管監督。交易量較小，價格的波動也極大。

然而，隨著加密貨幣引起主流關注，交易量激增，交易所數量不斷增加。這一增長得益於中心化交易所的出現，中心化交易所提供使用者友善的介面和流動性。如期貨和期權合約等衍生品交易，進一步擴大了交易機會和市場准入。

此外，去中心化金融（DeFi）的出現帶來了一場典範轉移，實現了無仲介的點對點交易和借貸。去中心化交易所（DEXs）越來越受歡迎，為使用者提供了更多對資金的控制權和增強的隱私保護。

監管審查也日益嚴格，全球各國政府紛紛提出監管框架，監督加密貨幣交易所和交易活動。符合客戶認識政策（KYC）和洗錢防治（AML）等合規措施已成為標準做法，旨在減輕風險並保護投資人。

總的來說，加密貨幣交易已經從小眾市場變成全球性現象，特點為其流動性、便利性和監管審查。該產業未來十年將有望進一步創新和成熟，加密貨幣將持續與傳統金融系統整合，大眾的接受度將提高。

◎ 一些基本的加密貨幣術語

鯨魚（又稱巨鯨）：鯨魚是持有大量加密貨幣的個人或實體。這些「大魚」擁有足夠的資金可影響市場，因為他們的高額交易可能會影響價格。由於持有的資產規模龐大，鯨魚經常受到審查，因為他們具操縱市場的潛力。

HODL：HODL 源自於比特幣論壇貼文中「hold」（持有）的拼寫錯誤，後來成為一種鼓勵長期投資加密貨幣的術語。它強調不論市場波動都長期持有資產，而不是進行短線交易。

FUD：FUD 代表恐懼（Fear）、不確定性（Uncertainty）和懷疑（Doubt）。它指的是傳播有害資訊或謠言，製造恐懼情緒，導致加密貨幣投資人出售資產。FUD 可能被競爭對手當作策略，也可能是對市場下行的回應。

FOMO：FOMO（Fear Of Missing Out）意指害怕錯過，描述人們未參與某投資或交易機會時，擔憂可能會錯過潛在利潤。FOMO 經常驅使投資者根據炒作或猜測做出衝動的決定。

山寨幣：山寨幣（Altcoin）描述比特幣之外的加密貨幣。它包括許多數位資產，包括乙太幣、瑞波、萊特幣等。

Degen：Degen 為英文的墮落者（degenerate）之縮寫，在加密貨幣社區中用來描述某人從事高風險及投機的交易或投資策略。這些交易者經常追逐快速利潤，並願意承擔相當大的風險，有時會忽視基本分析或風險管理原則。

◎ 比特幣挖掘是如何運作的？

比特幣挖掘是創建新的比特幣，並驗證和添加到區塊鏈的交易。它實質上是一種去中心化的共識機制，確保比特幣網路的完整性和安全性。礦工使用強大的電腦解決複雜的數學難題，稱為工作證明（PoW），以驗證和保護交易。這些難題涉及找到一個雜湊值——一個符合特定條件的唯一的字母數位字串，例如低於特定目標值。礦工競爭解決這些難題，第一個找到有效雜湊值的人獲得添加新的交易區塊到區塊鏈的權利。這個過程稱為「挖礦」，因為它類似於在數位岩層中挖掘以找到珍貴的比特幣。

為了激勵礦工，比特幣協定會獎勵他們新挖出的比特幣和每個成功添加到區塊鏈的交易的交易費用。然而，隨著網路變得更加安全、挖礦難度隨時間增加，礦工需要越來越強大的硬體和電力以有效競爭。這導致了專門挖礦硬體的發展，並將挖礦力量集中在大規模的挖礦操作中，稱為挖礦池。比特幣挖礦是該網路的支柱，並確保其安全性、不變性和去中心化。

◎ 冷加密錢包和熱加密錢包有什麼區別？

冷加密錢包是一種離線加密貨幣的儲存形式，因此不與網路連接。由於冷錢包免受線上駭客攻擊和惡意軟體的影響，安全性也比較高。冷錢包通常採用硬體設備，如隨身碟或紙錢包，私鑰離線保存。用戶可以將硬體錢包短暫連接到聯網設備以進行交易。相反的，熱加密錢包連接到網路，因此隨時可以進行交易。由於其便利性，熱錢包通常用於頻繁交易。然而，與冷錢包相比，它們更容易受到駭客攻擊和網路威脅。總之，冷錢包的私鑰為離線保存，將安全性放在第一位，而熱錢包則為了日常交易而優先考慮存取的方便性，但這提高了風險。許多加密貨幣用戶同時使用這兩種錢包，將大部分資金存儲在冷錢包中以獲得長期安全保障，並使用熱錢包進行日常交易。

◎ 加密貨幣交易所如何提供流動性？

加密貨幣交易所在提供市場流動性方面發揮至關重要的作用。流動性是指資產可以在不顯著影響其價格的情況下買賣的便利程度。交易所促進買家和賣家之間的加密貨幣交易。

首先，交易所擔任中介，匹配用戶的買單和賣單。它們維護訂單簿，顯示所有當前的買單和賣單，以及它們各自的價格和數量。這種透明度使交易人能夠根據市場狀況做出決策。

其次，交易所通常提供做市服務。做市商是在交易所上不斷發布買單和賣單的交易人或機構，他們通過縮小買入價和賣出價之間的價差來提供流動性。他們利用價差獲利，並促進市場穩定。

此外，交易所可能採用限價單和止損單等功能，允許使用者指定買入或賣出條件。這些工具通過增加交易活動和降低價格波動性來增強流動性。

總的來說，加密貨幣交易所促進交易、託管做市商，並提供各種交易工具來提升市場效率和穩定性，並發揮提供流動性的關鍵作用。

◎ 加密貨幣中的自我託管

加密貨幣中的自我託管（self-custody），指個人或實體直接管理和保護其數位資產，通常透過私鑰。這種方法與交易所或第三方錢包提供的託管服務形成對比，後者使用者將其資金委託給了中心化的實體。

自我託管生成並安全儲存了授予加密貨幣持有的擁有權和控制權的加密私鑰。這些私鑰對於在區塊鏈上授權交易至關重要。使用者可以使用各種方法生成私鑰，例如軟體錢包、硬體錢包或紙錢包。一旦用戶擁有了私鑰，他們就完全控制著自己的資金，並且可以在不依賴仲介的情況下發送或接收加密貨幣。

但是，這種控制帶來了更高的安全責任。用戶必須保護他們的私鑰，防止丟失、盜竊或未經授權的存取。提高安全性的方法包括利用安全的儲存方法，

例如儲存在安全位置的硬體錢包或加密備份，並遵從最高的網路安全原則，例如使用加強密碼和啟用雙重身分驗證。

總的來說，自我託管賦予了個人對其加密貨幣資產更大的自主權和安全性，使他們能夠直接與區塊鏈網路交流，而無需依賴第三方服務。

◎ 為什麼加密通膨對加密貨幣投資人很重要？

代幣解鎖指的是將先前限制或鎖倉的代幣已解鎖，並可以流通，通常在達到預定解倉的時間之後發生。這通常在代幣銷售或首次代幣發行（ICO）時發生，其中代幣最初被鎖倉以防止立即在市場上被拋售，這可以穩定代幣的價格。解鎖後，這些代幣可用於交易或其它用途，可能影響市場中的供需動態。另一方面，代幣通膨指的是加密貨幣總供應量隨時間增加。

傳統法定貨幣的貨幣供應量由中央銀行調整，但加密貨幣通常在其協定中內置了預定的通膨機制。例如，比特幣的供應量上限為 2,100 萬枚，新幣透過挖礦發行直到達到上限。通膨機制在各種加密貨幣之間各不相同，包括挖礦獎勵、質押獎勵或治理決策。

加密貨幣的價值取決於多項因素，包括稀缺性、實用性、需求和市場情緒。正如在像比特幣的供應上限顯示，由於供應有限而產生稀缺性，進而產生價值感。實用性指的是加密貨幣在各種用途中的實用性，例如交易、智能合約或去中心化金融（DeFi）應用程式。採用網路效應和投機買賣等因素推動需求。受新聞、法規和宏觀經濟狀況等因素影響的市場情緒也影響加密貨幣的價值。總的來說，這些因素的相互作用有助於市場上加密貨幣的估值。

◎ 中心化和去中心化加密貨幣交易所之間的差異

中心化和去中心化加密貨幣交易所在結構、治理和對用戶資金的控制方面存在差異，各具優缺點。中心化交易所（CEXs）由中央機構或公司擔任買賣雙方的中間人。它們提供高流動性和使用者友好的介面，通常支持各種交易對。

中心化交易所通常提供客戶支持和額外功能，如保證金交易和法幣兌換和加密貨幣的兌換。然而，它們需要使用者信任交易所管理其資金，這使他們容易受到駭客、欺詐和監管風險的威脅。此外，它們可能執行客戶認識政策和洗錢防治程序，影響用戶隱私。

另一方面，去中心化交易所（DEXs）在區塊鏈網路上運行，允許使用者直接交易而無需中間人。DEXs 提供增強的安全性，因為使用者透過私鑰操作其資金。它們倡導隱私、抗審查和與各種錢包和協定的互相操作性。然而，與中心化交易所相比，DEXs 通常具有較低的流動性和較慢的交易速度。它們也可能缺乏法幣兌換和高級交易選項等功能。

此外，DEXs 的用戶體驗對初學者來說可能不太直觀。總之，中心化交易所提供便利性和流動性，但有安全性和資金控制相關的風險。去中心化交易所優先考慮安全性、隱私和抗審查，但可能在流動性和功能上存在侷限。用戶在選擇中心化和去中心化交易所時必須評估其優先事項和風險容忍度。

台灣廣廈 國際出版集團
Taiwan Mansion International Group

國家圖書館出版品預行編目（CIP）資料

精準捉住加密貨幣漲跌！破解理想主義者、網路天才與詐欺犯等加
密巨鱷合作創造的金錢浪潮 / 泰鑫森（Markus Thielen）著.
-- 初版. -- 新北市：財經傳訊出版社, 2024.06
面； 公分. -- (view；71)
ISBN 978-626-7197-62-2(平裝)
1.CST: 電子貨幣 2.CST: 投資分析 3.CST: 產業發展

563.146   113004279

財經傳訊
TIME & MONEY

精準捉住加密貨幣漲跌！
破解理想主義者、網路天才與詐欺犯等加密巨鱷合作創造的金錢浪潮

作　　者／泰鑫森	編輯中心／第五編輯室	
（Markus Thielen）	編 輯 長／方宗廉	
編　　審／朱宜振	封面設計／張天薪　**內頁排版**／菩薩蠻數位文化有限公司	
翻　　譯／黛子萱	製版・印刷・裝訂／東豪・紘億・弼聖・秉成	
編　　譯／謝家柔		

行企研發中心總監／陳冠蒨　　　　線上學習中心總監／陳冠蒨
媒體公關組／陳柔彣　　　　　　　數位營運組／顏佑婷
綜合業務組／何欣穎　　　　　　　企製開發組／江季珊、張哲剛

發 行 人／江媛珍
法 律 顧 問／第一國際法律事務所 余淑杏律師・北辰著作權事務所 蕭雄淋律師
出　　版／財經傳訊
發　　行／台灣廣廈有聲圖書有限公司
　　　　　地址：新北市235中和區中山路二段359巷7號2樓
　　　　　電話：（886）2-2225-5777・傳真：（886）2-2225-8052

代理印務・全球總經銷／知遠文化事業有限公司
　　　　　地址：新北市222深坑區北深路三段155巷25號5樓
　　　　　電話：（886）2-2664-8800・傳真：（886）2-2664-8801
郵 政 劃 撥／劃撥帳號：18836722
　　　　　劃撥戶名：知遠文化事業有限公司（※單次購書金額未達1000元，請另付70元郵資。）

■出版日期：2024年06月
ISBN：978-626-7197-62-2　　　　版權所有，未經同意不得重製、轉載、翻印。